肉类冷链物流产业发展蓝皮书

ROULEI LENGLIAN WULIU
CHANYE FAZHAN
LANPISHU

——中国肉类冷链物流行业发展报告（2020）

李水龙　李晓虎◎主编

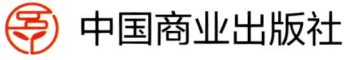

中国商业出版社

图书在版编目（CIP）数据

肉类冷链物流产业发展蓝皮书：中国肉类冷链物流行业发展报告：2020 / 李水龙，李晓虎主编 . -- 北京：中国商业出版社，2021.12

ISBN 978-7-5208-1981-7

Ⅰ. ①肉… Ⅱ. ①李… ②李… Ⅲ. ①肉制品—冷冻食品—物流—产业发展—研究报告—中国— 2020 Ⅳ. ① F252.8

中国版本图书馆 CIP 数据核字（2021）第 243820 号

责任编辑：滕　耘

中国商业出版社出版发行

010-63180647　www.c-cbook.com

（100053　北京广安门内报国寺 1 号）

新华书店经销

三河市天润建兴印务有限公司印刷

*

710 毫米 ×1000 毫米　16 开　17.25 印张　248 千字

2021 年 12 月第 1 版　2021 年 12 月第 1 次印刷

定价：128.00 元

* * * *

（如有印装质量问题可更换）

肉类冷链物流产业发展蓝皮书编写委员会

指导委员

李水龙　世界肉类组织副主席、中国肉类协会　会长
张江波　国家发改委经贸司　副司长
孔　亮　农业农村部畜牧兽医局　副局长
卢　旺　农业农村部畜牧兽医局屠宰处　处长
冯忠泽　中国动物疫病预防控制中心（农业农村部屠宰技术中心）　副主任
张　杰　农业农村部屠宰技术中心屠宰事务处　处长
高胜普　农业农村部屠宰技术中心标准处　处长
许晓明　国家市场监管总局食品生产安全监督管理司　副处长
李晓虎　华商国际工程有限公司　党委书记、总经理

编委会主任

陈　伟　中国肉类协会　常务副会长兼秘书长

编委会副主任

高　观　中国肉类协会　副会长
肖大海　中国肉类协会冷链物流分会　执行会长
王　斌　华商国际工程有限公司　副总经理
李东海　华商国际工程有限公司　总工程师
王振海　大庄园肉业集团股份有限公司物流事业部　总经理
张太喜　漯河双汇物流投资有限公司　总裁
刘盛儒　济南维尔康实业集团有限公司　总裁
赵宝国　冰轮环境技术股份有限公司　总裁
王增鑫　济南维尔康实业集团有限公司　副总裁
冯　飚　比泽尔制冷技术（中国）有限公司大中华区　总经理
汪　云　中国食品集团有限公司　总经理
殷喜德　冰山冷热科技股份有限公司　总经理
杨　洁　产业在线　董事长
杨文勇　浙江星星冷链集成股份有限公司　副董事长
奚　晔　约克（中国）商贸有限公司亚太区冷冻产品　总监
谢　川　南京肉类协会　秘书长
张子平　北京首农食品集团有限公司　技术专家

编委会委员

马　进	华商国际工程有限公司	副总工程师
刘金焕	中国肉类协会冷链物流分会	秘书长
司春强	国家商用制冷设备质量监督检验中心	常务副主任
杨　萍	产业在线	总经理
孔凡春	华商国际工程有限公司	副总工程师
刘圣春	天津商业大学机械工程学院	副院长
刘广海	广州大学管理学院	副院长
田长青	中国科学院理化技术研究所	副主任
江艳萍	华商国际工程有限公司	
马　超	华商国际工程有限公司检测研发中心	副主任
田　绅	天津商业大学	
王明乾	产业在线	产品经理
徐洪波	中国科学院理化技术研究所	
赵　宁	南京肉类协会	
钱　丹	四方科技集团股份有限公司研究院项目组	主任
周　丹	松下冷机系统（大连）有限公司	技术总监
李　斌	中商技能（海南）文化发展有限公司	总经理
王立群	冰轮环境技术股份有限公司	市场发展部部长
张　超	冰轮环境技术股份有限公司	设计部部长
冯　志	济南维尔康实业集团有限公司	主任
谭永安	冰山冷热科技股份有限公司	

肉类冷链物流产业发展蓝皮书
编辑部

主　　编：高　观

副 主 编：刘金焕　司春强　杨　萍　马　进　孔凡春　刘圣春　刘广海
　　　　　田长青　赵　宁

编辑人员：王振海　王立群　江艳萍　马　超　田　绅　王明乾　徐洪波
　　　　　冯　志　何春陶

（排名不分先后）

加快推动冷链物流高质量发展助力构建新发展格局

国家发改委经贸司副司长　张江波

发展冷链物流有利于更好衔接生产和消费，支撑农业转型升级，减少农产品产后损失和食品流通浪费，保障生鲜农产品和医药产品安全，对国民经济发展具有重要的基础支撑和民生保障作用。"十三五"以来，在各级相关政府部门、行业协会和企业共同努力下，我国冷链物流实现较快发展。一是基础设施显著改善。冷库容量、冷藏车保有量年均增速分别超过10%、20%。截至2020年，冷库容量约为1.8亿立方米，其中肉类水产品冷藏库约1亿立方米，冷藏车保有量超过28万辆。冷链物流设施网络建设加快推进，运行体系不断完善。二是技术装备提档升级。制冷工艺从传统高温、低温型向预冷、气调、速冻、超低温等类型发展，新型环保制冷方式不断普及，多温层保温技术推广应用。冷藏车呈现高端化、智能化、信息化发展趋势，铁路、航空领域新型冷藏保温设备加速应用。三是创新发展日益明显。大数据、物联网、人工智能等先进技术在冷链物流中推广应用，卫星定位系统、智能温控设备、冷链信息平台等有力推动冷链实现一体化运作和精准管控。各地积极探索冷链物流与农业、商贸业等融合联动发展新模式，在破解城乡冷链"最先一公里"问题方面取得积极成效。四是行业监管持续优化。为加强食品安全特别是落实新冠肺炎疫情"外防输入"要求，各地纷纷加强建设以进口冷链食品为重点的追溯体系，创新监管方式和手段，实现重点冷链食品从海关进口查验到储存分销、生产加工、批发零售、餐饮服务全链条信息化追溯。

但同时，我国冷链物流发展不平衡、不充分问题突出，现代化、专业化、高质量的冷链物流体系尚未完全形成，市场环境不完善，政策体系不健全，与构建新发展格局要求还不相适应。

首先，政策环境存在"三个不足"。一是规划引导不足。国家和地方层面缺少对冷链物流发展的统筹考虑和顶层设计，冷链物流发展相关任务、举措散见于农业、物流、商贸等行业规划，系统性不够、指导性不强，一定程度上加剧了冷链物流结构性失衡矛盾。比如，发达地区冷链物流发展水平高、存量基础好，欠发达地区相对薄弱；医药冷链物流相对规范，生鲜农产品冷链物流发展较为粗放，尚无法实现全程冷链动态监管。二是政策保障不足。用地方面，冷链物流设施项目投资强度、税收贡献等无法与工业、商业项目相比，用地指标难以保障。融资方面，大部分冷链物流企业实力相对较弱，难以达到金融机构融资条件，融资渠道少，融资难、融资贵问题较为普遍。城市通行方面，城市配送车辆通行证不足、停靠接卸设施缺乏问题突出，冷链配送车辆普遍面临"三难"（通行难、停靠难、卸货难）和"两多"（收费多、罚款多）问题。三是有效监管不足。冷链物流监管涉及农业农村、交通运输、市场监管、卫生健康等多个部门，尚难以实现对生产、储藏、运输、销售等环节的全流程以及温度控制、记录设备使用情况的全方位监管。

其次,行业链条存在"三个短板"。一是产地冷链配套短板。田头预冷设施运维成本高、使用率较低,社会资本投入意愿不强,果蔬产地预冷、冷藏和配套分拣加工等设施建设滞后。二是冷链运输服务短板。新增冷藏车中相当比例为常温铁箱车、旧海运冷藏集装箱改装车辆,制冷效果不达标。中小冷链运输企业物流跟踪、温度监控、装卸交付等作业不规范,新能源冷藏车发展相对滞后,铁路配套冷链设施不足。三是销地冷链体系短板。大中城市冷链物流体系普遍缺乏系统规划,多数城市周边小型冷库资质不全,冷链物流园区、城市低温加工处理和配送中心等受城区发展扩围等影响不断外迁,推高配送成本。传统农产品批发市场冷链设施短板突出,缺少统一配送服务和多温区配送车辆,不能"需冷尽冷"。

最后,发展基础存在"四个不够"。一是市场主体培育不够。冷链物流企业以中小公司、个体户为主,大多数服务能力单一、专业化水平不高。道路运输冷链物流企业中冷藏车保有量超过50辆的仅占1.7%;全国百强冷链物流企业市场份额仅占14%左右,远低于发达国家水平。二是创新发展水平不够。信息化、自动化技术应用仍不够广泛,全过程智能感知、温控预警能力不足。冷链共同配送、"生鲜电商+冷链宅配"等新模式发展迅速,但普及程度还需进一步提升。三是标准规范程度不够。冷链物流标准体系不健全,强制性标准少、推荐性标准多,但衔接不够紧密。冷库、产地预冷设施温控设备安装以及部分生鲜农产品生产、包装、储运、流通加工等标准缺失,导致企业无标可依、有标难依。四是专业人才培养不够。冷链物流人才培养仍以传统的"师傅带徒弟"模式为主,周期较长。高等院校冷链物流相关专业设置和课程体系不完善,校企合作不到位,精通冷链物流的复合型专业人才培养不足,严重制约行业发展。

国家发展改革委作为宏观调控和现代物流工作牵头部门，长期关注并高度重视冷链物流发展。2010年，我委牵头制定并印发了《农产品冷链物流发展规划》。此后，在《物流业发展中长期规划（2014—2020年）》《国家物流枢纽布局和建设规划》等国家级物流专项规划中，都对冷链物流发展提出明确要求。2017年，我委聚焦冷链物流发展面临的主要问题和突出困难，牵头报请国务院印发《关于加快发展冷链物流保障食品安全促进消费升级的意见》，这是国务院第一份关于冷链物流的综合性政策文件，在明确行业发展重点任务，统筹推动冷链物流全链条发展方面发挥了重要作用。2020年，按照党中央、国务院有关决策部署，我委依托农产品优势产区和集散地，启动首批17个国家骨干冷链物流基地布局建设，在整合冷链物流以及农产品流通、生产加工等上下游产业资源，提高冷链物流规模化、集约化、组织化、网络化水平方面发挥了积极作用。"十四五"期间，我们将分年度持续推动国家骨干冷链物流基地建设工作。

"十四五"时期是全面建设社会主义现代化国家新征程、向第二个百年奋斗目标进军的第一个五年，我国进入新发展阶段，发展基础更加坚实，发展条件深刻变化，冷链物流面临新发展机遇，也面临新形势、新挑战。为加强顶层设计，我委正在牵头研究起草《"十四五"冷链物流发展规划》。按照有关工作考虑，"十四五"时期将坚持问题和目标导向，紧密结合我国国情和冷链产品生产、消费实际需要，聚焦制约冷链物流发展的突出瓶颈和痛点、难点、卡点，补齐基础设施短板，畅通通道运行网络，提升技术装备水平，健全监管保障机制，加快建立畅通高效、安全绿色、智慧便捷、保障有力的现代冷链物流体系，推动冷链物流高质量发展，为构建新发展格局提供有力支撑。重点在运行网络、专业服务、监督管理、基础支撑、政策保障等五大体系建设方面集中发力。

一是优化运行网络体系。以国家骨干冷链物流基地建设为抓手，完善国家层面的冷链物流基础设施网络，推动形成冷链物流干线通道网络。以区域性冷链物流集配中心为支撑，构建干支线物流和末端配送一体化运作的区域冷链服务网络。以产地"最先一公里"保鲜设施和销地冷链物流体系建设为重点，推动完善两端冷链物流支撑网络。

二是健全专业服务体系。提升肉类、水产品、果蔬、乳品、速冻食品等主要品类，以及疫苗、生物制剂等医药产品冷链物流专业化服务能力。加快冷链物流数字化发展步伐，提高智慧化发展水平，加速绿色化发展进程。畅通高品质农产品上行通道，完善高品质生鲜消费品下行网络，打造支撑消费新双向通道。支持冷链物流与相关产业融合发展。

三是强化监督管理体系。健全"政府监管、企业自管、行业自律、社会监督"的监管机制。创新监管手段，推广应用智能监管技术设备，逐步分类实现全程可视可控、可溯源、可追查。探索基于信用体系的新型监管机制。总结新冠肺炎疫情防控经验，优化冷链产品、冷链物流检验检疫机制，建立科学、可靠、高效的冷链物流检验检疫体系。

四是夯实基础支撑体系。促进第三方冷链物流企业专业化发展、规模化经营和数字化转型，着力培育具有较强国际竞争力的龙头冷链物流企业。加大冷链物流关键技术和先进装备研发力度，鼓励节能环保技术应用。完善冷链物流标准体系，强化国内国际标准对接。加强复合型冷链物流专业人才培养力度，健全多层次冷链物流人才队伍。

五是完善政策保障体系。建立常态化的冷链物流跨部门政策沟通协调机制，加强跨部门政策协同和工作合力。从用地用能、融资支持、便利通行、科技创新、人才培养等方面加大支持力度。压实相关部门和地方政府责任，形成部门协同、央地联动的良好工作格局。优化冷链物流营商环境，消除区域分割和不合理的市场壁垒，推动构建统一的国内冷链大市场。

我国是生鲜农产品、疫苗等药品生产和消费大国，冷链物流需求大、前景广，推动冷链物流高质量发展意义重大。我们要以习近平新时代中国特色社会主义思想为指导，立足新发展阶段，完整准确全面贯彻新发展理念，推动冷链物流积极适应我国社会主要矛盾变化带来的新特征、新要求，补短板、锻长板，加快冷链物流高质量发展步伐，为实施扩大内需、乡村振兴、食品安全等重大战略提供有力支撑，为构建新发展格局，更好满足人民日益增长的美好生活需要奠定坚实基础。

（根据在2021第三届肉类冷链物流发展论坛上讲话整理，略有删减）

序
Preface

2020年以来，政府密集出台了多项发展冷链物流的政策。这一方面对冷链物流产业的发展目标、发展路径和体系建设等提供了指导意见和具体要求；另一方面，也对相关举措的落地实施提供了有力的政策补贴和资金支持。

《农业农村部办公厅关于实施"互联网+"农产品出村进城工程的指导意见》、《中共中央 国务院关于抓好"三农"领域重点工作确保如期实现全面小康的意见》（简称"中央一号文件"）、《关于做好2020年国家骨干冷链物流基地建设工作的通知》、《市场监管总局关于加强冷藏冷冻食品质量安全管理的公告》、《关于加快农产品仓储保鲜冷链设施建设的实施意见》、《"互联网+"农产品出村进城工程试点工作方案》、《关于做好"三农"领域补短板项目库建设工作的通知》、《关于进一步优化发展环境促进生鲜农产品流通的实施意见》等一系列文件相继出台。从这些指导意见和公告中可以充分看出政府的重视程度。2021年2月5日，中央一号文件提及"安排中央预算内投资，支持建设一批骨干冷链物流基地"，提供"千万级政策补贴"；3月20日，农业农村部同样给出了巨大的资金支持来鼓励农产品骨干冷链物流基地的建设，各省市纷纷响应，迅速出台相关落地文件通过奖励和减负担来激励冷链发展。7月7日，国家发展改革委公布了2020年17个国家骨干冷链物流基地建设名单，政策落实十分迅速。

国内的冷链体系有一定程度的割裂，有些冷链企业服务的仅仅是某一个区域，有些可能服务于某一个冷链的干线、长途运输，有些只是服务于某一个城市的配送。通过政策的密集出台，可以看出国家扶持建设完备的全国冷链网络体系的决心。一旦产地段的冷链仓储体系打造完毕，形成一个完整的全国性冷链仓储生产网络，接着就轮到后端的冷链运输、销售的市场整合了，而后端的整合速度会比较快。

受全球新冠肺炎疫情影响，国家市场监管总局2020年12月1日召开加强进口冷链食品追溯管理工作电视电话会议，要求全面推进进口冷链食品追溯管理平台建设，进一步强化新冠病毒输入风险"物防"措施。会议指出，市场监管总局建成并上线运行全国进口冷链食品追溯管理平台，以"异构识别"等技术创新，突破追溯管理中面临的"信息孤岛"难题，实现跨区域数据互通互认。接入全国平台试运行的9个省（市），冷链食品首站进口量占全国90%以上，基本实现从海关入关到生产加工、批发零售、餐饮服务的全链条信息化追溯，在线上排查、精准管控、现场处置等方面发挥了重要作用，"物防"成效显现。

发展冷链物流有利于减少农产品、食品等在流通过程中的损失，也有利于提高农产品、食品等的安全性，对提升企业竞争力和民众生活水平都有积极的作用。基于此，国务院及国家发展和改革委员会、商务部等各部门近年来均出台了相关的产业政策，以促进冷链物流行业的发展。

2014年12月，国家发改委及国家标准化管理委员会等多部门联合发布《关于进一步促进冷链运输物流企业健康发展的指导意见》，提出九条意见：一是大力提升冷链运输规模化、集约化水平；二是加强冷链物流基础设施建设；三是完善冷链运输物流标准化体系；四是积极推进冷链运输物流信息化建设；五是大力发展共同配送等先进的配送组织模式；六是优化城市配送车辆通行管理措施；七是加强和改善行业监管；八是加大财税等政策支持力度；九是发挥行业协会作用。

2017年4月，国务院办公厅颁布《关于加快发展冷链物流保障食品安全促进消费升级的意见》，提出要加快完善冷链物流标准和服务规范体系，部署推动冷链物流行业健康发展的八项措施：一是健全冷链物流标准和服务规范体系；二是完善冷链物流基础设施网络；三是鼓励冷链物流企业经营创新；四是提升冷链物流信息化水平；五是加快冷链物流技术装备创新和应用；六是加大行业监管力度；七是创新管理体制机制；八是完善政策支持体系。

在大行业政策方面的规划外，政府主管部门和相关行业协会、学术委员会也积极在行政、财政、法律、行业标准方面对冷链物流行业给予支持。同时对冷链食品以及冷链管理方面也越来越规范化、细致化，如2018年下发的标准《冷链物流信息管理要求》（GB/T 36088—2018）以及于2021年3月执行的《食品冷链物流卫生规范》（GB 31605—2020）等一系列国家标准。

冷链行业向合规方向发展是一个明显趋势。据统计，近几年与冷链物流相关的政策发布较多，国家出台了40多项政策，地方政府出台了100多项政策。首个食品冷链物流强制性国家标准也于2021年发布，整个营商环境朝着合规的方向发展。非洲猪瘟疫情发生以来，面对非洲猪瘟常态化因素影响，国务院办公厅2019年9月出台了《关于稳定生猪生产促进转型升级的意见》，提出"健全现代生猪流通体系"，顺应猪肉消费升级和生猪疫病防控的客观要求，实现"运猪"向"运肉"转变，逐步减少活猪长距离跨省（区、市）调运。相关举措加强了大区域内生猪产销衔接，生猪主销省份要主动与主产省份建立长期稳定的供销关系，实现大区域内供需大体平衡，除种猪和仔猪外，原则上活猪不跨大区域调运。政策引导集中屠宰+冷链流通，"运猪"向"运肉"转变，实现"集中屠宰、冷链流通、冷鲜上市"。促进了冷鲜肉品流通和配送体系的建立。

"十四五"开局之年，国家发展改革委牵头组织编制了《"十四五"冷链物流发展规划》。中国肉类协会、华商国际工程有限公司、北京智信道科技股份有限公司（产业在线）三家联合编写了《肉类冷链物流产业发展蓝皮书》。我相信，随着我国经济发展新格局的构建和现代化建设的推进，肉类冷链物流产业必将出现一个崭新的面貌。

中国肉类协会会长 李水龙

2021年9月8日

目 录
Contents

第一部分 总报告

第一章 肉类冷链物流行业概述 / 003

    1.1 肉类冷链物流的适用范围 / 003

    1.2 肉类冷链物流发展现状 / 007

第二章 肉类冷链物流中的屠宰加工 / 010

    2.1 屠宰加工概述 / 010

    2.2 屠宰加工业的区域分布 / 013

    2.3 肉类冷加工环节现状 / 032

    2.4 肉类冷加工环节中的装备与设施 / 039

第三章 肉类冷链物流中的仓储 / 046

    3.1 肉类仓储概述 / 046

    3.2 肉类仓储行业发展现状 / 049

    3.3 肉类仓储设施与装备技术 / 058

第四章 肉类冷链物流中的运输 / 067

    4.1 肉类冷链物流运输概述 / 067

    4.2 肉类冷链物流运输现状分析 / 068

4.3 肉类冷链物流运输的技术装备 / 082

第五章　肉类冷链物流中的销售　／ 095

5.1 肉类销售环节概述 / 095

5.2 肉类冷链物流对销售环节的技术要求 / 100

5.3 肉类冷链物流销售环节的装备与设施 / 109

5.4 肉类冷链物流中销售环节现状分析 / 111

第六章　肉类冷链物流体系建设的发展趋势　／ 113

6.1 肉类冷链物流体系竞争格局分析 / 113

6.2 肉类冷链物流技术创新 / 118

6.3 肉类冷链物流管理创新 / 135

6.4 肉类冷链物流全球化的发展趋势 / 139

第二部分　专题分析篇

第七章　近几年来肉类冷链物流产业政策的变化　／ 151

7.1 "十三五"期间产业政策成果 / 151

7.2 "十四五"期间肉类冷链物流产业政策要点 / 152

7.3 "十四五"期间肉类冷链技术创新 / 153

7.4 "十四五"期间重点工程 / 154

7.5 新冠肺炎疫情期间冷链食品相关政策 / 155

第八章　冷链设备市场运行分析——存储环节　／ 162

8.1 冷库 / 162

8.2 冷凝机组 / 167

目录

第九章　冷链设备市场运行分析——运输环节　/ 172

9.1　冷藏车　/ 172

9.2　冷藏集装箱　/ 175

第十章　冷链设备市场运行分析——销售环节　/ 177

10.1　制冷陈列柜　/ 177

10.2　食品展示柜　/ 179

第十一章　冷链设备市场运行分析——重点设备及配件　/ 182

11.1　压缩机　/ 182

11.2　阀件　/ 183

第三部分　案例分析篇

第十二章　冰轮环境　/ 187

12.1　最新企业理念　/ 187

12.2　最新制冷技术　/ 189

12.3　工程案例　/ 201

第十三章　比泽尔　/ 209

13.1　山东众月集团速冻及低温冷藏 CO_2 复叠制冷系统　/ 209

13.2　山东得利斯食品 CO_2 复叠机组项目　/ 211

13.3　武汉万吨·华中冷链港智慧型冷链物流项目　/ 213

第十四章　松下冷机　/ 216

14.1　中澳达博　/ 216

14.2 河南龙大肉食加工项目 / 218

14.3 淮安苏食氨改氟项目 / 219

第十五章 四方科技 / 222

15.1 辽宁安井食品冷库工程 / 222

15.2 无锡华顺与河北亿食特南极光 NH_3-CO_2 载冷式制冷机组 / 224

15.3 圣农集团、正大、金锣螺旋式速冻机 / 226

第十六章 双汇物流 / 229

16.1 安全协同系统 / 229

16.2 智能管车系统 / 232

16.3 智能调度系统 / 234

第十七章 维尔康 / 237

17.1 维尔康品牌介绍 / 237

17.2 维尔康冷链物流园区及配套服务经验介绍 / 238

17.3 维尔康冷链物流园区运营经验及冷鲜肉的全冷链 / 240

17.4 我国肉制品冷链需求趋势 / 243

第一部分
总报告

第一章
肉类冷链物流行业概述

1.1 肉类冷链物流的适用范围

1.1.1 肉类产品概述

按照《国民经济行业分类》（GB/T 4754—2017）的规定，肉类产品是指由牲畜屠宰、禽类屠宰、肉制品及副产品加工三个子行业生产的产品。其中，既包括生鲜肉，也包括熟肉制品；既包括各种畜禽肉，也包括畜禽副产品，具体分类如表1-1。

表1-1 《国民经济行业分类》（GB/T 4754—2017）中的屠宰及肉类加工业

代码		类别名称	说明
中类	小类		
135		屠宰及肉类加工	
	1351	牲畜屠宰	指对各种牲畜进行宰杀，以及鲜肉冷冻等保鲜活动，但不包括商业冷藏活动
	1352	禽类屠宰	指对各种禽类进行宰杀，以及鲜肉冷冻等保鲜活动，但不包括商业冷藏活动
	1353	肉制品及副产品加工	指主要以各种畜、禽肉及畜、禽副产品为原料加工成熟肉制品

2000年以来，我国肉类总产量从6000多万吨增长到8000多万吨。2019年至2020年受非洲猪瘟疫情的影响，猪肉减产幅度较大，使肉类总产

量降至8000万吨以下。表1-2显示了20年来我国肉类产品总量和结构变化的情况。

表1-2　2000—2020年中国肉类产量　　　　　　　　　单位：万吨

年份	肉类总产量	猪肉产量	牛肉产量	羊肉产量	禽肉产量
2000	6014	3966	513	264	1191
2001	6106	4052	509	272	1176
2002	6234	4123	522	284	1197
2003	6443	4239	543	309	1239
2004	6609	4341	560	333	1258
2005	6939	4555	568	350	1344
2006	7100	4650	590	368	1363
2007	6916	4308	626	386	1457
2008	7371	4682	618	393	1550
2009	7707	4933	626	399	1619
2010	7994	5138	629	406	1689
2011	8023	5132	611	398	1751
2012	8471	5444	615	405	1879
2013	8633	5619	613	410	1862
2014	8818	5821	616	428	1825
2015	8750	5645	617	440	1920
2016	8628	5425	617	460	2002
2017	8654	5452	635	471	1982
2018	8625	5404	644	475	1994
2019	7769	4255	667	488	2239
2020	7759	4113	672	492	2361

数据来源：国家统计局。

1.1.2 肉类冷链物流系统的主要功能

肉类冷链物流系统是指在畜禽屠宰后的分割、加工、包装、储藏、运输、销售，直至最终消费过程中，使肉类产品保持在0℃～4℃的冷藏条件或-20℃～-30℃的冷冻条件所需要的，包括车间冷却、冷藏间储存、冷藏车运输、批发或零售等中间周转冷库或冰柜临时储存以及家庭冰箱储存等在内的全程温度控制系统。

根据肉类消费的不同需要，生产经营者可以为市场提供热鲜肉、冷却肉、冷冻肉、半解冻肉、解冻肉等不同温度的肉类产品。

（1）热鲜肉：指刚刚屠宰后得到的肉，肉的热量还没有完全散失。热鲜肉的温度一般在38℃～39℃，比宰杀前高1.5℃～2℃。

（2）冷却肉：又称冷鲜肉，是将经严格检验后健康无害的牲畜进行屠宰，再把屠宰后的胴体迅速进行冷却处理，使其温度达到0℃～4℃，并在此温度下进行储存、运输和销售的生鲜肉。

（3）冷冻肉：冷冻肉一般指牲畜经屠宰后的胴体经预冷、排酸、急冻处理后，深层肉温达-6℃以下的肉，储藏温度一般为-18℃。

（4）半解冻肉：指肉的温度在-3℃左右，冻结程度恰好能用刀切割的肉。

（5）解冻肉：在一定条件下，深层温度达到-1℃左右的肉。

肉类冷链物流系统的主要功能，是采用不同的冷链物流技术，向消费者提供除热鲜肉以外的各类温控肉品。温度控制是影响肉类品质和损耗率的重要因素；温度过高容易引起微生物繁殖、蛋白质变性等，加快肉类腐败，影响产品保质期；温度过低则在解冻过程中会增加汁液流失，影响产品的营养结构、口感等。建设肉类冷链物流系统的主要目的，就是通过冷链物流技术的应用和改进，更好地实现肉类食品的保质、保鲜和减损。

1.1.3 肉类冷链物流系统的适用范围

肉类冷链物流系统作为肉类食品全程温度控制系统,其适用范围包括四个部分:

——畜禽屠宰、肉类分割、加工、包装等制造业领域的冷冻、冷藏活动;

——肉类储存、运输等物流业领域的冷冻、冷藏活动;

——肉类批发、零售等商业领域的冷冻、冷藏活动;

——家庭冰箱储存过程的冷冻、冷藏活动。

已有的研究表明,肉类冷链物流系统是指在一定的时间和空间里,由所需位移的肉类产品以及设备、搬运装卸机械、运输工具、仓储设施、人员和通信联系等若干相互制约的动态要素所构成的具有特定功能的有机整体。这个有机整体的体系结构如图1-1所示,肉类冷链物流是指自生产环节以后的部分。

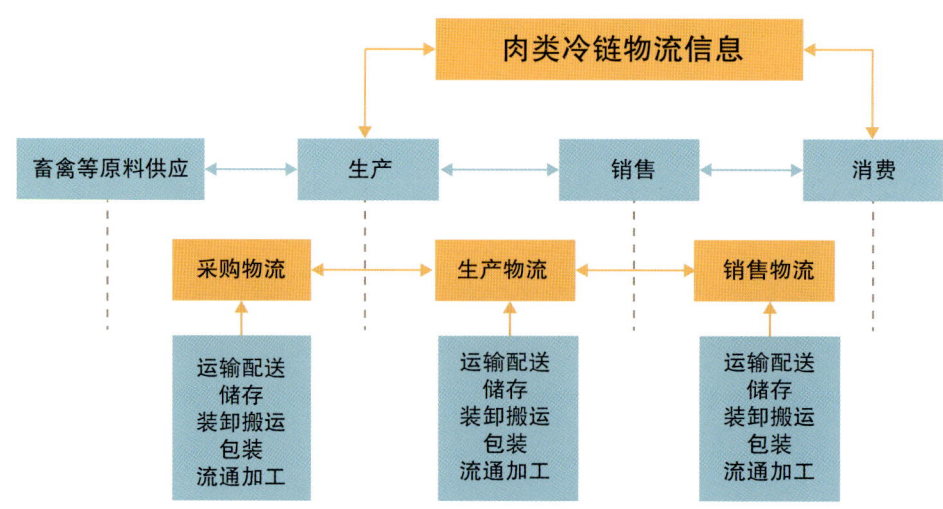

图1-1　肉类冷链物流系统的基本结构

1.2 肉类冷链物流发展现状

1.2.1 肉类冷链物流体系概述

简要地说，肉类冷链物流体系包括冷藏加工、冷藏储存、冷藏运输、冷藏销售四个环节。冷藏加工环节主要涉及的冷链装备是冷却、冻结和速冻装置，不仅要求产品本身低温，还要求加工环境低温，以有效抑制环境中微生物的繁殖；冷藏储存环节主要涉及各类冷藏间、冷库的制冷，除了对温度有严格要求之外，对环境中的湿度也有严格要求；冷藏运输环节的核心是连续、精确、可靠的温度控制，这对冷藏车的性能及实时监控提出了非常高的要求；在冷藏销售环节，肉类产品还要经历冷藏、二次加工和销售三个小环节，其重点在于冷藏柜的正确使用和销售人员的规范操作。

1.2.2 我国肉类冷链物流发展现状

我国肉类冷链物流体系建设起步于冷库建设。1949年，全国肉类行业仅有冷库23座，容量3.3万吨；到1980年底，全国肉类行业有冷库929座，容量129万吨；到1990年底，全国肉类行业冷库增至1975座，容量259.65万吨，占全国冷库总容量的66.9%。到2013年，畜禽屠宰行业管理职能由商务部转交农业部时，全国肉类行业冷库超过1万座，总容量达到720万吨；2019年，全国肉类行业冷库总容量近900万吨，比新中国成立初增长了271倍。

改革开放以来，除肉类行业屠宰加工企业自用冷库外，社会公用的经营性冷库建设也有很大发展。据中国物流与采购联合会冷链委统计，2018年全国冷库总量达到5238万吨，其中社会公用的经营性冷库约占80%，达4200万吨左右。据业内估计，经过近两年的增长，全国经营性冷库容量已超过5000

万吨；按照肉类储存占比50%计算，目前全国用于肉类冷链物流的社会公用经营性冷库容量可达2500万吨。加上肉类行业屠宰加工企业自用冷库部分，"十三五"末全国肉类冷库容量在3600万吨左右。

我国肉类冷链物流体系建设的发展得益于供给侧结构性改革的推进。2016年制定"十三五"规划时，国家确定将加快淘汰落后产能、提高产业集中度作为保障肉类食品质量安全的重要措施之一，规划到2020年全国手工和半机械化屠宰等落后产能淘汰60%以上，使屠宰企业数量减少到5000家左右；使肉类食品抽检合格率达到98%以上。"十三五"期间，按照规划确定的"集中屠宰、品牌经营、冷链流通、冷鲜上市"发展思路，国家将畜禽屠宰企业数量由2016年的2万多家压缩到2020年的5000多家，屠宰企业数量减少了70%以上。产业集中度的提高促进了企业规模化经营、标准化建设、冷藏加工的发展和产品质量的提升。到2020年，全国肉与肉制品抽检合格率达98.5%。

我国城镇化建设带动了肉类冷链物流业的发展。2002年至2011年，我国城镇化率以年均1.35个百分点的速度提高，城镇人口平均每年增长2096万人；2019年我国城镇化率达60.6%，比1990年的26.4%增加了34.2个百分点。城镇化一方面是人口由农村向城市迁移的过程，另一方面也是产业结构和生产生活方式变革的过程。其中，一个重要的变化就是肉类流通和销售过程中冷链物流技术的应用，包括冷藏车运输的增加、批发零售及终端消费场所商用冷柜和家用冰箱的大量配置。2020年全国冷藏车保有量达20.4万辆，其中用于肉类运输的冷藏车按50%计算，超过10万辆，比10年前的3万辆增长了2.3倍。2018年商用冷柜销售1007万台，同比增长13.5%。2020年国内冷柜的销量增速放缓，总量达到1138万台，同比增长2%。2020年全国冰箱累计总销量为8108万台，同比增长9.5%，家用冰箱产品的发展始终处于平稳盘整，2020年疫情期间，居家状态及海外市场的需求极大拉升了增量。

1.2.3　当前我国肉类冷链物流中存在的主要问题

总体看来，我国肉类行业规模化、系统化的冷链物流体系尚未形成，与发展现代畜牧业、居民消费和扩大肉类进出口贸易的需求相比仍有差距。

（1）肉类通过冷链流通的比例偏低。目前，我国肉类产品冷链流通的比例远低于欧美发达国家水平——欧、美、加、日等发达国家肉类冷链流通率已经达到100%，而我国只有40%，还有60%的肉类产品仍在常温下流通。冷链物流各环节缺乏系统化、规范化、连贯性的运作，部分产品在屠宰或储藏环节采用了低温处理，在运输、销售等环节又出现"断链"现象，全程冷链温控的比例过低。

（2）冷链物流基础设施能力不足。我国设施整体规模不足，人均肉类冷库容量仅6.4千克，肉类冷藏保温车占货运汽车的比例不足0.3%，与发达国家差距较大；现有冷冻冷藏设施普遍陈旧老化，国有冷库中近一半已使用30年以上；区域分布不平衡，畜禽主产区屠宰加工业冷库严重短缺。

（3）冷链物流技术推广滞后。生鲜肉类产品产后预冷技术和低温环境下的分等分级、包装加工等商品化处理手段尚未普及，运输环节温度控制手段原始粗放，发达国家广泛运用的全程温度自动控制没有得到广泛应用。肉类冷链物流各环节的设施、设备、温度控制和操作规范等方面缺少统一标准，冷链物流各环节的信息资源难以实现有效衔接，发达国家普遍实行的现代管理模式和操作规范在我国尚处于推广的起步阶段。

按照问题导向的要求，未来5至15年我国将针对上述问题采取一系列措施，加强冷链物流基础设施建设，提高肉类冷链流通率，加快推广先进适用的冷链物流技术，努力实现肉类冷链物流现代化。

第二章
肉类冷链物流中的屠宰加工

2.1 屠宰加工概况

到"十三五"末,我国畜禽屠宰行业规模以上企业数量保持增长。依照国民经济行业分类标准,屠宰行业分为牲畜屠宰和禽类屠宰两个部分。据国家统计局公布数据,2020年全国规模以上牲畜屠宰企业共1189家,比上年增加14家;业务收入3892亿元,比上年增长10%,占肉类行业业务收入总额的37%。2020年全国规模以上禽类屠宰企业共628家,比上年增加25家;业务收入2730亿元,比上年下降1%;占肉类行业业务收入总额的26%。两项合计,我国畜禽屠宰行业规模以上企业共1817家,比上年增加39家;业务收入6622亿元,占肉类行业业务收入总额的63%左右。

从规模以上企业生产的鲜、冷藏肉产量看,畜禽屠宰加工的区域布局逐步优化,产业集中度也在提高。据国家统计局统计,2020年全国规模以上畜禽屠宰企业生产鲜、冷藏肉产量2554万吨。其中,鲜、冷藏肉产量排名前10位的地区,依次是山东、辽宁、河南、河北、福建、四川、安徽、黑龙江、湖北和江苏,都是畜禽重点产区,合计占全国鲜、冷藏肉总产量约80%;排名前5位的地区,占全国总量的62.2%;排名第1位的山东,占29.7%。

总的看来,当前我国畜禽屠宰行业大中型企业占比不高。2020年全国猪牛羊禽肉产量共7639万吨,规模以上畜禽屠宰企业生产的鲜、冷藏肉产量仅占全国总量的33.4%。也就是说,还有66.6%的肉类产品出自规模以下的小型屠宰加工企业。我国屠宰加工行业结构调整和产业升级还有很大的发展空间。

2.1.1 牲畜屠宰

广义的畜类屠宰包括猪、牛、羊的屠宰和杂畜类的屠宰，杂畜类包括马、驴、骡等；狭义的畜类屠宰是指猪、牛、羊的屠宰。由于杂畜类的肉类总产量较小，故畜类屠宰一般指狭义的畜类屠宰。

目前我国生猪消费以热鲜肉为主，其主要销售渠道是农贸市场。热鲜肉保质期短的特点决定了要就近屠宰、销售，这导致屠宰行业十分分散。同时，大量的小养殖户的存在，又为分散的小屠宰提供了猪源。从养殖到屠宰，一方面是双分散格局；另一方面又存在产销不匹配，存在大量活猪调运。节点多、环节多，范围广，这种生猪养殖围绕销售区域分布的格局，给监管、防疫带来了巨大的困难。

冷鲜肉是一直倡导的发展方向，但是在全国的发展仍不理想。目前来看，冷鲜肉比例低且分布不均，猪肉中冷鲜肉接受程度较高，南方接受程度较低；大城市接受程度较高，小城市接受程度较低。实际调研中，以广东为代表的热鲜肉地区，冷鲜肉不超过10%。冷冻肉主要作为国家储备肉调节市场，也是肉制品加工的主要原料。牛羊肉多为热鲜肉和冷冻肉。

下面是各个畜类屠宰的工艺流程，由于热鲜肉的加工生产中基本无冷链，因此下列工艺流程以冷鲜肉和冷冻肉为主。

1. 猪屠宰工艺流程

生猪接收→待宰→致晕→提升→刺杀放血→沥血→预清洗→头检、去耳标→烫毛→打毛→吊挂提升→干燥→燎毛、刮毛→抛光清洗→去生殖器→自动开胸腹→雕圈→开胸骨→取白脏→旋检取样→预摘红脏→取红脏→劈半→同步检验→摘三腺→撕板油→胴体修整→去头、蹄→修槽头→分级→称重→盖章→胴体冲淋→三段预冷或急冷→进冷却间→分割（→冻结）→冷藏。

2. 牛屠宰工艺流程

活牛接收→称重→待宰→宰杀→放血→电刺激→预剥头皮→编号→去头→

扎食管→剥后腿皮→转挂→去后蹄→剥臀部皮尾皮→封肛→预剥胸部皮→扯皮→开胸→剖腹→取白脏→取红脏→去尾、鞭→胴体劈半→兽医检验→修整→盖章→称重→冲淋→进冷却间→鲜销或分割（→冻结）→冷藏。

3. 羊宰工艺流程

活羊接收→待宰→提升→宰杀→放血→预剥皮→转挂（→烫毛→打毛）→取头蹄→扯皮→开胸骨→剖腹→取白脏→取红脏→羊腔检验、修整→检验盖章→称重→进冷却间→鲜销或分割（→冻结）→冷藏。

对于上述三种畜类的工艺流程，与制冷相关的工序为冷却间、分割、冻结和冷藏，相关技术要求见后文。

2.1.2 禽类屠宰

广义的禽类屠宰包括鸡、鸭、鹅的屠宰和火鸡、鸽子、鸵鸟等的屠宰；狭义的禽类屠宰是指鸡、鸭、鹅的屠宰。由于火鸡、鸽子、鸵鸟等的肉类总产量较小，故禽类屠宰一般指鸡、鸭、鹅的屠宰。鸡又分白羽鸡和黄羽鸡。鸭、鹅统称为水禽。

我国禽类的年出栏量超过130亿羽，禽肉年产量超2000万吨，是居民肉类消费的重要的一环。在禽流感疫情大规模暴发之前，各地批发市场、小型屠宰场都流行现杀活鸡，市场上的产品基本为热鲜肉和冷冻肉。禽流感疫情之后，国家在大城市禁止了活禽的交易，冷鲜禽肉的比例有所提高。2020年新冠疫情之后，国家大力禁止活禽交易，会更进一步扩大冷鲜禽肉的比例。鸡屠宰种类中黄羽鸡多为热鲜肉和冷鲜肉，白羽鸡多为冷冻肉；单随着国家政策的落实和消费水平的提高，鸡肉中冷鲜肉的比例会越来越大。

下面是鸡（白羽鸡）屠宰和水禽（鸭、鹅）屠宰的工艺流程。

1. 白羽鸡屠宰工艺流程（以自动线为例）

毛鸡接收→一次吊挂→致晕→宰杀→人工补刀→沥血→喷淋→浸烫（→烫头）→粗打毛→精打毛→拉鸡头→切爪、转挂→切肛→开膛→掏膛→兽医检验→抽腹油→去嗉囊→颈皮检验→去脖→终端检验→胴体内外清洗→胴体卸载→预冷→二次挂鸡→称重线→自动转挂→分割线→展翅→切翅→前半胴体预切割→前半胴体切割→切尾→切腿→卸腿→进入各分割支线分割加工→输送装置转运（→冻结）→冷藏。

2. 鸭、鹅屠宰工艺流程

毛鸭、鹅检验→挂禽→致晕→宰杀→沥血→预清洗→浸烫→打毛→冲洗→浸蜡→冷却→脱蜡→去小毛→去头→切掌→切肛→开膛→掏膛→去嗉囊→胴体检验→胴体自动清洗→预冷→吊挂→分割→切脖→切翅→切腿→卸腿→进入各分割支线分割加工→包装（→冻结）→冷藏。

2.2 屠宰加工业的区域分布

2.2.1 产业政策导向

畜牧业是国民经济的重要组成部分，在保障优质蛋白供应方面起着举足轻重的作用。而在我国，素有"民以食为天，猪粮安天下"的说法，因此政府在制定产业政策的时候也偏重于生猪产业，食草畜牧业次之。

1. 我国畜牧业面临的挑战

我国畜牧业面临的挑战主要有以下几点。

（1）养殖成本的不断攀升。

（2）环保压力持续加大。畜牧业粪便年产量达6亿吨，占比超过30%，种养循环不畅，养殖布局与资源承载能力不匹配。

（3）资源约束趋紧。养殖用地审批难、蛋白饲料缺口大、实用技术人才短缺等因素，要求畜牧业提高土地利用效率、饲料转化效率、劳动生产效率。

（4）国际竞争加剧。进口量越来越大，而进口肉存在很大的价格优势。

（5）动物疫病防控形势严峻。重大疾病时有发生，常见病多发。

2. 生猪产业发展的政策导向

（1）生猪产业发展基本原则。

重点发展区：河北、山东、河南、重庆、广西、四川、海南7省(市)，属于传统生猪主产区，养殖总量大、调出量大，可稳定我国猪肉供给的核心区域。

约束发展区：京津沪等大城市，江苏、浙江、福建、安徽、江西、湖北、湖南、广东等南方水网地区。这些地区受资源环境条件限制，生产发展空间受限，未来区域养殖总量保持稳定。

潜力增长区：辽宁、吉林、黑龙江、内蒙古、云南、贵州等地，发展环境好，增长潜力大，是我国猪肉产量增加的主要区域。

适度发展区：山西、陕西、甘肃、新疆、西藏、青海、宁夏等7省区，地域辽阔，土地资源和农副产品资源丰富，但是生猪养殖基础薄弱。推进适度规模养殖和标准化屠宰，推行生态养殖，发展优质高端特色生猪产业。

（2）生猪产业发展主要任务：坚持问题导向，转型升级、绿色发展，提供质优价廉的生猪产品，主要有以下几点。

建设现代化生猪种业。深入实施全国生猪遗传改良计划；系统开展本土化选育，打造华系种猪品牌；促进生猪遗传资源保护和开发利用。

提升饲料兽药产业发展。加快发展酶制剂等新型饲料添加剂；提升兽药产业集约化发展水平。

发展标准化规模养殖。良种良法配套、设施工艺结合、增产增效并重、生产生态协调；大力发展适度规模养殖，着力推进生态养殖、清洁养殖；推行精细化管理，加强高效适用技术挤成创新与推广。

推动废弃物综合利用。做大做强生猪废弃物综合利用产业；打通粪便无害化还田利用通道，促进有机肥就地就近综合利用；建成病死猪无害化处理体系。

加强生猪屠宰管理。集中屠宰、品牌经营、冷链流通、冷鲜上市。

构建质量安全追溯体系。坚持产管结合、源头控制。

推进产业化经营和社会化服务。引导建立大型企业为龙头、农民专业合作组织和社会化服务为纽带、适度规模养殖场为主体的产业体系；实施互联网+生猪发展战略；鼓励龙头企业、大户、专业合作组织、经纪人建立社会化服务组织。

强化疫病防控。进一步加强口蹄疫等重大疾病防控，统筹做好生猪流行性腹泻等常见病防控指导。

3. 牛羊产业发展的政策导向

（1）牛羊产业发展的基本原则。

优化布局，突出重点。综合考虑区域资源禀赋和牛羊肉生产基础，科学规划肉牛肉羊生产布局。加强牛羊肉重点区域生产能力建设，着力扶持牧区，引导发展农区，增强牛羊肉产品市场供给能力。统筹其他区域生产发展，落实地方政府责任，提高牛羊肉自给率，满足当地消费需求。

科技支撑，主攻单产。以提高肉牛肉羊个体生产性能为核心，依靠科技创新和技术进步，坚持良种良法配套，增强良种培育能力，研究推广先进适用饲养技术和养殖模式，稳步提升肉牛肉羊生产水平。

转变方式，提升能力。转变肉牛肉羊生产方式，大力发展适度规模养殖，提高规模化、标准化水平。加快完善良种繁育体系、饲草料供应保障体系、生产技术服务体系、疫病防控体系和防灾减灾体系，不断增强牛羊肉综合生产能力。

产业带动，提质增效。培育壮大一批带动能力强的养殖加工龙头企业，支持发展牛羊养殖专业合作组织，构建合理的产业链利益联结机制，提高牛羊生产的组织化、产业化程度，提升养殖效益，规范饲养技术，严格加大肉品和屠宰加工监管，确保牛羊肉质量安全。

（2）技术路线。

培育推广优良品种。良种是牛羊生产发展的基础。加快肉牛肉羊高产高效优质新品种培育，立足国内地方品种资源，合理引进国外优良品种，坚持常规育种与现代生物技术相结合，以提高个体生产性能和产品质量为主攻方向，重点培育一批生长速度快、产肉性能高、牛肉品质好的肉牛新品种和繁殖效率高、适应性强、育肥性能好的肉羊新品种。加快推进黄牛、牦牛、水牛和绵羊、山羊地方品种遗传改良，加大肉牛人工授精技术和肉羊种公羊推广力度，因地制宜推广发展西门塔尔等乳肉兼用牛，提高优良种畜良种化水平。

提高规模化养殖水平。规模养殖场是稳定牛羊生产的重要力量。坚持农牧结合，发展肉牛肉羊适度规模养殖。通过政策扶持，改善发展规模养殖所需的设施设备条件，促进农户走规模养殖发展道路，逐步提高规模养殖比重。结合区域特点，总结推广不同地区不同饲养阶段肉牛肉羊饲养模式。扶持发展养殖大户、家庭牧场和养殖专业合作组织，提高农牧民的组织化程度。培育壮大产业化龙头企业，大力发展"公司+农户"等生产模式，推进产业化经营。

推广普及先进实用技术。以推行"畜禽良种化、养殖设施化、生产规范化、防疫制度化、粪污处理无害化"为重点，提高肉牛肉羊标准化生产水平。推广优质牧草和农作物秸秆利用技术，科学优化牛羊饲草料结构，提高饲草料利用水平。因地制宜推广肉牛分段式育肥、牧区肉羊冬春季节圈养舍饲、南方山羊高床舍饲、全混合日粮饲喂、羔羊早期补饲与适时出栏等技术，提高饲养效率和效益。

提高基础母畜养殖水平。基础母畜是肉牛肉羊产业持续健康发展的重要保障。推行牧区基础母畜舍饲，选留优质母畜，确定合理的母畜淘汰期限，优化畜群结构。加强纯种选育和杂交改良，积极推广优质种公牛冻精和种公羊，提高基础母畜性能。推广全价配合饲料饲喂和提前配种、犊牛早期断奶等技术，缩短产犊间隔，提高母牛利用效率和架子牛供应能力。推广母羊产前产后补饲、同期发情和羔羊早期断奶、科学饲喂等技术，提高两年三胎成功率和羔羊成活率，增加母羊数量和羔羊供应。

加强疫病防控和防灾能力建设。强化牛羊口蹄疫、布病、结核病、包虫病等重大动物疫病的防控，加大投入力度，加强牧区能繁母畜暖棚、防灾饲草储备设施、南方地区防暑降温畜舍等建设，最大限度地减少疫病和自然灾害对生产造成的损失。

4. 肉鸡产业发展的趋势

（1）将肉鸡产业作为产业兴旺的战略产业给予重视。肉鸡产业持续发展是一个世界性的发展趋势。近半个世纪以来，世界肉类生产结构的一个显著特征是在从牛羊肉向禽肉转移，牛羊肉占比显著下降，禽肉大幅上升，禽肉已经成为世界第一大肉类。将肉鸡产业作为产业兴旺的战略产业，对优化农业农村产业结构，提高农业发展质量、国际竞争力和综合要素生产率，加快农业农村现代化进程，具有重要的战略意义。应从国计民生的战略视角，高度重视肉鸡产业发展，做到对肉鸡产业与生猪产业、草食畜牧业一视同仁，加强对肉鸡产业发展规划的顶层设计，完善政策支撑体系，加大政策支持力度。

（2）加强肉鸡遗传育种研发。出于对种源安全的考虑，加强白羽肉鸡自主育种是重中之重。我国白羽肉鸡自主育种基础薄弱，与国外长达几十年的育种素材、人才、技术、资本积累相比，仍处于起步阶段，必须充分利用国内丰富的遗传资源，走差异化战略，立足本土消费市场，设立重点研发计划，助推适合我国消费特色的白羽肉鸡品种育种工作。

（3）提高科技支撑能力。依托国家肉鸡产业技术体系、科研院所和大专院校的科研力量，围绕产业链的关键环节开展攻关研究，提升肉鸡产业科技创新能力，提升产业竞争力。加强肉鸡育种、饲料高效利用、健康养殖、废弃物资源化利用、肉鸡产品质量安全快速检测与可追溯等关键技术研究。充分发挥畜牧业技术支撑机构和行业协会的优势，加大高效实用技术推广力度。建议国家和地方政府加大对肉鸡产业标准化养殖的扶持力度，鼓励和支持企业加大养殖标准化、智能化、机械化设施设备投入力度，真正实现"人管理设备、设备养鸡、鸡养人"，促进产业实现转型升级，提升生产效率。

（4）严格质量安全监管。构筑严格的肉鸡产品质量监管体系，按照全程监管的原则，突出制度建设和设施建设，变被动、随机、随意监管为主动化、制度化和法制化监管。建立肉鸡养殖业投入品的禁用、限用制度，培训和指导养殖户科学用料、用药。在完善肉鸡产品和饲料产品质量安全卫生标准的基础上，建立肉鸡产品和饲料、饲料添加剂、兽药等投入品质量监测及监管体系，提高肉鸡产品质量安全水平。推行肉鸡产品质量可追溯制度，建立动物源食品信息档案，严把市场准入关。

（5）在降低环保成本方面给予支持。大肉鸡产业领域的环境治理是国家环境保护战略的需要，也是实现肉鸡产业健康可持续发展的需要。国家和地方政府应统筹考虑肉鸡产业发展和环境保护需要，出台相关支持政策，降低肉鸡企业环保成本，减轻企业压力。此外，当前关键技术和设备是解决好当前畜禽养殖废弃物处理和资源化问题的关键方面，应当坚持问题导向，加强畜禽养殖废弃物资源化利用基础研究和关键技术攻关。在统筹考虑科技创新平台规划布局和现有科技资源的基础上，研究建立科技创新平台，强化畜禽养殖废弃物能源化技术开发。研发推广安全、高效、环保新型饲料产品。加大混合原料发酵、沼气提纯罐装、粪肥沼肥施用等技术和设备的开发普及力度，全面提升畜禽养殖废弃物资源化利用的技术水平。加快建立畜禽粪污综合利用标准体系，重点解决粪肥、沼肥等生产技术规范和检测标准缺乏问题。

（6）强化疫病及市场信息监测预警。建立疾病预警预报系统和控制计划，动态监测病毒的存在和变化特征，实现对禽流感和新城疫等重大疫情的早期预警预报。加强肉鸡市场、屠宰监测和预警体系建设，强化生产和价格监测分析，及时发布肉鸡生产和市场价格信息。加强形势分析研判，及时发布预警信息，引导养殖户科学调整生产结构，稳定市场心理预期，规避市场风险。同时，应吸取相关行业盲目发展导致产能过剩的教训，并借鉴国家目前在这些行业实施的去产能政策及产能调控方针，建立促进肉鸡产业良性发展的有效调控机制，控制好产业规模扩张的节奏和规模，防止再次出现行业规模扩张导致产能严重过剩的现象。

5. 水禽产业发展的趋势

（1）产业链条将继续整合完善，三大产业进一步融合发展。在农畜产品价格波动加剧、市场竞争日益激烈的背景下，水禽行业传统的生产经营方式已难以适应市场要求，如何体现特色、突出质量、提高风险抵御能力已成为水禽企业立足新形势满足新要求的核心因素。这种背景下，许多水禽养殖企业

第二章
肉类冷链物流中的屠宰加工

开始延长产业链、跻身于精深加工和终端产品销售之中，不断提高加工深度，打造多元化的优、特产品以及推动产品的品牌化经营已成为一种趋势。不仅如此，"贸工农一体化、产加销一条龙"的垂直一体化模式，"公司+合作社+农户"等形式的分工合作模式以及"种养结合+休闲观光"的融合模式等正逐步成为水禽行业发展的主流方向，不断推动着一、二、三产业融合发展。

（2）养殖方式逐步向资源节约型、环境友好型方向发展。绿色发展背景下，能否满足环境控制标准已成为水禽养殖企业生存的红线，越来越多的水禽养殖企业主动转型，将绿色发展、循环发展、低碳发展作为企业发展新方向，各种现代化、集约化、规模化养殖方式不断涌现。与此同时，以节本增效、提质增效以及绿色健康为导向的新技术不断取得突破，健康养殖、养殖环境控制、养殖成本节约、废弃物处理与资源化利用、饲料使用效率提升、繁殖性能加强、防控与疫苗减量、肉蛋加工新产品创新等技术不断取得新进展、新突破，为水禽产业集约化、现代化、绿色化、自动化、零排放发展提供了重要技术支持和原动力。

（3）重视产品质量安全和品牌建设，产品多元化发展。伴随着生活水平的提高以及生活节奏的加快，消费者对于水禽产品的品质、营养价值、口感味道、健康安全和便捷化、功能性、休闲性以及品牌识别度与信誉度都提出了更高要求。这种背景下，不断提高产品质量安全性，丰富产品种类，以满足市场多样化、个性化需求，进而提高水禽企业品牌影响力，已成为水禽企业在新形势下站稳、站好市场的重要要求与发展趋势。

（4）产品销售电子商务化，生产经营管理信息化、智能化。基于互联网的水禽产品销售的电子商务化，实现了互联网与水禽市场的深度融合，不仅减少了中间环节，有利于降低交易成本，而且拉近了企业与消费者的距离，有助于企业及时把握市场消费动向，不断拓展销售渠道与市场范围。因此，探索线上线下一体化模式，登陆"互联网+"第三方销售平台已成为水禽行业的新趋势。与此同时，水禽行业生产经营管理信息化、智能化趋势日益明显，基于互联网、大数据、生物识别技术的人工智能等现代技术，正不断推动水禽行业生产、管理和营销模式变革，不断实现从用户需求端到产品供给端全链条的智慧化经营管理。

2.2.2 生猪主产区

我国是养猪大国，有十大生猪主产区，这些地区的生猪出栏总数占全国出栏总数的一半以上。这十大生猪主产区为：四川、湖南、河南、山东、河北、广东、湖北、广西、江苏及安徽。四川除了年出栏猪头数位居全国第一外，还有年存栏猪头数、猪肉总产量以及能繁母猪存栏均为全国第一，是我国当之无愧的第一养猪大省。该省的成都、资阳、遂宁、乐山等地都是生猪生产重地。湖南人均生猪出栏量及外销量位居全国第一，全国养猪百强县湖南占14个，是我国港澳地区生猪的主要供应者，湖南的生猪65%在本地消费，其余均跨省供给，活大猪、冷鲜肉、中仔猪等产品销往广东、上海等地。河南生猪加工业发展势头很猛，不仅双汇、众品等一大批知名品牌企业保持了较快的发展态势，而且一批新的生猪加工企业也相继建成投产，成为食品工业重要的增长点。同时，全省生猪良种繁育体系已经形成，生产水平明显提高，生猪外销一直保持良好的增长势头。山东是传统的畜牧大省，其生猪外销的主要市场是上海、广东、海南。河北生猪生产以散养为主，规模化饲养程度较低。广西是一个生猪调出大省，主要调往广东、海南等省，并部分供给港澳地区。江苏是我国的生猪生产大省，猪肉消费大省，也是全国重要的猪肉品牌大省，在中国知名的15个猪肉品牌中，江苏就有雨润、苏食、今天3个品牌入选，是全国入选品牌最多的省份。安徽一直是全国十大生猪主产省之一，被列入全国生猪优势区域布局。非洲猪瘟发生前，四川、河南、广东、广西、湖南、湖北、河北和山东生猪出栏量均在3000万头以上；黑龙江、辽宁、江苏和安徽出栏量在2000万头到3000万头之间。非洲猪瘟发生后，以上省市有良好的养殖基础，存栏量回复较快。2020年，全国猪肉产量前十省市分别为四川、河南、湖南、山东、云南省、湖北、河北、广东、广西、江西。对比十大生猪主产区，发现2020年云南、江西进入了前十，江苏和安徽没有入选，而其他省份则没有变化。图2-1所示为2020年全国生猪存栏量。

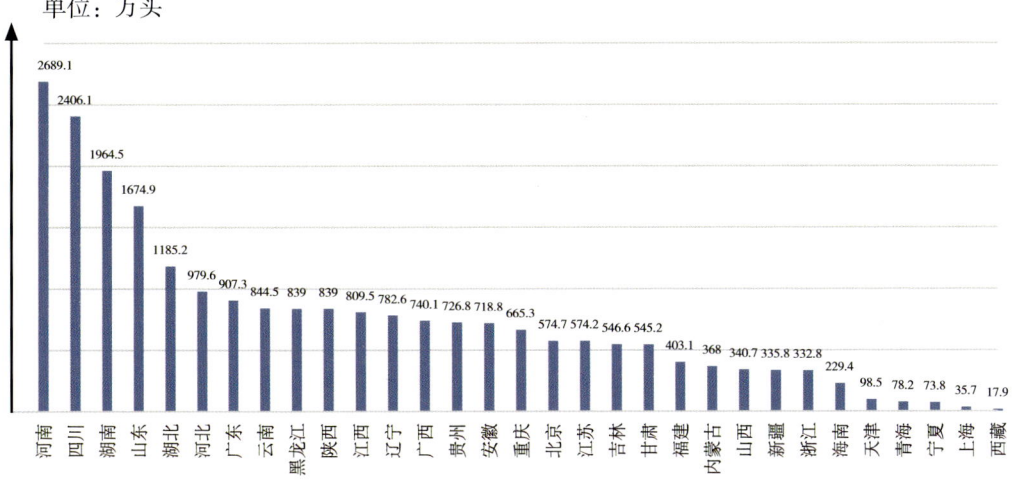

图 2-1　2020年全国生猪存栏量

生猪产销地域结构主要受政策及饲料原料产区分布影响。因环保政策及土地限制，长三角及珠三角生猪养殖发展受限，而华北、华中、西南与沿海城市相比，经济发展相对滞后，畜牧业发展的政策支持力度更大。同时，饲料是生猪养殖中成本占比最大部分，而玉米又是主要饲料原料，在华北、华中、西南等玉米主产区发展生猪养殖成本优势显著。我国传统的生猪调运路线为东北向关内调运，中原向沿海调运，西南向珠三角调运。农业农村部鼓励优化屠宰产能布局，鼓励在生猪养殖主产区新建屠宰优势产能，2021年《非洲猪瘟等重大动物疫病分区防控工作方案（试行）》政策的落地，猪肉则由产区向销区供应。值得一提的是，非洲猪瘟发生后，由生猪调出省份变为调入省份的有广西、福建；由调入省份变为调出省份的有云南、甘肃、贵州、四川。

2.2.3 肉牛主产区

综合考虑各地区饲草料资源禀赋、生产基础、屠宰加工和区位优势等条件，肉牛生产可加快发展冀鲁豫3省和东北3省，稳定发展西部8省区，兼顾发展其他地区。

1. 冀鲁豫3省

冀鲁豫3省是我国肉牛主要产区，2000年以来，其牛肉产量占全国比重一直保持在30%以上。该区域农作物秸秆资源丰富，约占全国总量的1/3，饲料资源基础较好，品种以鲁西牛、南阳牛等地方品种及中国西门塔尔牛、夏南牛等培育品种为代表，养殖模式以舍饲圈养为主，是我国规模化集中育肥的主要区域。该区域紧邻"京津冀""长三角"等大城市消费市场，屠宰加工企业多、现代化程度高。其主要制约因素是，能繁母牛养殖数量下降较快，地方优良品种群体规模严重萎缩，饲草料资源利用效率较低。该区域要巩固传统优势，扭转能繁母牛存栏量下滑趋势，稳步提高牛肉产量，注重提高产品品质，主要满足周边地区大中城市消费需求。

2. 东北3省

2007年以来，东北3省的牛肉产量占全国的20%左右，区域内饲草料资源丰富，品种以延边牛、复州牛等地方品种及中国西门塔尔牛、延黄牛、辽育白牛等培育品种为代表，规模养殖程度较高，良种繁育和推广体系比较健全，肉牛改良起步较早，成效显著。其主要制约因素是，缺少龙头企业带动，秸秆等饲草料资源没有得到充分利用，饲养技术水平落后，能繁母牛饲养量逐年下降。该地区的主要任务是发挥粮食主产区玉米和农作物秸秆资源丰富的优势，加强主导品种选育和改良，发展集约化养殖，全面推广秸秆青贮、专业化育肥等技术，做大做强龙头企业，强化品牌创建。肉牛生产以满足当地居民消费需求为主，适当兼顾周边大城市消费。

3. 西部8省区

西部8省区是我国传统的肉牛产区，2007年以来，其牛肉产量占全国比重一直保持在30%左右。该区品种以秦川牛、西藏牛、麦洼牦牛、青海高原牦牛等地方品种及中国西门塔尔牛、新疆褐牛、三河牛、大通牦牛等培育品种为代表。肉牛养殖模式包括三种，牧区主要采取放牧、"放牧+补饲"的养殖方式，为其他地区提供架子牛，但草原普遍超载过牧，肉牛良种化程度不高，生产效率低；半农半牧区主要采取舍饲、半舍饲的养殖方式；农区农作物秸秆资源丰富，但育肥发展滞后，屠宰加工水平不高。该区域的主要任务是以秦川牛、新疆褐牛、西门塔尔牛和牦牛为重点，积极发展特色肉牛产业。在牧区，应以饲养能繁母牛为主，提高母牛群体比重，充分发挥架子牛繁育区作用；因地制宜地开展人工种草，减少天然草原载畜量，建设饲草料储备和防灾减灾设施，稳定生产能力。在半农半牧区，应充分利用农区农作物秸秆资源丰富和牧区优质饲草、生产成本低廉的优势，适度扩大人工种草面积，推广专业化育肥，提高生产水平。在农区，加大农作物秸秆高效利用，提高饲草料利用率，承接牧区架子牛育肥，培育发展屠宰加工企业。

4. 肉牛存栏与牛肉产量

2020年末全国牛存栏9562万头，比上年末增加424万头，同比增长4.6%。2020年，全国肉牛出栏4565万头，比上年增加32万头，同比增长0.7%；牛肉产量672万吨，增加5万吨，增长0.8%。表2-1所示是2018年末我国肉牛出栏数排名前十的省区。

我国国家层面上没有实行牛定点屠宰，部分省区实行了省内的牛定点屠宰。总的来看，屠宰厂设计产能过剩，各产区屠宰产能的排序与肉牛出栏的排序基本吻合。

表2-1 2018年末我国肉牛出栏数排名前十的省区

省份	名次	区域划分	出栏量（万头）
内蒙古	1	华北	375.1
山东	2	华东	363.4
河北	3	华北	345.6
云南	4	西南	309.1
四川	5	西南	276.2
黑龙江	6	东北	270.2
新疆	7	西北	253.5
吉林	8	东北	249.6
河南	9	华中	231.2
甘肃	10	西北	201.9

2.2.4 肉羊主产区

肉羊主产区主要为西部8省区和冀鲁豫3省。肉羊生产发展的原则是：综合考虑各地区饲草料资源禀赋、生产基础、屠宰加工和区位优势等条件，巩固发展西部8省区，加快发展冀鲁豫3省，适当兼顾其他地区。

1. 西部8省区

西部8省区是我国羊肉的主产区，也是全国羊肉主销区，除新疆外，其他7个省区均是羊肉净调出省份。品种以蒙古羊、藏羊、哈萨克羊、滩羊等地方品种为主。在牧区，以自然放牧、养殖母羊为主，输出架子羊；在半农半牧区，养殖方式由放牧向舍饲圈养转变；在农区，由散养向集中饲养转变，以外购架子羊育肥为主。近年来，8省区的肉羊生产重心逐渐由牧区向农区转移，农区羊肉产量占8省区羊肉总产量的比重由2000年的52%增加到2010年的58%。其主要制约因素是，基础设施较差，饲草料资源利用效率较低，常年饲草料供给不平衡，良种化程度不高，生产水平较低，专业化、规模化集中育肥发展滞后，防灾抗灾能力弱。从该区域的发展重点来看，在牧区，要严格实行草畜平衡制度，加快地方优良品种的选育和提高，加强棚圈等饲养设施的建设,因地制宜地开展人工种草,加强饲草料储备和防灾减灾设施建设,大力发展母羊饲养和羔羊当年出栏。在半农半牧区,要实行季节性禁牧、休牧,推广舍饲圈养、牧繁农育,提高母羊繁殖性能和育肥羊单产水平。在农区,要加快新品种培育和养殖方式转变,推广农作物秸秆高效利用、精饲料补饲增产等配套技术,推行规模化、标准化育肥,提高出栏率,培育壮大龙头企业,发展养殖专业合作社。该区域要提高肉羊生产效率,增强区域供给能力,实现区域内羊肉基本自给。

2. 冀鲁豫3省

冀鲁豫3省是我国重要的肉羊产区之一,羊肉产量占全20%以上。养殖模式以舍饲为主,地方品种资源多,以小尾寒羊、黄淮山羊为主,饲草料特别是精饲料资源丰富,屠宰加工企业较多,紧邻大中城市,运销便捷。其主要制约因素是,母羊养殖数量下降较快,架子羊供给严重不足,地方品种选育程度较低,规模养殖发展滞后,加工企业规模小且分散。该区域发展重点是加大地方优良品种保护与利用,推行适度规模舍饲养殖,推广母羊高效繁殖、全混日粮饲喂、羔羊育肥等技术,大力开展商品羊杂交配套生产。提高农作物秸秆利用率, 降低饲养成本,推进规模化、标准化生产,提高生产能力。鼓励发展"公司+基地""公司+专业合作社+农户"等多种产业化经营模式,创建优质羊肉品牌。该区域重点是要满足周边大中城市消费需求。

3. 其他地区

其他地区的羊肉生产主要集中于南方和东北地区。主要任务是加快草山草坡改良,加大圈养设施改造力度,推行适度规模高床舍饲圈养,提高规模化程度,满足当地居民羊肉消费需求。

4. 羊肉产量

2019年以来,我国肉羊生产稳中有升,肉羊存栏和羊肉产量同比有所上升,但能繁母羊存栏和新生羔羊总量同比有所下降。2020年末,全国羊存栏30655万只,比上年末增加583万只,同比增长1.9%。2020年,全国羊出栏31941万只,比上年增加242万只,同比增长0.8%;羊肉产量492万吨,增加5

万吨，同比增长1.0%。

2.2.5 肉禽主产区

我国的商品肉鸡养殖品种众多，包括黄羽肉鸡、白羽肉鸡、杂鸡和淘汰鸡等，其中主流是黄羽肉鸡和白羽肉鸡。

黄羽肉鸡为我国原产品种，或以优良的本土品种结合国外品种杂交培育而成，主要用于中式烹饪，产区和销区都主要集中在我国南方。黄羽鸡的行业规模化经营起步较晚，行业集中化程度相对较低，规模化养殖场数量相对较少。近年来，在环保政策及新冠肺炎疫情影响下，行业集中度总体呈现持续上升趋势。中国黄羽鸡传统消费市场以两广地区以及湖南、江西、江苏、浙江、安徽、上海等长江中下游地区为主。其中，两广地区以慢速鸡为主，长江中下游地区以中速及快速鸡为主。近年来，该市场呈现出传统消费市场消费水平不断提高、北方等新兴消费市场快速发展的格局。黄羽肉鸡市场向长江中上游等华中方向延伸的速度持续加快，部分黄羽鸡养殖龙头开始拓展北方市场，开发适应北方市场养殖环境和消费习惯的品种，北方新兴消费市场正在加快发展。

白羽肉鸡为我国从国外引进繁育的快大型品种，相对于黄羽肉鸡来说，养殖周期更短，饲料转化率更高，更适合西式烹饪，养殖主要集中在我国北方地区。白羽肉鸡的饲养主要集中在长江以北，以华北、东北为主，长江以南仅福建地区养殖较多，各省区养殖量以山东省居首，其次是辽宁、河南、河北、江苏、山西。

2019年，我国肉鸡生产大幅增长，肉鸡出栏数增加14%；鸡肉总产量同比增长13.1%。其中，专用型肉鸡产肉量同比增长14.1%；淘汰蛋鸡产肉量同比下降1.3%。2019年，我国出栏肉鸡122亿羽。其中，白羽肉鸡44亿羽，黄羽肉鸡49亿羽，其他肉鸡29亿羽（杂鸡18亿羽，淘汰蛋鸡11亿羽）。

2020年，根据对全国22个水禽主产省（市、区）水禽生产情况的调查统计，全年商品肉鸭出栏46.83亿只，较2019年增长9.72%；商品鹅出栏6.39亿只，比2019年增长5.34%。

2.2.6 肉类主销区

从一般规律来看，人口密集的地区是肉类的主要消费区；但是由于我国幅员辽阔，不同的地区对于肉类消费有不同的偏好，造就了不同肉类消费的差异性。根据国家统计局2018年统计年鉴中的数据，城镇居民家庭人均肉类消费量分别统计如图2-2至图2-5所示。

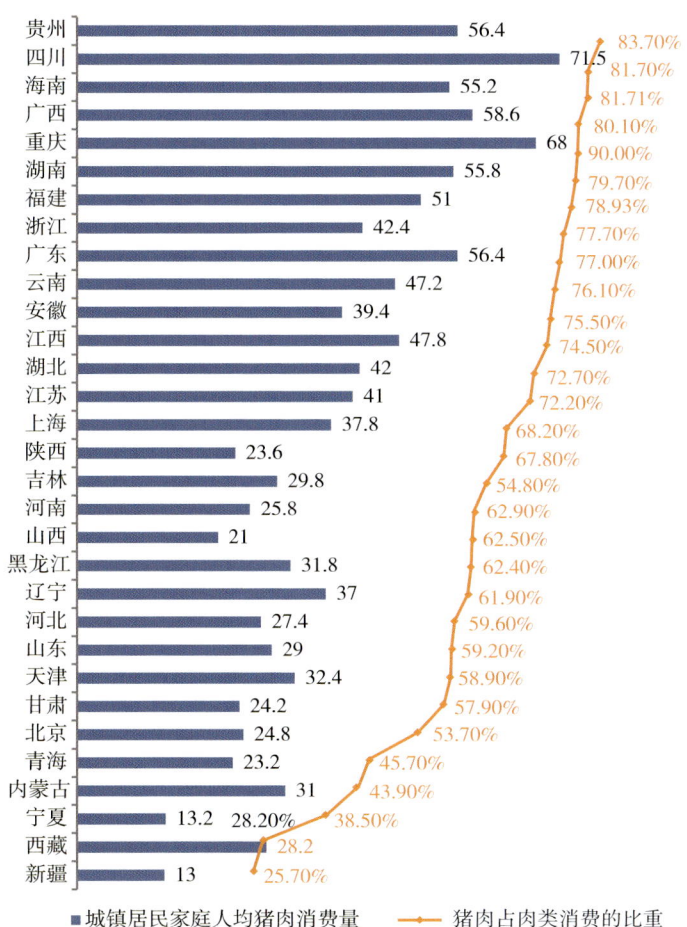

图 2-2　城镇居民家庭人均猪肉消费量

注：此图为猪肉在2017年城镇居民家居消费肉类中占比（％）。此处肉类不包括禽肉和水产品。

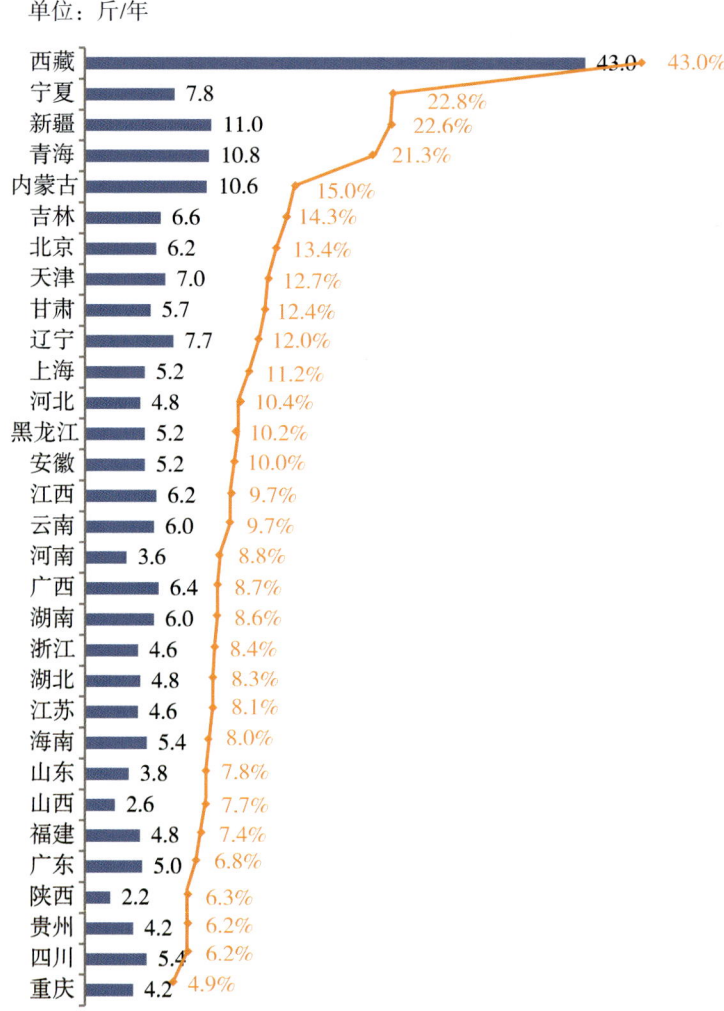

图2-3 城镇居民家庭人均牛肉消费量

注：此图为牛肉在2017年城镇居民家庭人居消费肉类中占比（%）。此处肉类不包括禽肉和水产品。

第二章
肉类冷链物流中的屠宰加工

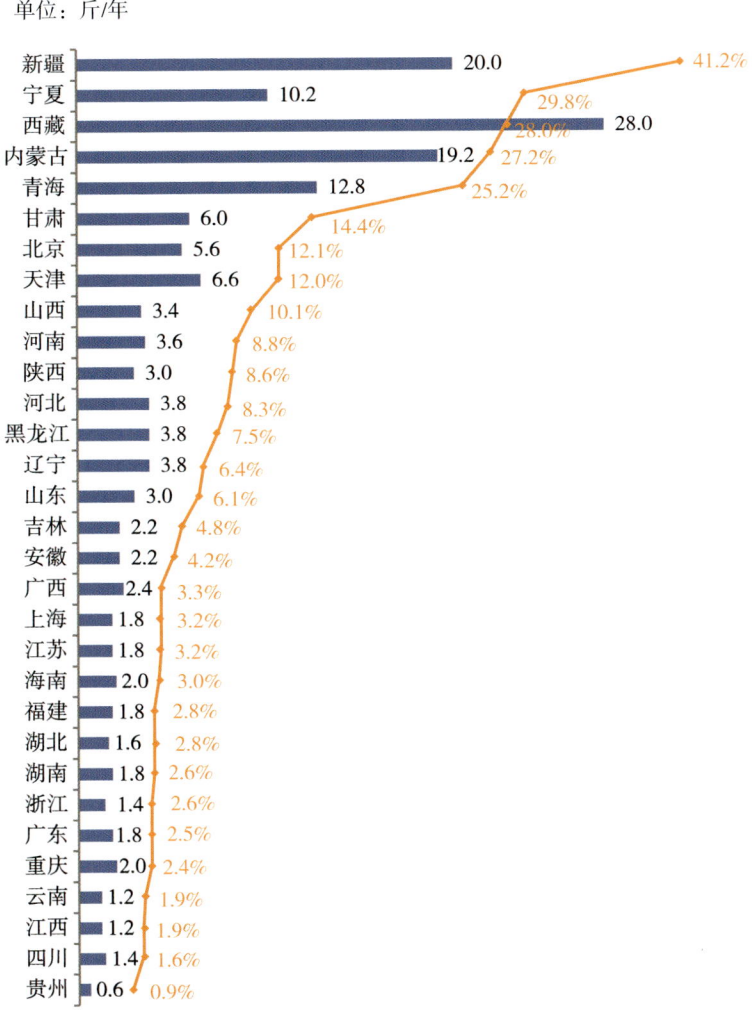

图 2-4 城镇居民家庭人均羊肉消费量

注：此图为羊肉在2017年城镇居民家庭人居消费肉类中占比（%）。此处肉类不包括禽肉和水产品。

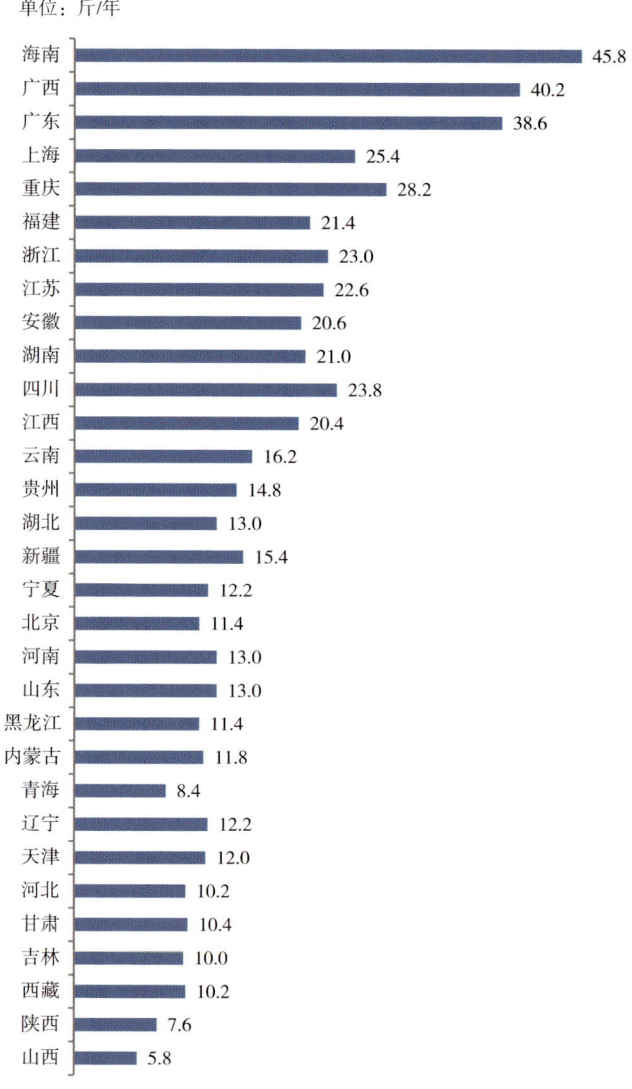

图 2-5 城镇居民家庭人均禽肉消费量

注：数据来源为《中国统计年鉴（2018）》。

1. 猪肉主销区

2016年，猪肉产量前10省份合计生产猪肉3398万吨，省内消化2580万吨，剩下24%需外调。河南、山东、湖南外调量排名前3，分别为288万吨、194万吨、193万吨，占其省内消费量的比重分别为178%、102%、80%。长三角、珠三角及环渤海地区是生猪主要销区，广东、上海、浙江等省市猪肉调入量居前。大体上，产销区供给存在对应关系，浙江、上海等长三角地区的供给主要源于河南、湖北等省份，南方珠三角的生猪供给主要源于四川、两广、湖南等地，环渤海生猪供给多来自河北、山东等省。2016年，广东、上海、浙江、北京猪肉供给缺口分别达195万吨、168万吨、148万吨、113万吨，猪肉调运量近一半供应上述省市，上海、北京的对外依存度均超过80%。

2. 牛肉羊肉主销区

我国的肉牛产业向南部的四川、贵州、云南、江西，西部的甘肃、青海、新疆，东北的内蒙古、吉林、黑龙江等省区转移。中部、南部和部分西部等牛肉产区的肉牛养殖场和屠宰加工企业，从东北三省、内蒙古、新疆等牧区和半农半牧区购进架子牛进行短期育肥出栏。从整体上看，肉牛养殖和屠宰加工区域分离状况明显。西部、北部和中部肉牛屠宰加工业整体产能过剩。南部产区整体的屠宰加工能力不足，"规模小而精、功能多而全"的"厨房型"屠宰加工设施是与南方产区养殖特点相适宜的建设方向。"北牛南运"造就了以广东和上海地区为代表的南方地区是"重屠宰、轻养殖"的屠宰加工产区，在发挥稳定牛肉供给辅助作用的同时，抬高了南方牛肉市场价格。各产区的功能与商业模式逐步分化：西部和北部产区向直接供给大宗市场活牛和牛肉的方向分化；南部产区向就地生产、就近销售活牛和差异化、特色化牛肉的方向分化；中部产区向育肥外购牛和向大宗市场销售牛肉的方向明显分化。西部8省区是我国羊肉的主产区，也是全国羊肉主销区。

3. 鸡肉主销区

白羽肉鸡的消费渠道主要是团膳配餐、城镇居民消费、快餐消费，三者的比例分别占65%、23%、12%。团膳配餐的工业属性较强，与经济周期相关性高；快餐消费需求增长稳定，占比持续扩大。黄羽肉鸡的传统消费市场以两广地区以及湖南、江西、江苏、浙江、安徽、上海等长江中下游地区为主。

4. 鸭肉主销区

从餐饮终端的数据来看，南京是鸭肉消费量最大的城市；而作为工业化生产，湖北省是我国鸭肉产品工业化加工的重要地区，其鸭脖、鸭胗、鸭舌、鸭掌的加工量占全国总加工量的20%左右，更是鸭肉类食品加工连锁企业的重要发源地和中心枢纽。活禽消费主要在沿海区域，以浙江、福建、两广和四川消费居多。随着活禽交易的逐步取消，活禽消费会逐步转为鸭白条或分割肉的消费。鸭白条消费广泛分布在河北、河南、江苏、安徽、湖北、湖南、江西以及两广各省。其中江苏、湖北、湖南和江西等区域需求占43%；四川和两广需求占20%；河南、安徽等区域需求占15%。副产品主要需求区域为湖南、湖北、江西、四川和重庆等省市。

5. 鹅肉主销区

从地域消费习惯来看，淮河流域以南、京广线以东的地区是鹅肉消费较多的区域，其中江苏、上海多一些；广东、香港也是鹅肉消费量很大的地区；浙江的大部，安徽的长江沿岸地区，江西、湖南、湖北的部分地区和广西、云南、海南、贵州只有大中城市有一定量的鹅肉消费；四川虽是养鹅大省，却只是热衷于鹅肠等内脏的消费，重庆的消费量亦有限；其他广大地区，特别是山东、河南、黑龙江、吉林、辽宁等地区的养鹅业虽然快速发展，但鹅肉消费量极少。近年来，鹅肉消费区域呈现由南向北转移的趋势，但发展缓慢。

2.3 肉类冷加工环节现状

肉类是猪、牛、羊等哺乳动物和鸡、鸭、鹅等禽类动物屠宰后其可食用蛋白质、脂肪类物质及其制品的统称，是迄今为止人类社会赖以生存的物质基础之一。肉类冷链是工业化和城市化国家及地区整合畜牧生产与餐饮消费的主要生产方式，肉类全程冷链是保障肉类食品安全与品质的基本条件。

肉类是人类食品中蛋白质、脂类、维生素和矿物质的重要来源。但是猪、牛、羊等哺乳动物和鸡、鸭、鹅等禽类动物屠宰后其体内的生命循环会立刻停止，从而使其肌体丧失了抵抗外界微生物侵袭、控制自身酶催化反应等功能，导致腐败与变质，不仅丧失了其作为食品所具有的营养和风味，而且会严重影响食用者的健康甚至生命安全，因此防止肉类在消费前腐败与变质是实现其价值的首要前提。

肉类全程冷链的冷加工环节能够在肉类联合加工厂实现，现代肉类加工厂能够完成从活体畜类到肉及肉制品的所有加工过程，一般包括屠宰、放血、去除毛（羽）、去除及处理头蹄（爪）和内脏、胴体冷却、低温分割及去骨、分割肉和副产品冻结、肉类制品加工、低温包装、入库冷藏等所有工序。屠宰加工环节是连接畜牧生产与肉类冷链的唯一节点，是肉类冷链的"最先一公里"，从冷链角度主要包括屠宰加工低温环境、肉类冷却和肉类冻结。

2.3.1 屠宰加工低温环境技术

随着消费的不断升级，个性化需求的不断深入，现代肉类加工业不再仅仅是简单的宰杀，而是在进行越来越精细的分割与深加工，这些生产过程需要时间。因此，在以屠宰和加工为主的生产环节，一方面通过降低环境温度保持肉类产品温度在加工过程中可控，另一方面通过降低环境温度抑制作业空间内细菌等微生物的生长和繁殖，这就需要低温环境技术。

屠宰加工所需的低温环境大体分两类，一类是加工区，另一类是物流区。加工区主要包括分割间、整理间、加工间和包装间，经过冷却的肉类产品在这类房间内通过人工或机械完成胴体分割、下水处置，以及进一步的拣选、精深加工和包装，加工过程中肉类产品会与操作人员、加工机械及工器具直接接触；物流区主要包括连接各加工间及冷库的通道和暂存间，加工过程中冷却或冻结后的肉类产品会在物流区通过或短时间存放。

无论是在加工区还是物流区，生产过程所处的空间难以避免各种污染，例如肉类碎屑、肉类汁液、血水等，这些物质是细菌等微生物的良好培养体，如果不加以控制，微生物会快速繁殖，进而污染空间、工器具和肉类产品，影响食品安全。为解决污染问题，工作人员进入生产区之前要更换工装、洗消手靴，防止带入细菌等污染物，生产区内部每天或每班都要整体清洗消毒，工器具在每个使用周期后清洗消毒，清除生产期间沾染的污染物。但是，生产区在一个生产周期内很难连续消毒，因为无论是用热水消毒，还是用紫外线和各种消毒剂都会影响工作人员的健康和肉类产品品质。为解决这个问题，目前唯一可行的技术措施是降低肉类加工区和物流区内部的温度，从而抑制微生物的生长和繁殖，使其数量在一个生产周期内不超过危害健康的限值。

从理论上讲，肉类加工区和物流区内部的温度越低，对微生物的抑制效果越好（温度对微生物生长影响如图2-6所示），但同时生产成本会越高，工作人员也会越不舒适。

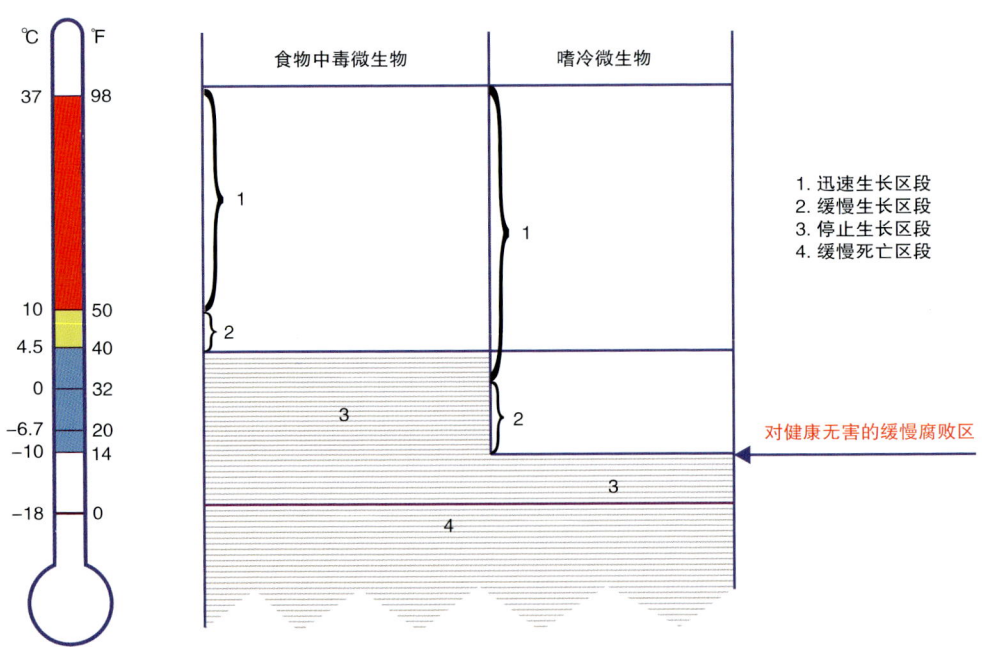

图2-6　食物中毒菌和嗜冷菌生长温度范围

经过多年的研究和生产实践，现有肉类生产体系要求加工区和物流区的温度控制在10℃左右，部分有特殊要求的会更低一些，但一般不会低于-5℃。为保持上述温度，工程上主要采用建筑保温技术和低温空调技术。建筑保温能够有效降低车间内外的热量传导强度，既保持车间内低温环境的稳定，又减少能耗。低温空调技术是屠宰加工低温环境技术的核心，与民用建筑和其他工业建筑的空调技术不同，为保障生产过程中的肉类产品品质、保障生产人员作业环境，《猪屠宰与分割车间设计规范》（GB 50317）、《牛羊屠宰与分割车间设计规范》（GB 51225）和《禽类屠宰与分割车间设计规范》（GB 51219）对屠宰加工低温环境的技术要求进行了详细规定，包括温度、湿度、风速和新风等要求。

2.3.2 肉类冷却技术

肉类冷却技术的专业基础是食品冷冻冷藏工艺学，食品冷冻冷藏工艺学的理论基础主要由生物化学、物理化学、物性学、传热学和传质学构成，经过多年的研究与实践，加上欧美国家肉类冷链建设需求的推动，上述理论体系已经比较成熟。

从生物化学角度上来说，学界研究了肉类的组成结构，揭示了屠宰后肉类肌体生物化学反应的机理，尤其是决定肉类商品品质的排酸机理和腐败变质机理。研究表明，温度是肉类排酸和腐败变质的关键因素，主要体现在：温度变化是酶促反应的重要因素，在一定温度条件下酶的活性最大，导致肉类肌体的生化反应速度也最快。同时，温度是微生物生长和繁殖的重要条件，微生物在各自的最适温度区内生长和繁殖速度最快，导致肉类的腐败变质速度也最快。上述研究是肉类冷却的最基本的原理。从物理化学角度上来说，学界系统地研究了屠宰后肉类肌体生物化学反应与其内部水分的关系。研究表明，温度会影响食品的水分活度，温度降低时其水分活度也会降低。随着水分活度的降低，肉类肌体内的酶促反应速度和微生物生长及繁殖速度都会受到抑制。物性学主要研究肉类的热物理性质与测量方法，是进行冷却工艺计算和数据分析的基础，主要成果包括比热、导热系数、焓值等关键数据的计算模型和测量方法。传热学运用传导、对流和辐射等传热基础理论，建立了肉类冷却过程的传热计算模型。能够计算和分析不同环境条件下，不同种类肉类产品的冷却时间和冷却温度，是肉类冷却技术进行工程应用的基础。传质学通过研究肉类肌体内水分的扩散和转移规律，建立了冷却过程中干耗计算和分析的数学模型。干耗是肉类冷却技术在工程应用时不能回避的问题，不仅影响商品品质，而且影响生产成本。

为保障肉品品质，国家制定了一系列的产品标准，例如《鲜、冻片猪肉》（GB 9959.1）、《分割鲜、冻猪瘦肉》（GB/T 9959.2）、《鲜、冻四分体牛肉》（GB/T 9960）、《鲜、冻胴体羊肉》（GB/T 9961）、《畜类屠宰操作规程》GBT19478。这些标准基于肉类冷却理论研究和生产实践，规定了肉类产品冷却加工的过程和参数，主要包括冷却方式、冷却环境温度、冷却时间和产品终温等。对于肉类冷却生产，上述标准的核心是冷却工艺，冷却工艺的核心是在特定的技术、经济与社会发展水平下确定品质与成本的均衡点。因此，上述标准将随着技术、经济与社会的发展不断修订，总的趋势是要求品质持续提高。

在肉类冷链生产活动中，肉类冷却技术主要体现在冷却装备技术和冷却设施技术两个方面，前者属于机电产品类，后者属于建筑类。无论冷却装备技术还是冷却设施技术，其追求的目标都是提高肉品品质，降低肉品生产成本，并且安全、环保、可靠。通过控制其宰后的生化反应，从而保持甚至提升其独特的风味和营养价值，保持独特的色泽、形态等观感指标，避免各种污染，降低微生物生长和繁殖速度，延长货架期等，都是提高肉品品质的方法。为提高肉品品质，在冷却过程中还需要包装、清洗等卫生技术的配合。为降低肉品生产成本，生产企业主要通过降低冷却装备制造成本或降低冷却设施建造成本，减少肉类冷却过程的损耗（尤其是干耗），减少肉类冷却过程的能耗和物耗，提高肉类冷却生产相关的设备、设施和人工的生产效率。这些措施有时会相互矛盾，例如采用自动化的冷却设备或设施能够提高生产效率，但是却需要增加冷却装备制造成本或增加冷却设施建造成本，这类问题在实际生产过程中很多，是肉类冷却技术持续研究的重要方向。安全、环保和可靠是工业生产活动的基本要求，肉类冷却生产过程中需要使用大量的设备和设施，也不能例外。目前，国内主要把氨和卤代烃制冷系统用于肉类冷却生产，氨制冷系统的安全问题和卤代烃制冷系统的环保问题是技术关注的重点。综上所述，肉类冷却装备和设施技术追求的是一个比较复杂的目标体系，各目标参数甚至完全矛盾，例如品质与成本往往具有"天然的矛盾"，环保与生产成本在多数情况下难以兼顾，这些问题是导致肉类冷链"最先一公里"的整体品质不容乐观的客观原因，也是肉类冷却装备和设施技术在实际生产中需要重点关注的对象。

由于特性差别较大，不同种类的肉类适用不同的冷却装备技术或冷却设施技术。猪、牛和羊等畜类由于胴体尺度较大，排酸时间比较长，适宜采用建筑类的冷却间冷却，冷却间内配置吊轨和冷风机，胴体悬挂在吊轨上，冷风机通过降低冷却间内空气的温度使胴体降温。鸡鸭等禽类由于胴体尺度较小，排酸时间比较短，适宜采用冰水预冷机（池）。肉类制品由于规格和工艺要求繁多，适宜采用建筑类的冷却间冷却，冷却间内布置货架车（或可移动货架）和冷风机，肉类制品分层放置在货架车（或可移动货架）内，冷风机通过降低冷却间内空气的温度使肉类制品降温。

2.3.3 肉类冻结技术

与肉类冷却技术相同，肉类冻结技术的专业基础也是食品冷冻冷藏工艺学，国家为保障肉品品质而制定的产品标准也基本是同一系列，这些标准不仅规定了肉类产品冷却加工的过程和参数，而且规定了肉类产品冻结加工的过程和参数，例如冻结方式、冻结环境温度、冻结时间和产品终温等。

食品冷冻冷藏工艺学研究表明，温度低于$-10℃$时，肉类内部的大部分水会冻结，剩余未冻结溶液的浓度变高，水分活性降低，使细菌等微生物不能繁殖；温度低于-18℃时，无论肉类本身还是微生物内酶的活性都会很小，因此肉类只有在冻结后才能彻底解决微生物导致的腐败，才能有效抑制酶促反应导致的变质。同时，冻结会改变肉类组织的状态，使其发生物理和化学变化，例如产生内压、蛋白质变性、脂肪氧化等，这些物理和化学变化会导致肉类组织的不可逆变化，即冷冻损伤，并在解冻后表现出来，使肉类商品品质降低，甚至失去商品价值。与冷却相比，肉类冻结过程中需要释放两倍以上的热量，温度至少需要再降低20多摄氏度，使得制冷系统的购置和运行成本大幅提高。因此，肉类冻结技术的核心是解决冷冻损伤问题和降低冻结生产成本。

研究和生产实践表明，冻结对肉品品质和生产成本的影响主要与冻结过程的冰结晶相关，冰晶的分布越接近冻结前液态水分布的状态、冰晶体积越小、数量越多则肉类产品的冷冻损伤越小。提高冻结速度是获得理想冰晶状态的有效手段，但是随着冻结速度的提高，冻结生产成本的增长更快。目前食品冷冻冷藏工艺学对冻结过程冰结晶的研究比较成熟，按照相关技术进行冻结完全能够生产出与鲜肉品质媲美的冷冻肉类产品。问题的关键，是如何在保障肉类商品品质的前提下降低冻结生产成本。为此，技术研究和应用主要有两个方向，一是提高制冷系统效率和换热效率，例如采用氨双级螺杆压缩制冷系统、二氧化碳复叠制冷系统、优化冻结间风速场等；二是通过其他辅助措施优化冰结晶的形成，降低对制冷设备和系统的要求，例如超声波辅助冷冻、电磁辅助冷冻、高压冷冻等。在实际生产中冻结技术主要按冻结速度分类，冻结速度每小时0.1至1厘米的为慢速冻结，例如在普通冷库内冻结；冻结速度每小时1至5厘米的为中速冻结，例如在冻结间内冻结；冻结速度每小时5至20厘米的为快速冻结，例如在速冻机内冻结。如果不采用优化冰结晶形成的辅助措施，以空气为冻结介质的冻结速度很难超过每小时10厘米，因此冻结速度需要超过每小时10厘米时多采用液态介质，例如液氮、盐水。

肉类冻结技术在肉类冷链生产活动中的应用情况与肉类冷却技术类似，也主要体现在装备技术和设施技术两个方面，也面临品质与成本的"天然矛盾"、环保与生产成本在多数情况下难以兼顾等问题。这些问题不仅导致消费端对冷冻肉类产品"没有好感",而且影响整个行业的可持续发展,是肉类冻结技术研究与推广的重点。

2.4 肉类冷加工环节中的装备与设施

2.4.1 屠宰加工低温环境装备与设施

如前文所述,屠宰加工所需的低温环境大体分两类,一类是加工区,另一类是物流区。加工区主要包括分割间、整理间、加工间和包装间;物流区主要包括连接各加工间及冷库的通道和暂存间,这些低温房间都位于屠宰加工厂房内部。因此,屠宰加工企业的装备与设施既相对独立,又往往与该屠宰加工厂房的装备与设施体系融合在一起。

随着屠宰加工规模的提升,屠宰加工厂房内部需要设置越来越多的加工设备和生产线。为提高效率,需要大跨度厂房。因此,在20世纪90年代开始推广钢结构和金属夹芯板建筑体系,其中低温环境部分采用金属保温夹芯板,不仅保温效果好,而且卫生、便于清洗消毒,综合造价与之前的土建体系基本相当。保温作用由金属保温夹芯板内的芯材提供,芯材主要采用保温性能优良的聚苯乙烯和聚氨酯材料。聚苯乙烯金属保温夹芯板生产技术简单,成本低廉,因此在实际应用中占绝对优势。

随着聚苯乙烯金属保温夹芯板大量应用,其"热融"属性导致的防火性能缺陷开始逐步显现,尤其是2013年吉林宝丰源火灾事故,不仅使全行业警醒,也引起监管部门的高度重视。聚氨酯金属保温夹芯板不仅保温性能更好,而且其"热固"属性配合阻燃剂能够有效抵御火灾,只要是合标产品,在国内鲜有火灾案例,欧美等发达国家和地区也一直在广泛使用。基于当代工程技术水平和成本承受能力,钢结构和聚氨酯金属夹芯板建筑体系最适用于屠宰加工低温环境设施。但不幸的是,监管部门认为可燃保温材料都不安全,要求采用不燃材料,这个要求从防火角度考虑完全正确,但是从保温角度考虑则有失偏颇，基于当代工程技术水平和成本承受能力，不燃保温材料主要是岩棉、玻璃棉等松散无机物，用于屠宰加工的低温高湿环境时很难解决水蒸气侵入材料内部导致的保温失效问题。因此，近些年新建工程一方面探索解决问题的方法，另一方面回归原来的土建技术体系，到目前并没有得到满意的答案。

低温空调系统是屠宰加工低温环境装备的核心。与民用建筑和其他工业建筑的空调系统不同，屠宰加工低温空调系统的要求是低温、高湿和卫生，工程上多采用盐水载冷或直接蒸发制冷系统，并根据需要配置独立的新风系统。从投资和能效角度比较，集中式的直接蒸发制冷系统优于盐水载冷系统，但是大中型屠宰加工厂低温空调采用直接蒸发制冷系统会面临技术要求高、制冷剂易泄漏、密闭车间内制冷剂泄漏易导致浓度超标、生产变化时不易改造、寒冷地区不能与采暖共用系统等问题。因此，大中型屠宰加工厂多采用集中式盐水载冷系统，目前主要用乙二醇水溶液作为载冷剂；高标准工厂会采用食品级丙二醇水溶液，即使泄漏也不会导致污染事故；空调冷源有的单独设置，多采用盐水机组，有的与制冷系统合并设置。从投资和能效角度看，与制冷系统合并设置往往是优选，尤其是制冷系统采用氨压缩机时；末端设备几乎全部采用吊顶式冷风机，不仅布置灵活、成本低，而且便于清洗，空间较大时配合易于清洗的织物式送风道，能够使空间的温度和湿度场更均匀，且能降低噪声、提升卫生水平，从而提高产品品质和员工舒适度。大中型屠宰加工厂低温空调很少采用分散式直接蒸发制冷系统，主要是因为夏季能效偏低、维修管理工作量偏大、分散式空调机组在钢结构和金属夹芯板建筑体系布置困难等问题。直接蒸发制冷系统适用于小型屠宰加工厂，多采用分散布置的小型风冷冷凝机组，系统简单、制冷剂泄漏危害可控。

随着国内产业布局的优化，各项管理措施的加强，近年畜禽屠宰加工厂逐渐向畜禽产区转移，非洲猪瘟疫情的影响加快了这个进程，在主产区新建大中型工厂已经成为发展趋势，对低温环境设施的要求也越来越规范。同时，屠宰加工低温环境空调的单位面积负荷往往要一两百瓦，甚至两三百瓦，动辄上万平方米的低温空调系统电机功率往往达到兆瓦级，在2060年碳中和目标的要求下节能减排是难以回避的问题。从屠宰加工低温环境技术的构成可以看出其节能减排的技术方向，一是加强厂房保温，减少外界传入的热量；二是提高空调系统能效。基于目前的材料技术，聚氨酯保温依旧是最佳选择，问题的重点是行业自律和监管部门的理解与认可。岩棉等无机松散材料需要解决吸湿问题，并且可靠性要有保障，成本不能过高。空调节能技术一直是行业关注的重点，具体到大中型屠宰加工厂低温空调系统，集中式盐水载冷系统依旧有很大的节能空间，一是提高制冷效率，例如与氨制冷系统合并、采用板式换热器减少传热温差；二是降低载冷系统循环功率，例如采用变流量系统减少无效循环量、采用氨水等低黏度载冷剂减少循环阻力。

2.4.2　冷却装备与设施

肉类冷却设施主要是指冷却间，设置在屠宰加工车间或肉制品加工车间内部。对于屠宰加工车间，它位于屠宰线的末端和分割线的前端之间；对于肉制品加工车间，它位于成品加工完成之后、包装之前，一般情况下分成多间设置，建筑形式采用土建或钢结构。土建结构冷却间的墙和屋顶多采用聚氨酯喷涂保温，钢结构冷却间的墙和屋顶多采用聚氨酯金属夹芯保温板保温。但无论土建结构还是钢结构，其地坪保温完全相同，目前多数采用预制的挤塑聚苯保温板，少量采用聚氨酯现场喷涂。肉禽冷却间内配置吊轨，肉禽胴体通过挂钩悬挂在吊轨上，挂钩能够顺着吊轨移动，电动或人工推动肉类胴体进出冷却间，目前国内绝大多数采用人工推动；肉类制品冷却间内布置货架车（或可移动货架），肉类制品分层放置在货架车（或可移动货架）内，货架车多用人工从加工间推入冷却间，冷却完成后再从冷却间推入包装间，可移动货架则必须通过叉车等机械搬运。冷却间内采用冷风机降温。冷风机布置在顶棚下或地面上，冷却间要求冷风机不仅要具备充足的制冷量，而且其气流要能够均匀通过肉禽胴体或肉类制品。由于这类货物的散湿量大，所以还要求冷风机能够及时除霜。冷却间属于建筑类，因此其建造需要符合建筑工程规范和标准，目前与冷却间工程设计相关的规范主要有《冷库设计规范》（GB 50072—2010）、《猪屠宰与分割车间设计规范》（GB 50317）、《牛羊屠宰与分割车间设计规范》（GB 51225）、《禽类屠宰与分割车间设计规范》（GB 51219）。这些规范和标准对冷却间建设相关的工艺、建筑、设备等所有专业都进行了规定，是肉类产品标准在工程领域的贯彻。

除工程标准，工程领域还一直围绕肉类冷却工艺持续研究相关的建筑和设备技术，例如对冷却间内气流组织的研究，不仅要使肉类能够均匀冷却，而且要减少干耗，减少气流循环所消耗的能量，例如猪胴体分段冷却技术，能够使冷却阶段的干耗减少30%～50%。目前建造常规冷却间所需的设备、材料和技术都能够国产化，如果要求提升自动化水平、进一步降低物耗和能耗，部分设备和元件还是需要进口。

冰水预冷机（池）仅用于禽类。国内曾经大量使用技术要求不高、造价低廉的冰水预冷池。随着肉禽生产对效率和品质要求的提高，以及设备国产化带来的成本降低，新建工厂几乎全部采用螺旋预冷机。螺旋预冷机是肉类冷却装备，主体在工厂制造，使用现场组装，采用不锈钢制造；总体分两段，前段的主要功能是清洗禽胴体，后段的功能是冷却；每段的构造基本相同，主体是水平放置的顶部开敞的扇形截面水槽，内部从头至尾设置一个螺旋输送器；清洗段水槽内灌注常温水，冷却段水槽内灌注冰水，禽胴体在螺旋输送器的推动下完成清洗和冷却过程；常温水和冰水的流动方向与禽胴体的输送方向相反，一方面能够提升清洗效果，另一方面能够加强降温效果。

禽类的冰水冷却工艺要求降温时间短和产品终温低，两者是一对矛盾。因此，降低冰水温度是冰水冷却工艺的关键技术，理论上0℃的冰水效果最好，以往多采用冷却段水槽内加片冰的方法，但是在动态换热的情况下冰水很难接近0℃，禽胴体中心温度也很难降到4℃，并且制取片冰的蒸发温度通常需-20℃以下，能效相对较低。为解决上述问题，近年红水冷却器开始快速推广。红水冷却器本质上是能够精准控制冰水温度的壳管换热器，循环泵把螺旋预冷机冷却段水槽内前端的冰水输入红水冷却器内降温，降温后的冰水返回到螺旋预冷机冷却段水槽的后端内，经过红水冷却器冷却的冰水温度可接近0.5℃～1℃，蒸发温度一般高于-10℃，不仅冷却效果好，而且能效高。红水冷却器最初是美国MORRIS公司的产品，中文名称是Red water chiller 的意译。"红水"是指冰水内混合着禽屠宰后残留的血液，由于使用效果优良，目前国内制冷设备制造商也推出类似产品。除循环使用的冰水，禽类冷却过程中还需要补充新鲜的冰水，理论上也是越接近0℃效果越好，通常采用蓄冰水箱或冰水机组，蓄冰水箱的出水温度能够接近1℃～2℃，并且能够充分利用夜晚的峰谷电蓄冰，但是体积庞大，需要提前制取冰水。冰水机组采用板式换热器，制取速度快，设备体积小，为防止水在板式换热器内冻结导致事故，出水温度一般不能低于4℃。

2.4.3 冻结装备与设施

肉类冻结装备与设施是肉类冻结技术在实际生产活动中的体现，冻结设施即冻结间，冻结装备即各种速冻机。

与冷却间类似，冻结间也设置在屠宰加工车间或肉制品加工车间内部，一般情况下也分成多间设置，建筑形式采用土建或钢结构，其建造也需要符合《冷库设计规范》（GB 50072）等建筑工程规范和标准，所不同的是冻结间设计温度需要达到-23℃～-35℃，因此还要采用通风或架空地坪防止地坪冻鼓。肉类胴体冻结间内配置吊轨，肉类胴体通过挂钩悬挂在吊轨上。由于一次冻结的效果较差，目前多采用二次冻结，即肉类胴体温度首先在冷却间内降至4℃～7℃并完成排酸，再在冻结间内冻结至-15℃～-18℃。肉类制品冻结间内布置货架车（或可移动货架），肉类制品分层放置在货架车（或可移动货架）内。由于肉类制品更符合当代的市场需求和消费习惯，并且冻结效果好、整个产业链的生产效率高，因此胴体冻结间越来越少，新建肉类屠宰加工厂已经很少采用，有逐步淘汰的趋势。冻结间内制冷方式除与冷却间相似的冷风机强制空气循环制冷，还有搁架排管。为加强传热效果，搁架排管冻结间往往还在顶部配置风机或冷风机。由于和肉类制品直接接触，相同蒸发温度时搁架排管冻结间的冻结速度更快、能耗更低，并且对工程技术要求不高，因此是以往广泛采用的冻结间制冷方式，目前仍在大量使用。但是，受结构形式限制，搁架排管冻结间存在货物堆码和搬运效率低、卫生状态差、融霜困难等问题，这些弊端越来越不适应人工费持续上涨的经济环境，因此目前也出现逐步淘汰的趋势。

虽然冷风机配货架构型的冻结间是当今的主流，其适应不同规格产品的能力难以超越，但是作为工程技术体现的冻结间难以避免工程固有属性的影响，例如产业链长、参与主体多、各方很难充分协调等，进而导致既保障肉类商品品质又降低冻结生产成本的目标往往很难实现。因此，肉类冻结"装备化"是行业的发展趋势，人工费的持续上涨进一步加快了这个进程。

肉类冻结装备其实就是速冻机，在国内肉类屠宰加工行业最初用于分割禽类产品的单体冻结，例如单冻鸡腿和鸡翅。其主要原因是速冻机的冻结速度快，产品中心温度从10℃左右冻至-15℃～-18℃仅需几十分钟；产品品质高，其价值能够得到市场认可；能够提供自动化连续生产，大批量生产的成本反而会降低。因此，随着21世纪初以来国内禽类集中屠宰加工行业的发展，速冻机也得到迅速普及。肉类深加工产品的大量出口和国内市场的快速增长，也对速冻机的应用产生了强大推动，例如香肠、肉饼、肉串等各种全熟和半熟肉制品多采用速冻机冻结，对于这类产品，速冻机除冻结品质高、能够自动化连续生产外，良好的卫生效果也是重要因素，尤其是生产出口产品时。在上述两个以及水产、调理食品等应用领域的推动下，国内速冻机装备制造行业取得快速发展和重大进步，目前已经能够生产所有品种和型号的速冻机，其中南通四方科技集团股份有限公司甚至成长为全球产量最高、规模最大的速冻机装备制造企业。国内装备制造行业的成熟大大降低了装备制造成本，反过来推动速冻机应用领域的扩大，使传统上以冻结间为主的猪、牛、羊分割肉类产品也开始应用速冻机，整个产业形成一个良性发展的趋势。

速冻机的种类众多，性能各异，肉类产品的商品属性和生产方式决定其主要采用鼓风式冻结装置，早期多采用结构与技术要求相对简单的网带隧道速冻机。随着生产规模的扩大和装备制造水平的提升，结构紧凑、布置方便的螺旋速冻机逐渐成为主流，尤其是对于单机每小时产量需要超过2吨的生产线。隧道速冻机和螺旋速冻机适合单体和几厘米厚度的小包装肉类产品冻结，对于厚度超过十厘米的大包装产品，以往曾经应用过平板速冻机。平板速冻机属接触式冻结装置，传热效果和能效优于鼓风式冻结装置，但是自动化程度低，制冷剂易泄漏，因此逐步淡出肉类屠宰加工行业，目前的替代品是能够自动化连续生产的货架速冻机。

超声波辅助冷冻、电磁辅助冷冻、高压冷冻等优化冰结晶的辅助冻结技术目前多处于研究阶段，相关设备还没有批量制造和大规模应用。这些技术不仅能够提升冷冻产品品质，而且能够提高制冷系统能效，应该是未来发展的方向。问题的关键，是要能够真正提高实际生产过程的效费比。虽然辅助冻结技术还面临实用化的难题，但是自动清洗、连续除霜等提升速冻机性能的技术却在不断突破并产业化。这些技术一方面使速冻产品的卫生水平更高，另一方面在不断提升换热效率，推动了行业的持续进步。

第三章
肉类冷链物流中的仓储

　　工业化和城市化国家及地区的畜牧生产与餐饮消费在空间和时间上是分离的。为提高生产效率、防止疫病传播，畜牧生产多在远离城市的特定地区进行，受生物生长规律等因素的影响，其产量往往处于波动状态；餐饮消费多集中在城市地区，受生活习惯等因素的影响，其消费量也在不断变化。畜牧生产与餐饮消费在空间和时间上的分离，要求肉类必须储存和运输，通过储存和运输解决空间和时间的错位。肉类在不改变其商品属性的前提下，降低温度不仅能够抑制外界微生物侵袭，而且能够减弱自身酶的催化反应，是防止其在储存和运输过程中腐败与变质的最佳方法。因此，国家及地区的工业化和城市化程度越高，其畜牧生产和餐饮消费的时空分离程度越大，对肉类冷链物流的依赖程度就越深，而承担冷链内存储和分配功能的冷藏仓储设施则是冷链的核心节点，冷链的所有生产活动都需要依托冷藏仓储设施开展。

3.1　肉类仓储概述

　　肉类全程冷链涵盖猪、牛、羊等哺乳动物和鸡、鸭、鹅等禽类动物屠宰后到餐饮消费前的所有生产与流通环节，包括在肉类联合加工厂的冷却、冻结加工，生产性冷库内的冷藏储存，通过冷藏车、冷藏集装箱等交通工具的冷藏运输，物流冷库内的冷藏储存，商业冷库、冷柜及冰箱内的冷藏仓储，冷藏陈列柜内的冷藏展示以及通过冷藏或保温箱的配送。

　　肉类全程冷链大体分为加工环节、仓储环节、运输环节和销售环节。加工环节主要包括在肉类联合加工厂的冷却和冻结加工；仓储环节包括在生产性冷库、物流冷库内的冷藏储存；运输环节主要包括从生产性冷库到物流冷库、从物流冷库到商业冷库、从物流冷库或商业冷库直接到消费终端的冷藏运输或配送；销售环节包括商业冷库、冷柜及冰箱暂存和（或）制冷陈列柜内的展示。

由于以上任何一个环节或上下两个环节之间的失控都有可能导致肉类品质降低，甚至腐败，并且这种变化不可逆。因此，所有环节都有特定的温度和时间要求，各环节之间要求"无缝连接"，整个过程都不允许温度超出控制范围，否则就会造成"断链"，导致整个肉类冷链失去价值。

肉类全程冷链的仓储环节由冷库实现，存储时间一般为几天到几个月。仓储环节不仅需要承担冷链平衡肉类生产与消费的功能，而且需要发挥物流枢纽的作用。仓储环节包括肉类联合加工厂内的生产性冷库、流通过程的物流冷库和销售过程的商用冷库。由于生产、储运和销售的专业化分工越来越深入，生产性冷库所占比例有逐步缩小的趋势，物流冷库越来越发展成为仓储环节最核心的节点，甚至具备汇聚人流、信息流和资金流的批发销售功能。

现代物流冷库一般设立在城市或港口附近，汇集各地甚至海外生产的肉类商品，再配送至商超、企业的商用冷库和个人消费者。肉类全程冷链的商用冷库近几年变化较大，主要由商超体系实现。通过商超内的商业冷库、冷柜及冰箱暂存，配合制冷陈列柜展示，从而完成冷链的最后一个环节。电商的崛起对传统销售体系产生了巨大冲击，目前还在不断发展，很难预测最终的格局。电商通过互联网获取肉类商品销售订单，使用保温箱或保温盒直接给客户配送，目前的总体状况很难符合全程冷链要求。如何做到既能满足冷链标准确保商品品质，又能满足客户对时效、便利性、价格等方面的要求，是电商与传统商超及各电商之间竞争的焦点。

近几年，我国肉类年产总量持续保持在8000万吨左右，为世界第一生产和消费大国。肉类仓储冷库容量超过2000万吨，但是整体品质并没有位居世界前列，突出表现在集中屠宰比例和冷链流通比例都不高。因此，肉类全程冷链不仅在总量上，而且在品质上都还有巨大的发展空间。肉类全程冷链的持续发展不仅能够从宏观角度优化畜牧生产与餐饮消费，而且能够进一步夯实食品安全的基础。

肉类仓储冷库属于建筑范畴。无论是我国还是其他国家，建筑的规划、建造和使用都要接受行政监管，必须符合相关的法律、法规、条例、技术规范与标准。对于具体的物流冷库，其场区和建筑必须符合当地的规划要求。我国对土地用途进行分类管理，原则上，物流冷库属仓储类建筑，只能建在当地政府规划的仓储地块。对于冷链物流中心和农产品批发市场，其交易部分还需要商服用地。由于历史原因，部分现有物流冷库用地不太规范，例如有些冷链物流中心甚至建在工业地块，这种状况不利于行业的健康发展。除用地类别限制，规划往往还对场区内的容积率、建筑系数、绿地率等指标有相应规定，这些要求都会影响物流冷库的建造和使用。

在符合行政监管要求的前提下，物流冷库的建筑形式往往与业态和成本相关。目前冷链物流中心的物流冷库绝大多数采用多层土建库形式，单座冷库容量往往在几千至几万吨，主要原因是冷链物流中心距城市较近，有些甚至就在城市内部，土地价值高，租户比较分散，多层土建冷库不仅能够充分利用土地，而且便于分割出租。第三方冷链物流服务企业的物流冷库多采用配置货架的单层装配库形式，主要原因是这类冷库多用于集货、暂存和配送，需要快速周转，并且冷库多建在物流园区内，土地价值相对较低。随着国际贸易的快速增长，近年新建港口物流冷库的容量往往能达到几万吨。由于港口土地资源有限，因此绝大部分采用多层土建库或高层货架装配库形式。高层货架装配库的货架高度一般在20米左右，相当于传统的3~5层土建库。

2013年之前，物流冷库的制冷系统形式主要与其规模相关。大中型物流冷库一般采用氨集中式制冷系统，中小型物流冷库一般采用卤代烃集中式或分散式制冷系统。由于2013年两起重大事故的影响，政府开始对涉氨制冷企业严格监管，客观上有利于行业的健康发展。但是，由于部分地方在执行过程中出现偏差，导致随后新建的物流冷库无论规模大小，都大量采用卤代烃制冷系统，甚至把原有的氨制冷系统改为卤代烃制冷系统，使整个行业的能耗升高、能效降低、环保风险积累，与国际发展方向背道而驰。幸运的是，二氧化碳制冷技术在2014年后基本成熟，为高效环保制冷系统保留了一席之地。规模效应其实是表象，企业选择制冷系统的主要因素是综合成本。多年的行业实践表明，数万吨级的物流冷库采用氨或氨/二氧化碳复合制冷系统的综合成本最低，千吨级和以下的更适合采用卤代烃或卤代烃/二氧化碳复合制冷系统。

3.2　肉类仓储行业发展现状

根据《国民经济行业分类》（GB/T 4754—2017）的规定，肉类仓储的主要特征与"装卸搬运和仓储业"内的"低温仓储（代码G5930）"比较吻合。实际上，肉类仓储是一个比较广义的概念，从行业分类角度既包括"装卸搬运和仓储业"经济实体的物流冷库，又包括"农副食品加工业"和"食品制造业"等制造业经济实体的生产性冷库，以及"零售业"和"餐饮业"经济实体的商用冷库与冷柜。从属性角度看，肉类仓储既包括建筑类的土建冷库（GB 50072）、装配式冷库（SBJ 17）等建筑单体或建筑群，也包括设备或装备类的室内装配式冷库（SB/T 10797）、组合冷箱（T/CAS 340）等。

物流冷库是指建在批发市场、物流园区内，用作食品配送前集中储存的冷库。物流冷库是随着物流行业快速发展而产生的一个概念，其实质是计划经济时期"分配性冷库"概念的扩展。国标《制冷术语》（GB/T 18517—2012）对"分配性冷库"的定义为"建在消费中心区或其附近，用作配送前食品暂存的冷库"。目前的物流冷库不仅用于暂存和配送，而且具备储备和转运等功能，是肉类仓储最主要的业态。

以肉类货品为主的冷链物流中心是肉类仓储的一个门类，其主体是"装卸搬运和仓储业"经济实体的物流冷库。以物流冷库为核心，冷链物流中心往往配套交易（批发和拍卖）、加工与配送、检验检疫、信息发布、质押融资等单项或多项服务功能。随着国家工业化和城市化的发展，冷链物流中心越来越呈现多元化的发展趋势，甚至开始融入美食体验、文旅活动等功能。在国内肉类冷链近十几年的快速发展中，冷链物流中心在冷链体系内不仅充分发挥物流中心节点的作用，而且发展出汇聚商流、信息流，甚至资金流等比较具有"国内特色"的功能。

任何生产活动都离不开土地，肉类仓储设施也不例外。为科学合理利用土地资源，工业化和城市化国家及地区往往对土地进行分类管理。我国现阶段的国标是《土地利用现状分类》（GB/T 21010—2017）。按此标准规定，不同行业的肉类仓储设施主要设置在工业、仓储、商服等用地性质的地块。随着国家土地管理工作的加强，近些年新建肉类仓储设施基本按照上述标准实施。

3.2.1　生产性冷库

受产业传统布局的影响，我国屠宰加工企业主要分布在畜禽饲养生产地区和肉类消费地区。随着国内产业布局的优化、环境保护和疫病防护工作的加强，近年屠宰加工企业逐渐向畜禽饲养生产地区转移，非洲猪瘟的影响将会加快这个进程。生产与消费距离的扩大势必需要强化肉类冷链"最先一公里"设施的建设。

现代屠宰加工企业能够完成从活体畜禽到商品肉禽的所有加工过程，其生产设施明显分成前后两段，前段是屠宰，后段是冷却、冷冻和冷藏；部分工厂还包括肉类制品加工，即把生产的肉禽作为原料，直接生产香肠等肉制品，其中低温肉制品同样需要冷却、冷冻和冷藏。因此，生产性冷库是现代肉类联合加工厂满足肉类全程冷链要求的物质基础，没有这一设施，或这一设施不符合标准，其相应的肉类产品和制品将不可能满足全程冷链标准，并且是从源头上就不合标——根据冷链原理，其后续工作做得再好也没用。

现代屠宰加工企业本身存在规模效应，尤其是随着畜牧生产区域的集中，现代屠宰加工企业的规模越来越大，例如猪屠宰线产能多在每班3000头，甚至5000头以上，肉鸡屠宰线产能多在每班10万只，甚至20万只以上，

第三章
肉类冷链物流中的仓储

每个工作日的冷却、冻结量往往达到数百吨。由于商业化分工的深入和冷链的快速发展，肉类联合加工厂的储存功能出现逐渐弱化的趋势，目前其生产性冷库的容量往往不超过一个月的总产量，储存功能逐渐向物流冷库与冷链物流中心转移。屠宰加工企业的生产性冷库在以往，尤其是在冷链快速发展之前往往兼有储备功能，因此冷库规模较大，往往在5000吨，甚至1万吨以上，在当年是"绝对"的大型冷库，一般采用多层土建结构、托盘堆码、集中管理。近些年，随着储备功能逐渐向物流冷库与冷链物流中心转移，新建工厂的冷库规模一般在几千吨的水平，在当下只能算作"小冷库"了，为提高生产效率多采用单层的装配式冷库、货架堆码、集中管理。屠宰加工企业的生产性冷库库温设计多为0℃或-18℃～-20℃，前者用于冷却肉或低温肉制品暂存，后者用于冻品存储。为保障产品质量，注重品牌建设的生产商能够按设计温度运营，但是也有一定比例的生产商为达到所谓"节能降耗"目标，冻结物冷藏库的温度不会持续保持在-18℃以下，加上冷却和冻结环节也不达标，导致肉类冷链"最先一公里"的整体品质不高，甚至存在食品安全隐患。

在2013年发生两起重大安全事故之前，除小型工厂，屠宰加工企业的冷冻冷藏设施几乎全部采用氨集中式制冷系统，厂区内集中设置制冷机房，一般包括冻结（-35℃～-42℃）、冷却（-8℃～-12℃）和冻结物冷藏（-28℃～-33℃）三个蒸发温度。其中，0℃生产性冷库一般采用冷却系统蒸发温度；-18℃～-20℃生产性冷库则为冻结物冷藏蒸发温度。国内外经验表明，氨集中式制冷系统用于肉类联合加工厂是最优选择，不仅高效、经济、可靠，而且环保，只要按规范和标准设计、施工、管理，其安全性也没有问题。国内2013年发生的两起重大安全事故及其他中小事故的根源不在氨制冷系统本身，而是生产企业对规范和标准的漠视。另外，监管的缺失也难辞其咎。

2013年发生的两起重大安全事故对这个行业产生了深远影响，一方面使生产企业和监管都开始重视安全工作，积极弥补之前的安全漏洞；另一方面也存在过度执法的问题，部分地区甚至"禁氨"，导致行业能耗升高、环保风险积累，与整个世界的发展方向背道而驰。

3.2.2 物流冷库

肉类仓储物流冷库主要分布在港口、农产品批发市场和物流园区内，据此形成不同的业态。我国虽然是传统的农业大国，但是由于人均淡水、耕地、草场等资源禀赋偏低，历史上动物蛋白质的供给一直比较紧张，是形成"野味文化"的根本原因。随着工业化和城市化进程的加快，动物蛋白质类食品的产需缺口将会越来越大，对进口的依赖会逐步加深。由于活禽活畜跨境贸易的风险极高，肉类食品的进口必须以冻品为主，这就需要国内冷链与国际冷链对接，形成跨国冷链体系。国际贸易主要依托海运，因此港口物流冷库必然成为主要"对接点"。

近年来，国内的港口物流冷库发展迅速，目前已经形成了珠三角、长三角和环渤海三大国际冷链通道。在工业技术体系发生颠覆性变革前，肉类食品与原油、铁矿等进口物资都是推动我国的工业化和城市化发展的物质基础，其作用没有本质差别。港口物流冷库对接国内冷链与国际冷链的功能，主要体现在报关和中转。目前，各个国家的进出口政策、食品法规和标准体系不尽相同，进入国内市场前必须通过报关程序。为保障食品安全和品质，冻品报关过程不能脱离冷链。由于冻品海运几乎全部采用冷藏集装箱，而长途公路运输不适合采用冷藏集装箱，因此冻品需要在港口物流冷库中转，从冷藏集装箱转到港口物流冷库，再从港口物流冷库转到冷藏车进行内陆运输。随着国家加强自贸区建设，港口物流冷库有可能会在自贸区内取得更大发展空间，通过在自贸区内建立冻品储备，能够进一步协调国际生产和国内消费，降低各类风险的影响。

伴随国内冷链需求的快速增长，近几年提供第三方冷链物流服务的企业也在快速发展。由于货物在第三方冷链物流服务过程中不需要交易，因此这类服务所需的物流冷库更适合建在物流园区，不仅综合成本低，而且交通便利。根据欧美等发达国家及地区的发展经验，第三方冷链物流服务是冷链物流市场的主体，其总揽运输、存储、配送和相关信息的专业化服务，易于做到明确责任、保障品质、优化资源和降低成本。这是近年来国内大量物流园区纷纷建设物流冷库的根本原因。

生鲜电商和生鲜快递本质上都是第三方冷链物流服务的"互联网+"，运用互联网平台使生产和消费直接对接，通过大数据使需求更加精准、供应链更加优化，从而能够最大限度地降低中间交易和冷链流通成本。国内近年生鲜电商和生鲜快递发展迅速，甚至成为资本竞相追逐的"风口"，其本质是"需求引导创新"的又一次社会实践，反映出目前以农产品批发市场为核心的流通体系已经不能满足现代城市对高品质低成本生鲜食品需求的问题。对于冷链体系建设已经完备的国家及地区，生鲜电商和生鲜快递是一个通过高新技术改造并提升传统产业的典范。对于仍旧处于工业化和城市化进程中的我国来说，生鲜电商和生鲜快递需要面对工业化和信息化并行发展的现状。虽然信息化能够拉动工业化，但是工业化是信息化的基础，还是需要加强冷链物流体系硬件的建设，其中现代化物流冷库建设是绕不过去的环节。

3.2.3　冷链物流中心

在我国，冷链物流中心实际上起源于肉类生产性冷库。目前，冷链物流中心内存储货物的种类繁多，不仅包括肉类，而且包括水产品、速冻食品、果蔬等，以肉类货品为主的则是肉类仓储冷链物流中心，是肉类仓储和交易的重要环节。

计划经济时期国家的工业化和城市化率很低，居民生活的整体水平不高，动物蛋白质类食品大部分就地生产和消费。如沿海地区，主要是猪肉和海产品；北方内陆地区，主要是猪肉或羊肉；南方内陆地区，主要是猪肉和淡水水产。这些食品以鲜销为主，只有少量会为保障生产淡季的供应或调拨而冷冻冷藏。因此，除在北京等几个大城市，专业的分配性冷库很少，更没有冷链物流中心的概念。当时分配性冷库的功能往往由生产性冷库承担，例如各城市周边的肉联厂冷库既为肉类生产服务，也为当地的肉类存储和配送服务。原商业部在计划经济向市场经济转化时期不再统管屠宰行业，允许社会资本进入，导致20世纪八九十年代私屠一度混乱，使各正规肉联厂几乎无猪可宰，其冷库内几乎无肉可存。迫于经营压力，各肉联厂尤其是大中城市周边的肉联厂纷纷利用距离城市近、厂区内空间充裕、基础设施完善等有利条件向冻品交易市场转型，把其生产性冷库与冷却、冻结和制冰等生产设施改造为物流冷库，屠宰加工等生产厂房改建成批发交易场所。这个转型与国家工业化和城市化发展进程中的冷链需求完全契合。例如，城市化的发展使城市在空间上扩张，原来建设的肉联厂或冷冻厂与城市之间距离更近，甚至融入城市内部，更有利于其由生产向流通的转型。

国家工业化和城市化的发展使居民消费水平提高，原本消费量不多的海产品、禽类产品、冰激凌产品和速冻食品等冷冻产品的需求量越来越大。与传统的猪肉生产方式不同，这些产品的优势产地比较集中，不是每个城市附近都有，需要跨地区流通，并且需要冷冻，否则很难长距离流通。因此，这些产品的消费需求不仅填补了原肉联厂由于冷冻猪肉库存下降而空余的冷库库容，而且其对物流冷库的需求越来越大，远超之前猪肉的需求。国家工业化和城市化的发展带动了食品工业和餐饮行业快速增长，食品工业和餐饮行业需要原材料的稳定供应、批量供应及品种细分，即使对于传统的猪肉生产，这些要求也不可能在一个地区内解决，必须全面流通。冷冻产品以其保存时间长、保存品质高等特点能够充分满足这些要求，因此冷库需求在短期下滑后就进入快速增长阶段，尤其是对物流冷库的需求。这种增长大体从20世纪末及21世纪初开始，一直持续至今，其高潮与国家在"十一五""十二五"期间的工业化和城市化发展状态完全吻合。在市场经济建设初期，食品和餐饮行业发展很快，但广大个体工商户的经济基础比较薄弱，需要冷藏设施却没有能力自建，原肉联厂或冷冻厂的转型恰好充分满足了这类需求。这个转型比较符合国内的商业习惯，采购方多习惯于"货比三家"和"讲价"，供应商众多的冻品交易市场不仅能够提供充足的选择，而且能够提高采购效率。另外，在市场经济建设初期商业欺诈现象比较严重，采购方多习惯于先在商铺看样品，确定采购后直接从冷库内提货，从而避免受骗，等等。因此，"物流冷库+市场"的经营模式获得商业上的巨大成功，不仅原有的肉联厂和冷冻厂先后向这个模式转化，其他资本也在大规模加入。到目前为止，这类物流冷库已经成为国内冷藏设施的"绝对主力"，几乎每座大中型城市都有，单个场区的冷库容量动辄几万吨，甚至十几万吨，配套几千到几万平方米的交易场所，形成了大中型冷链物流中心。

由于经济整体环境的发展变化及各地经济状态的差别，上述冷链物流中心在发展过程中逐渐演变出不同的业务状态，大体分为以产品聚集为主和以产品分销为主两类。对于原料产区和食品工业发达地区，其中心城市的冷链物流中心往往以产品聚集为主，汇集并存储周边地区的产品后，通过干线向消费地区运送，同时也通过干线引入非本地优势的品种，例如山东、河南等地区的冷链物流中心。对于以消费为主的地区，其中心城市的冷链物流中心往往以产品分销为主，通过干线引入其他地区的各种产品后，建立商业库存并向终端消费配送，例如北京地区。无论哪种业务状态，冷链物流中心都在不断融入新的功能，例如商业服务、金融服务、行政服务，甚至美食体验和文旅活动等。大中型冷链物流中心往往有几百到几千家商户。随着商户业务量的增长和经济实力的增强，商户对工作和生活环境及供应链组织的要求也在不断提升，客观上要求冷链物流中心提供相应的商业服务和金融服务。

1. 餐饮场所和公寓

近年来，新建冷链物流中心配套建设餐饮场所和公寓已经成为趋势，不仅能够提高工作和生活质量，而且能够降低商户的总体成本。

2. 冷藏运输

随着冷冻产品的全面流通，商户自己管理冷藏运输的弊端越来越明显，效率低、成本高且品控难，需要专业化的全程服务。对此，冷链物流中心已经逐渐开始介入这项服务，有的组织干线冷藏运输车队，有的组织市区冷藏配送车队，虽然目前的总体进展并不顺利，却是向标准化全程冷链发展的必由之路。

3. 金融服务

生产旺季采购和消费旺季销售不仅是冷链的基本功能，也是商户的重要利润来源，这就需要大量的资金，需要相应的金融服务。金融行业也发现了这个市场，金融企业陆续直接在冷链物流中心开展业务，甚至开发出新的金融产品。

4. 专项行政服务

由于冷链物流中心的快速发展对城市食品供给、食品安全、卫生防疫、生活成本，甚至城市交通和区域经济等方面的影响越来越大、越来越直接，引起了各地政府的关注，并提供越来越多的专项行政服务，例如工商与税务、检验检疫、信息采集与发布、交通与环境治理等。

虽然国内冷链市场对冷链物流中心的总体需求还处于持续增长阶段，但是在部分地区已经出现阶段性的供给过剩，并且总体利润率也在下降。为提升市场竞争能力，冷链物流中心除了不断开发新的服务功能，还在不断寻求新的发展方向。例如，近年开始探索美食体验和文旅活动等功能或模式，利用冷链物流中心汇集的物流、商流和人流，借助互联网开发线上的美食营销和线下的美食体验，甚至借助独特的地理、历史和文化条件引入文旅元素。由于中国国土广袤、人口众多、历史与文化积淀深厚，在融合现代冷链体系的过程中肯定能够不断创造出新的发展模式。

3.2.4 商用冷库

肉类仓储商用冷库是指配置在超市、餐饮等商业设施内，用作肉类零售或消费前暂存的冷库。如果把生产性冷库与冷却、冻结和制冰等生产设施称为肉类冷链的"最先一公里"，把物流冷库与冷链物流中心称为肉类冷链的"核心"，商用冷库则可称作肉类冷链的"最后一公里"，它们与各段冷藏运输一起形成一条完整的肉类冷链。一般情况下，超市、餐饮等商业设施所在的土地价格较高，交通相对发达，因此商用冷库保存几天的肉类商品周转量，在销售或消费期间不断货即可,其单体规模一般很小,通常就近设置在超市、餐饮等商业设施的工作区内,多采用室内装配式冷库。

室内装配式冷库大体分为两类:一类是定型产品;另一类是非标定制产品,需要现场组装后才能使用。目前,室内装配式冷库的库体多采用聚氨酯金属夹芯保温板制作,制冷系统采用卤代烃集中式或分散式制冷系统。受环保政策的影响,近年陆续开始试用卤代烃/二氧化碳复合制冷系统和二氧化碳跨临界制冷系统。与生产性冷库和物流冷库不同,由于规模小和布局分散等原因,绝大多数商用冷库不配置专业操作人员,因此很难达到良好的运行状态,与其他类型冷库相比,能效偏低、制冷剂泄漏率和故障率偏高等问题比较普遍。

生鲜电商和生鲜快递的出现使肉类冷链"最后一公里"延伸到居民家庭,提出"前置仓"等概念,其实质仍旧是商用冷库,只是用途上有些变化而已。受冷藏运输体系的限制,生鲜食品不可能从物流冷库直接配送到居民家庭,还是需要商用冷库中转,客观上为商用冷库的发展开辟了新的空间。如果从商用冷库到居民家庭能够采用符合冷链标准的冷藏运输,则传统冷链的品质将获得进一步提升,否则可能是降低。目前,这一段冷藏运输在实际运营中能够达到标准的情况不多,各方正在积极探索解决方案。

3.2.5 肉类仓储行业发展存在的问题

市场环境的快速变化与行政监管的相对薄弱是肉类仓储行业发展面临的两大问题。

包括肉类仓储冷库在内的全国冷库总容量正以人类历史上最大的规模快速增长,其背后是整个冷链行业的迅猛发展。据有关行业组织统计,全国冷链行业以20%左右的幅度已持续增长多年。

与通信和电力等行业类似,冷链物流本身也具有网络属性,即生鲜、冷冻食品及药品通过冷链这张网络连通生产与消费,被称为"冷网"。发达国家和地区的发展历程已经证实,冷链行业具有向垄断发展的天然属性。如此现实利好和潜力巨大的行业吸引各路资本纷纷进入，是推动近年冷冻冷藏设施高速建设的根本动力。大量资本的进入，一方面使冷冻冷藏行业由各地分散的小生产状态向地区化、全国化的连锁经营方式发展；另一方面导致冷冻冷藏设施在发展进程中不断出现局部地区总量暂时性过剩和全国暂时结构性过剩的情况，使市场竞争失序。大量市场主体采取"无底线降低眼前成本"的竞争策略，使安全与环保问题层出不穷。这个问题不解决，不仅给冷冻冷藏乃至整个冷链行业的下一步发展带来不确定性，而且会拖累国家的城市化进程和产业升级，妨碍全民健康和保护臭氧层等环保行动的实施。

冷链行业因其生产环节多、产业链长，参与主体众多且利益诉求不易协调，以企业和行业组织的力量很难优化市场环境。例如，在目前的技术和商业措施条件下，每个环节都对上一环节的品控进行检验几乎是不可能的，亟须政府"有形的手"进行规范，亟须"顶层设计"与科学全面的行政监管。国家近些年不断出台鼓励冷链物流行业发展的政策，并且提供了大量财政和金融补贴，确实促进了"量"的快速发展，但是由于缺乏科学全面的监管，"质"的发展总是不尽如人意。例如，冷冻冷藏行业内普遍存在的冷藏温度不达标现象，其行为与"制假售假"没有本质区别，需要通过行政监管避免"劣币驱逐良币"的市场行为；又如，部分地方安全生产管理部门对涉氨制冷的"一刀切"式治理，在解决安全问题的同时制造出新的环保问题，使企业无所适从，人为地增大了行业发展成本；再如，有些部门对冷冻冷藏设施保温材料的要求较高，现有生产技术很难达到，导致弄虚作假泛滥，底线更难坚守，反而背离政策的初衷；等等。

3.3 肉类仓储设施与装备技术

肉类仓储设施与装备技术涉及食品、物流、规划、建筑、制冷工艺与设备、自动化与信息等众多学科。其中，食品冷冻冷藏技术、设施建造技术、设施装备技术对肉类仓储的建设和运营起决定性作用。经过多年的研究与实践，尤其是欧美国家冷链建设需求的推动，上述技术体系已经比较完备，其理论体系相当成熟。与此同时，随着材料、机械、电子和信息等基础技术的发展，上述技术仍在不断进步，并连续取得突破。

国内从20世纪50年代开始持续建造肉类仓储冷藏设施，引进苏联的技术，冷库几乎全部采用土建结构和氨集中式制冷系统，并以此为核心建立了整套的设施建造、装备制造、运营管理和人员培训体系。20世纪80年代开始，我国全面引进欧美技术，例如钢结构、聚氨酯保温材料、螺杆制冷压缩机、卤代烃制冷系统、PLC控制等。从20世纪50年代直到90年代末，原商业部一直在系统性地主持这套技术体系的引进、吸收和发展，主持编写了《冷藏库制冷工艺设计手册》（商业部设计院1968年编印），后改名为《冷藏库制冷设计手册》（农业出版社1976年出版），此外还有《冷库制冷技术》（中国财政经济出版社1980年出版）、《冷库制冷设计手册》（农业出版社1991年出版）等技术书籍，奠定了国内肉类仓储冷藏设施建设与运营技术体系的基础。这些技术虽然来源于苏联和欧美，但是已经深度融合到国内的工商业生产体系，并且发展成为一套具备中国特色的技术体系。正是在此基础上，我国冷链行业"十一五"以来至今才能取得快速发展，甚至可以说是人类历史上最大规模地发展。

3.3.1 肉类仓储设施技术

欧美等发达国家的冷链体系在实践过程中形成了以冷冻冷藏设施为节点（生产、存储、集配和销售），以冷藏车、冷藏集装箱为节点连接工具，以全程温度监控为保障措施的生产模式。其中，肉类仓储的冷冻冷藏设施是以房屋建筑为主体，其建造技术实质上是房屋建筑工程技术的一个类别，主要包括规划、建筑、结构、制冷工艺、采暖通风、给排水和电气等专业技术。到目前为止，国内冷链体系的建设一直在按照这个生产模式进行。

除制冷工艺专业，其他专业技术都是房屋建筑工程通用技术在冷冻冷藏建筑工程领域的应用。因此，冷冻冷藏设施建造技术的发展水平基本上由房屋建筑工程通用技术的发展水平决定。保温是冷冻冷藏设施的基本要求。在目前种类繁多的房屋建筑保温技术中，聚氨酯泡沫塑料保温技术最适合冷冻冷藏设施。聚氨酯泡沫塑料是由多异氰酸酯和聚醚多元醇等原料制成的聚合物，可通过改变原料的规格、品种和配方得到不同性能的成品，从而满足不同的使用要求。用于冷冻冷藏设施保温时，聚氨酯泡沫塑料具有导热系数小、吸水率低、密度小、强度大、稳定性好、加工工艺优良等特点，并且能够通过加入阻燃剂具备自熄性能。工程应用中有两种方式，一是预制保温板，通常采用金属夹芯形式，在工厂的生产线上制成标准尺寸的板材，在工程需要保温的部位拼装板材即可；二是工程现场喷涂（灌注），把多异氰酸酯和聚醚多元醇等液体原料运至现场，通过喷涂（灌注）设备混合后直接在需要保温的部位反应成型。现场喷涂（灌注）是聚氨酯泡沫塑料独特的加工工艺，在冷冻冷藏设施保温工程中具有不可替代的优势，是保温工程领域的一大技术进步。相对于聚氨酯泡沫塑料，挤塑聚苯乙烯泡沫塑料虽然不能现场喷涂（灌注）、防火性能不佳，但是其抗压性能比较好，因此目前多用于设施的地坪保温。

无论哪一类房屋建筑，结构都是最重要的组成部分，它不仅决定建筑安全，而且对造价有重要影响。目前，冷冻冷藏设施建设主要采用钢筋混凝土结构和钢结构。钢筋混凝土结构主要用于多层和高层设施，为增加容积利用率，提升设施的性价比，往往采用无梁楼板和预应力混凝土结构技术。近些年，钢结构在单层设施应用的优势越来越明显。由于跨度大、工期短、工厂预制率高等，钢结构应用越来越普及，并且向大层高方向发展，实际工程已经做到30米左右。

房屋建筑工程由于存在安全、环保等外部影响，并且生产周期长、责任主体多，因此加强行政监管是绝大多数国家的通行做法。一般来说，在行政监管框架下，对于冷冻冷藏设施建设还有一系列的技术规范和标准对其设计、施工和检测等进行规定。其规范和标准从应用角度可分为两类：一类是比较"通用"的，各类或几类建筑都适用，例如《工业企业总平面设计规范》《建筑设计防火规范》《建筑抗震设计规范》《建筑给水排水设计规范》《工业建筑供热通风与空气调节设计规范》《通用用电设备配电设计规范》等；另一类是比较"专用"的，仅用于冷冻冷藏设施建造，例如《冷库设计规范》《冷库安全规程》等。

经过多年的持续工作，我国已经建立了一套完整的冷冻冷藏设施建设行政监管和技术规范及标准体系，并随着技术进步和时代发展一直在连续修订。例如，对冷冻冷藏设施建造影响最大的《冷库设计规范》，在1984年第一次颁布后，分别于2001年和2010年进行了修订；最新的修订工作已经于2015年开始，2021年12月实施。

3.3.2 肉类仓储装备技术

对肉类仓储设施来说，制冷系统是设施装备的核心，设施装备技术主要体现在制冷系统工程设计和施工环节。在广泛使用的各种制冷技术中，蒸汽压缩制冷技术在冷冻冷藏行业应用最为广泛，接近百分之百，其主要原因是成本较低、能效较高。因此，肉类仓储设施装备技术实际上就是蒸汽压缩制冷系统的工程技术。

1. 制冷系统工程设计技术

制冷系统工程设计主要包括负荷计算、系统形式比选、设备计算与比选、管道系统计算与比选、设备和管道的保冷与保温设计、设备和管道布置等内容。目前，在工程中主要执行《冷库设计规范》（GB 50072）、《室外装配冷库设计规范》（SBJ 17）、《工业金属管道设计规范》（GB 50316）、《压力管道规范》（GB/T 20801）等技术规范。

负荷计算是设计的前提，《冷库设计规范》（GB 50072—2010）专门用一节进行了详细规定。这是一套根据工程经验并利用系数修正的计算方法，主要包括设备负荷和机械负荷计算，其核心内容已经使用多年，实践中未发现明显偏差，计算方法也简单易行。得益于近年计算机技术的突飞猛进，负荷逐时精确计算的客观条件已经成熟。因此，2021版《冷库设计标准》已经简化规范中有关负荷计算的条款，为技术进步留出足够空间。

目前，常用系统形式按制冷剂划分有氨、卤代烃和二氧化碳制冷系统；按供液方式划分有直接膨胀、重力和泵供液制冷系统；按设备组合方式划分有分散和集中式制冷系统；按制冷介质划分有直接蒸发和载冷系统。系统形式主要根据负荷计算和实际工程的安评、环评、生产需求、投资、运营、土建条件等因素进行综合分析后选择。系统形式比选是冷藏冷冻系统设计中最重要的环节，选择合理与否直接决定整个工程的优劣，是设计技术的核心。"十一五""十二五"期间，我国工业化和城市化带动了冷冻冷藏行业的巨大发展，同时在全球环境保护和阻止气候变化的国际背景下，本行业对安全和环保的要求已提升到历史最高水平。为满足这些需求，欧美等发达国家研发并推广天然制冷剂二氧化碳的制冷系统，制冷剂低充注量制冷系统，以丙烯烃衍生的不饱和氟化物为主的零ODP（Ozone Depletion Potential，消耗臭氧潜能值）和低GWP（Global Warming Potential，全球变暖潜能值）值制冷剂等技术，不仅使原有制冷系统形式的内涵发生了深刻变化，而且可能带来整个行业的变局，犹如20世纪氟氯烃制冷剂研发成功后使小型制冷系统得到迅速普及。可喜的是，我国制冷空调行业不仅紧跟这些技术进步，而且走出了自己独特的技术路线。例如，冰轮环境技术股份有限公司研发出二氧化碳制冷压缩机，目前已经与国内贸易工程设计研究院等单位在国内一共设计并投产数百套大中型二氧化碳复合制冷系统，走在世界前列。国内贸易工程设计研究院成功研发的定量供液制冷系统，与原有氨制冷系统相比，在不降低能效、不增加造价的前提下，可减少约40%的氨灌注量，示范工程已经正常运行五六年。

设备计算与比选技术已经很成熟，规范和技术手册都有详细指导。得益于近年计算机技术的普及，主流设备制造商也编制了完备的设备计算和选型软件，有的甚至向全行业公开。这些软件能够精确计算设备在各工况和使用条件下的性能参数，使设备比选变得简单易行。制冷压缩机是制冷系统的核心设备。目前，在工程中常用的有开启式活塞、螺杆压缩机组，半封闭式活塞、螺杆压缩机组，全封闭式涡旋和少量活塞压缩机组。

开启式螺杆压缩机组是目前大中型氨制冷系统的主流装备，各公司压缩机的构造基本相同，甚至排气量系列都比较接近，普遍采用双螺杆结构、配置油分离器、以虹吸式为主的油冷却器。蒸发温度在-35℃～-10℃时，主要采用中间补气冷却经济器提高能效；低于-35℃时，多采用配组或单机双级压缩提高能效，区别主要在于螺杆型线、部件材质和加工精度、控制系统精度和可靠性等方面。

半封闭式螺杆和活塞压缩机、全封闭式涡旋机是目前卤代烃制冷系统的主流装备，工程应用以多机头并联机组、压缩冷凝机组为主，冷量从几瓦到数百千瓦，小冷量多用涡旋和活塞式，大一些的采用螺杆式。

近年来，二氧化碳制冷压缩机技术取得了重大发展，商业应用完全成熟，已经进入推广期。受制于不同的资源禀赋，国际和国内对于二氧化碳制冷压缩机的技术发展路线各有侧重。目前看，国际偏重于活塞技术，国内主攻螺杆技术，从理论上讲各有利弊，只能在实际应用中让时间检验，或许最后会殊途同归。

蒸发器和冷凝器是制冷系统内的主要换热设备。在工程中，蒸发器主要用于给冷间内空气直接降温，其中空气侧通过风机强制换热的称为冷风机，否则称为冷排管。由于减少换热温差不仅能提升压缩机能效，而且能提高冷间内的相对湿度，利于食品冷藏。因此，目前在工程应用中一般不超过10K，同时为保障必要的热流密度，一般不少于6K～7K。但是，二氧化碳制冷剂以其独特属性能降到5K，使二氧化碳制冷系统在低蒸发温度时的能效轻易超过传统系统。冷凝器从技术本质上区分为两类：一类是把制冷剂冷凝热通过金属壁面传给水，水通过与环境的湿球温差作用蒸发，把热量排到大气中，蒸发式冷凝器和立式、卧式冷凝器都属于此类；另一类是直接在温差作用下把制冷剂冷凝热通过金属壁面排到大气中，主要是风冷冷凝器。由于水的换热系数远远超过空气，单位质量水的蒸发潜热远远超过空气显热，因此国内大中型制冷系统几乎全部采用第一类冷凝器。其中的蒸发式冷凝器由于换热温差小、耗水耗电经济而成为目前的主流装备；风冷冷凝器虽然导致系统冷凝压力升高，设备本身能效也低，但是其构造简单，不需要面对水垢、水藻等麻烦，因此广泛用于小型系统。

管道是制冷系统的重要组成部分。我国的制冷系统设计技术是在20世纪50年代由原商业部组织从苏联引入，其中包括全套的管道设计技术，如各类管道的材质、管径、壁厚、流速、阻力、支架间距等参数的计算与比选。为方便使用，还在设计手册中利用图表、公式等方式进行了详细说明，基本能满足常规设计需求。因此不仅在当时，其后多年行业内对其也没有异议。1996年，原劳动部以行政令的方式要求在生产、生活中贯彻《压力管道安全管理与监察规定》，提出了压力管道的概念。随后，在2003年国务院又以行政令的方式要求贯彻《特种设备安全监察条例》，压力管道是其中主要内容之一。至此，在政府职能部门的主导下，压力管道概念、技术体系和行政监管开始在所有各相关行业强制推广，包括肉类仓储行业。

2. 制冷系统工程施工技术

制冷系统工程施工技术发展水平与工程规范密切相关。现行"最专用"的标准《冷库施工及验收标准》（GB 51440）；主要的通用规范有《工业金属管道工程施工规范》（GB 50235）、《现场设备、工业管道焊接工程施工规范》（GB 50236）、《压力管道规范》（GB/T 20801第4和第5部分）、《机械设备安装工程施工及验收通用规范》（GB 50231—2009）、《制冷设备、空气分离设备安装工程施工及验收规范》（GB 50274）、《风机、压缩机、泵安装工程施工及验收规范》（GB 50275）等。这些规范规定了在安装和调试工作中应遵循的技术步骤、采用的技术方法及应达到的技术参数，比较全面地反映了本行业的技术发展水平。

肉类仓储行业与化工、电力等重化行业的工程在规模和技术复杂程度等方面基本没有可比性，因此施工工作普遍停留在人工加小型工器具的水平，工厂预制比例较低。管道焊接是主要工作内容之一，目前多采用手工电弧焊，小直径管道和非碳钢管道则采用气焊。随着压力管道监管的加强，氩弧焊的应用比例在不断提高，预制管件的比例也在不断上升，这些工作从根本上提高了工程质量。安装和调试技术也是随着设计技术从苏联引进的，之前几十年一直没有系统强度试验的概念。随着压力管道技术体系的引入，2011版《氨制冷系统安装工程施工及验收规范》提出了强度试验要求。2021版《冷库施工及验收规范》在行业内全面引入强度试验，进一步提升系统的安全可靠性。

验收是与施工和调试密切相关的工程环节。现有规范体系对验收的要求主要体现在安全、质量、证书文件等方面，缺少对整个系统性能的评判，尤其是严格的实测数据评判，导致工程竣工后很难说清楚整个系统的性能是否达到了预期目标，尤其是能效等经济目标。2021版《冷库施工及验收规范》能够在一定程度上解决这类问题。

3.3.3　肉类仓储设施与装备技术发展存在的问题

安全与环保是肉类仓储设施与装备技术发展中面临的两大问题。

安全与环保不仅是我国，也是全球冷冻冷藏行业长期面临的问题，首先体现在制冷系统，另外涉及保温，以及食品安全等方面。

到目前为止，包括肉类仓储在内的冷冻冷藏行业几乎全部采用蒸汽压缩制冷技术，其他非蒸汽压缩制冷技术，例如气体膨胀、热电、涡流管等由于效率、造价、运行费用、相关产业链配套等原因，在看得见的未来很难在本行业大范围推广。对于蒸汽压缩制冷来说，制冷剂是物质基础。无论天然的还是人工合成制冷剂，绝大多数是危险化学品，面临各种安全问题，例如毒性、燃烧性、窒息性等。人工合成制冷剂还面临环保问题，主要表现在破坏臭氧层和强温室效应。制冷系统的安全与环保问题一直困扰着行业的健康与可持续发展，在我国的表现尤其严重。例如，大量多层土建冷库采用氨冷排管，并且没有运用低充注量技术，导致氨制冷剂充注量往往多达几十吨，甚至上百吨，如果同时存在建造不合标、设施老旧、管理不善等问题，发生安全事故的风险会很高。例如，2013年后的涉氨制冷专项治理，部分地方用禁止代替治理，导致许多大型制冷系统采用卤代烃制冷剂,甚至采用R22,制冷剂充注量也是多达几十吨,完全与环保方向背道而驰。虽然近年来二氧化碳制冷技术得到迅速推广,在一定程度上缓解了安全与环保问题的影响,但是其占比还是很低,不足以从根本上解决问题。

聚氨酯泡沫塑料是冷冻冷藏设施最重要的保温材料,虽然保温性能优异,但是当前既面临火灾安全问题,又面临环保问题。虽然其加入阻燃剂可具备自熄性能,但其本质上是有机可燃物质,受前些年几次严重火灾的影响,行政监管甚至要求冷冻冷藏设施也要采用A级防火材料。按目前的技术发展水平,冷冻冷藏设施采用A级防火材料不够现实,无论岩棉类、发泡玻璃,还是气凝胶类的研发与实践都不理想,仅能够在局部使用,很难整体大范围推广。更困难的是,聚氨酯保温材料在实际工程中为达到B1级,增加阻燃剂或PIR构型都会带来其他性能的下降,甚至下降到不可接受的程度。环保问题的焦点是聚氨酯保温材料不可或缺的发泡剂。以往大量使用的R11属CFC(氯氟烃),已经禁用;目前使用的R141b属HCFC(氢氯氟烃),已经处在削减阶段;环戊烷没有环保问题,但是影响燃烧性能,使聚氨酯保温材料达到B1级更加困难;新开发的HFO(氢氟烯烃)类发泡剂则成本高昂,并且没有经过时间的检验。除上述迫切需要解决的问题,聚氨酯保温材料的固废处理、VOCs(挥发性有机物)物质排放等问题也在逐步显现。

冷冻冷藏设施的建设标准和运营管理直接影响食品安全。虽然用现有技术建设和运营合标的设施并不困难,但是受经济利益驱使,实际设施完全符合全程冷链要求的比例并不高,冷藏温度不达标、冷链"断链"、无任何卫生防护措施等现象比比皆是,即使不发生食品安全事故,也会损害食品品质。好在国家已经意识到上述问题,国家市场监督管理总局组织修订了《冷藏冷冻食品销售质量安全监督管理办法》,相信随着监管的加强,上述问题会得到有效解决。

第四章
肉类冷链物流中的运输

4.1 肉类冷链物流运输概述

冷链物流泛指冷藏冷冻类食品在生产、加工、储藏、运输、销售、分配流通等各个环节中始终处于规定的低温环境下，以保证食品质量、减少食品损耗的一项系统工程。在冷链物流众多环节之中，由于冷藏运输外部条件恶劣，需要特殊的运输工具，要注意运送过程、时间控制、运输形态等各种因素，因此成本非常高。同时，由于当前技术水平偏低和追求利润等因素，使得冷藏运输成为冷链物流中较为薄弱的环节。

目前，包括肉类在内的易腐食品冷链运输以公路运输为主。2019年，我国食品冷链物流需求总量约为2.33亿吨，其中肉类冷链物流需求量为4577.68万吨，约占总量的20%。按照冷链食品平均价格与2018年持平来计算，2019年我国食品冷链物流总额约为6万亿元，同比增长24.7%，约占2019年我国社会物流总额的2%。在具体运量分配上，公路冷链运输主要货物运输量为20880万吨，约占90%；铁路冷链运输主要货物运输量为206万吨（2014年最低谷为40万吨，2017—2019年回升至105万吨、160万吨和206万吨），约占1%；进出口的易腐食品几乎全是集装箱水路运输，海运冷链运输主要货物运输量为1881万吨，水运占比8%；航空冷链运输主要货物运输量为278万吨，约占1%。其比例分布如图4-1所示。

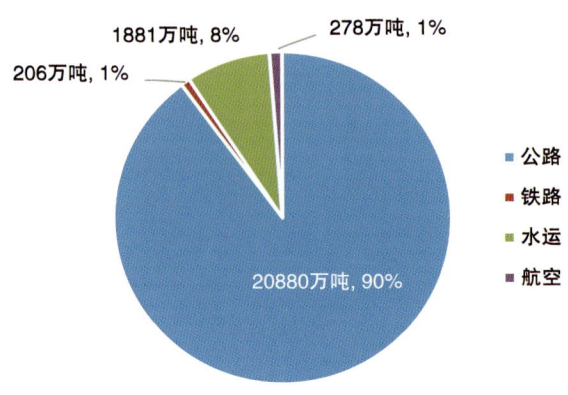

图 4-1 我国易腐食品冷链运输运量分布示意图

4.2 肉类冷链物流运输现状分析

普通货物的运输有五种基本的运输方式，即公路运输、铁路运输、水路运输、航空运输和管道运输。对于肉类冷链运输来说，除了管道运输外，其他四种运输方式都有较为广泛的应用。

4.2.1 航空冷链运输

我国航空冷链中的温敏货物运输索赔情况较多。据统计，航空冷链运输中产品腐坏占比22.2%，包装损坏的占比21.7%，温度、包装、产品相容性、设备等造成的损坏的占比将近一半。

为了规范航空冷链运输的市场主体行为，2014年中国民用航空局发布了《航空货物冷链运输规范》，从设施设备、包装、货物接收、仓储、装机，运输、卸机等方面对冷链运输做了详细规范（表4-1）。航空货物冷链运输规范标准的出台，一定程度上改善了冷链空中运输与地面运输的衔接，提高了民航高端货物运输市场占有量。

第四章
肉类冷链物流中的运输

表 4-1 航空冷链温度范围及运输代码

序号	分类	运输代码	温度范围（℃）
1	室温	AMBT	15~20
2	冷藏	COOL	2~15
3	冰温	ICE Temp	-2~2
4	冷冻	COLD	-10~-2
5	深冷冻	FROZ	-10以下

中国民用航空局发展计划司发布的《2019年民航机场生产统计公报》显示，2019年我国境内运输机场（不含中国香港、澳门和台湾地区，下同）共有238个，其中定期航班通航机场237个，定期航班通航城市234个；完成货邮吞吐量1710.0万吨，比上年增长2.1%；国内航线完成1064.3万吨，比上年增长3.3%；国际航线完成645.7万吨，比上年增长0.4%。虽然我国航空冷链物流起步较晚，但是发展迅猛。随着全球经济一体化，我国进口生鲜食品需求加大，再加上消费转型升级，时效性对于冷链物流格外重要。物流企业和航空公司纷纷开展冷链运输业务，推动了我国航空冷链市场发展。

1. 航空冷链已成为全球航空货运市场增长最快的板块

航空冷链的运输，主要利用具有货舱的飞机或者全货机，装载与其相兼容的ULD（Unit Load Device，航空运输中用来装载货物的集装设备）或保温集装箱，借助冷却媒介、控温运输工具、相关的辅助材料完成空中运输，以冷藏卡车等地面运输为延伸，扩大航空冷链的覆盖范围。目前，我国航空冷链仓位量每年以15%的增速增长。航空冷链运输是冷链物流中效益最高的运输方式，同时也是发展速度最快的，相对于铁路、公路、海运，航空节约了更多的时间，降低了运输过程中的其他成本，从而成为费时最短的冷链运输方式。通过航空冷链运输，航空公司获得了较高的利润。航空冷链运输成为航空货运和航空物流新的增长点。

2. 跨境生鲜食品贸易促进航空冷链的发展

我国进出口食品需求量不断增长，航空冷链重点围绕航空物流资源，利用指定口岸的优势，在冷库运营基础上，增加运配体系，完善业务链条，促进航空冷链物流的需求增长。2020年6月23日，成都空港口岸迎来了成都双流国际机场进口肉类指定监管场通过海关总署验收后的首批20吨肉类进口。首次通过航空货运形式进口冰鲜猪肉的实现，标志着成都双流国际机场进口肉类指定监管场地正式投运。

4.2.2 水路冷链运输

水路运输是最古老的运输方式之一。远洋航运是国际货物运输的主要方式，其主要优点是能够运输数量巨大的货物，适合于进行长距离、低价值、高密度、便于机械设备搬运的货物运输，如谷物、钢铁矿石、煤炭、石油等。水路运输的主要缺点是运营范围和运输速度受到限制。另外，水路运输的可靠性与可接近性较差，除非其起始地和目的地都接近水道，否则必须由铁路和公路补充运输。水路运输的最大优势是低成本。因此，水路是大宗货物长距离运输的理想选择。

由于水路冷藏运输运载能力大、成本低、能耗少、投资省，适宜长途运输。但是，水路冷藏运输通常需要其他货运方式的补充来完成整个运输过程。目前，我国拥有的冷藏船吨位在10万吨左右。

受世界经济影响，2019年海运行业市场增速放缓，全球集装箱海运量同比增长4.1%，达到2.09亿标准箱。其中，主干航线海运量增速有所减缓，太平洋航线受贸易摩擦影响，部分货主在2018年集中出货，对2019年海运量产生一定影响。2019年，我国港口完成货物吞吐量139.51亿吨，比上年增长5.7%。其中，沿海港口完成91.88亿吨，同比增长4.3%；内河港口完成47.63亿吨，同比增长9.0%。

1. 2019年海运冷链市场快速增长

2019年我国海运冷链运输总量1881.6万吨，比上年（1509.6万吨）增长24.6%，预计2021年达到3000万吨的运输量。我国海运货品主要是进口肉类、水产品及东南亚水果等。

2. 2019年主要港口冷链设施逐步完善

为了推动港口冷链物流的发展，我国主要六大港口陆续建设海港冷链物流中心，实现货品到港，快速检验，保障冷链不断链，有效弥补我国港口冷链物流的"短板"。宁波舟山港冷链物流中心采用"双轮驱动"模式，配合冷冻货运车辆，将冷冻肉类和海鲜运至长三角市场，全力保障居民"菜篮子"供应，目前日均出货量超过220吨。大连港打造40万吨库容规模的同一区域专业化冷链物流综合中心。上海港不仅建设大规模冷链仓库，还打造自有"上港尚鲜"的品牌，施行"快检快放"等便利措施，在严把国门安全关、质量关的同时，将通关时间缩短至1天以内，既确保产品的新鲜口感，也降低了企业的物流和时间成本。天津港已成为我国最大的冷冻进口肉类口岸，是拥有最多的冷链集装箱的港口。

3. 冷链生鲜食品需求推进海运冷链技术发展

南美、南非、澳大利亚和新西兰等地的出口商在冬季的几个月里会将新鲜农产品运送到北半球市场，主要销售地是中国。由于海运时间长、跨度大，推进海运冷链技术发展就显得尤为重要。海运知名企业达飞、马士基、中远陆续推出了目前最为先进的主动气调技术，以确保高敏感度货物到目的港后的新鲜度。

4.2.3 铁路冷链运输

在中华人民共和国成立初期，我国已开始使用加冰冷藏车运输易腐食品。从1952年至2000年，50年间我国通过进口、引进国外技术自主生产等方式，拥有各类冷藏车8000余辆。在20世纪90年代初期，铁路冷链运量达到高峰1669万吨，占全国冷链总运量的70%，为物资流通发挥了积极的作用。现阶段的铁路机械冷藏车大多已退出市场，仍在运营及使用的冷藏车型号有B10、B22等，仅余1000余辆。之所以出现这种情况，不仅是因为其运输体制以及装备老化，还由于高速公路的快速发展，国家对公路的扶持政策、免收部分产品的过路费用等，使铁路冷链物流在运价、时效性、灵活性方面的竞争力明显下降，铁路冷链运输总量逐年下滑。

为改变铁路冷链物流低迷的局势，2016年2月《铁路冷链物流网络布局"十三五"发展规划》正式向社会公布，全面阐述了铁路对冷链物流运输战略思考和定位，描述出了铁路冷链运输的发展蓝图，标志着铁路冷链运输发展进入新的时代。通过对冷链形式的新探索，规划提出：从长期来看，铁路冷链运量规模达到2000万吨以上，冷库容量规模达到300万~500万吨，冷链物流营业总收入达到500亿~700亿元；冷链主通道基本形成稳定的运输班列；新增新型冷藏车（箱）1000辆；构建畅通高效的铁路冷链物流网络通道结构，形成布局合理、功能完善的铁路冷链物流网络。

1. 在冷链通道方面

根据全国冷链运输强度，结合运量预测，依据沿线铁路载体城市冷链产品的产销情况，综合考虑铁路冷链运输综合成本，主要形成主次两级铁路冷链运输通道。

（1）冷链运输主通道。针对大批量、固定批次的运输需求，采取"定点、定线、定时、定价、定车次"（按公布开行方案的货物列车）运输方式，减小时间成本，提高时效性，并且争取国家及地方政府财政补贴，建设我国鲜活农产品的"绿色骨干通道"，主要形成"两纵、两横、三放射"通道结构。

（2）冷链运输次通道。针对小批量、时效要求高的运输需求，重点采取冷藏集装箱的"特需班列"运输组织方式，保证优先装卸，确保运输期限。冷链运输次干道主要围绕区域级铁路冷链物流基地向外发散，形成"十三条"次要冷链通道结构。

表4-2为我国铁路冷链物流通道规划表。

第四章 肉类冷链物流中的运输

表4-2 铁路冷链物流通道规划表

类别	通道名称		通道介绍
主要通道	两纵	宁哈冷链通道	凭祥/百色东/防城港→沙井→霞凝→吴家山→圃田→石工→保定→双桥→文官屯/南关岭→大屯→夏家→齐齐哈尔南→满洲里
		宁呼冷链通道	凭祥/防城港→沙井→百色东→王家营西→大弯镇→新筑→银川南→沙良
	两横	乌沪冷链通道	霍尔果斯→乌北→山丹→东川→阳平→新筑→李屯→圃田→商丘→六十里铺→肥东→江南货场→苏州西→南翔
		沪蓉冷链通道	南翔→苏州西→江南货场→肥东→六安→吴家山→荆州→白市驿→大弯镇→名山→（拉萨西）
	三放射	郑海冷链通道	圃田→吴家山→莲塘→赣州东→大田→湛江→海口南
		郑青冷链通道	李屯→圃田→菏泽→董家镇→潍坊→即墨
		郑夏冷链通道	圃田→吴家山→莲塘→杜坞→前场
次要通道	十三条支线		亚乌勒克→乌北； 霞凝→湖潮→王家营西； 海口南→防城港→沙井→湖潮→白市驿； 圃田→白市驿； 肥东→杭州北→宁波北； 东川→曹家堡； 沙良→张家口南→双桥； 晋南→北六堡→晋北→双桥； 即墨→潍坊西→董家镇→保定→石工→北六堡； 加格达奇→齐齐哈尔南→通辽→汐子→双钱→保定； 南关岭→文官屯→通辽支线； 佳木斯→夏家支线； 磨憨→王家营西支线

2. 在载体物流基地方面

综合分析主要运输通道上的地区经济总体水平、冷链货品生产市场规模、冷链市场需求规模、地区货运量规模、铁路场站条件、国家特殊政策扶持等24个指标体系，确定铁路冷链物流基地82个。其中区域级铁路冷链物流基地14个，地区级铁路冷链物流基地68个。表4-3为铁路冷链物流基地载体城市布局规划表。

表4-3　铁路冷链物流基地载体城市布局规划表

路局	城市	类别	省份	路局	城市	类别	省份
哈尔滨局	哈尔滨	消费型	黑龙江	武汉局	武汉	消费型	湖北
	牡丹江	产地型			荆州	产地型	
	齐齐哈尔	产地型			襄阳	产地型	
	黑河	产地型		南昌局	南昌	消费型	江西
	佳木斯	产地型			赣州	产地型	
	呼伦贝尔	产地型	内蒙古		厦门	消费型	福建
沈阳局	通化	产地型	吉林		福州	消费型	
	长春	消费型			漳州	产地型	
	吉林	产地型		广铁集团	广州	消费型	广东
	沈阳	消费型	辽宁		深圳	消费型	
	大连	产地型			长沙	消费型	湖南
	通辽	产地型	内蒙古		海口	产地型	海南
	赤峰	产地型			湛江	产地型	广东
北京局	北京	消费型	北京	南宁局	南宁	产地型	广西
	天津	消费型	天津		崇左	产地型	
	石家庄	消费型	河北		防城港	产地型	
	保定	消费型			百色	产地型	
	张家口	产地型			重庆	消费型	重庆
济南局	济南	消费型	山东	成都局	成都	消费型	四川
	青岛	产地型			雅安	产地型	
	烟台	产地型			凉山	产地型	
	潍坊	产地型			贵阳	消费型	贵州
	临沂	产地型		兰州局	兰州	消费型	甘肃
	菏泽	产地型			张掖	产地型	
郑州局	郑州	消费型	河南		银川	消费型	宁夏
	商丘	产地型		上海局	上海	消费型	上海
	安阳	产地型			南京	消费型	江苏
	洛阳	消费型			苏州	消费型	
	南阳	产地型			徐州	产地型	
昆明局	昆明	产地型	云南		杭州	消费型	浙江
	楚雄	产地型			宁波	消费型	
	大理	产地型			合肥	消费型	安徽
	临沧	产地型			阜阳	产地型	
	西双版纳	产地型			六安	产地型	
	红河	产地型		西安局	西安	消费型	陕西
乌鲁木齐局	乌鲁木齐	产地型	新疆		宝鸡	产地型	
	伊犁州	产地型		太原局	太原	消费型	山西
	喀什	产地型			大同	产地型	
青藏公司	西宁	消费型	青海		运城	产地型	
	拉萨	消费型	西藏	呼和浩特局	呼和浩特	消费型	内蒙古

第四章
肉类冷链物流中的运输

2019年，在国家政策的积极引导以及长距离冷链运输需求快速增长的背景下，我国铁路冷链物流得到快速发展，全年铁路冷链货运量达到206万吨，增幅明显。从运输方式来看，公路运输在内陆冷链物流中占主要地位，铁路冷链物流虽然在运价、时效性、灵活性等方面的竞争力较弱，但由于公路交通拥堵日益加剧、安全事故频发，铁路运输优势日益突出。我国高速铁路进入快速发展时期，高铁货运冷链班列物流作为一种大运量、全方位、安全高效、能耗低、环境影响小的运输方式，也迎来了新的发展机遇。

图4-2至图4-6为我国铁路冷链运输中常见的设备。

图 4-2 23T轴重新型铁路机械冷藏车

图 4-3 新型铁路冷藏集装箱

图 4-4　新型铁路隔热车、隔热箱

图 4-5　新型铁路蓄冷车

图 4-6　新型铁路锂电池冷藏车

4.2.4 公路冷链运输

从20世纪50年代起，我国开始采用保温车运送易腐货物；60~70年代从苏联和东欧等国采购了少量冷藏车用于国内运输；从80年代起，随着国内汽车工业的迅速发展，冷藏车制造业也逐步发展起来。在80年代初，我国拥有的各类冷藏车制造厂家数不超过10家，而到20世纪末激增到70余家。但是，随着竞争的日渐激烈和市场的逐步开放，部分规模小、质量差的小型冷藏车制造厂逐渐被兼并、收购或淘汰出市场，到目前为止，现存的约有40余家。在品种上，公路冷链运输车以卡车、拖车为主，制冷方式多样，包括冰、干冰、蓄冷板、低温制冷剂系统、机械制冷等。其中，机械制冷已经成为公路冷链运输的主要制冷方式。公路冷链运输以其机动灵活、可靠性高的特点不仅可以实现直达运输，同时可以作为其他运输方式的转运方式。在公路冷链运输方面，冷藏车在数量上已占据主导地位。

统计数据显示，2011~2020年我国公路冷藏及保温车保有量由3万辆增至20.4万辆。由于公路冷藏及保温车保有量快速增长，其占公路营运载货汽车拥有量的比重已经由2011年的0.25%上升至2018年的1.32%。

从区域分布来看，我国目前冷藏车保有量区域的发展极不平衡。从2018年我国冷藏车区域增长情况（图4-7）来看，珠三角和长三角地区是冷藏车需求最大的区域。这些地区经济较为发达、居民消费需求大、气温较高、沿海地区水产资源丰富、生鲜贸易活跃，促使其对冷藏车的需求持续高涨。经济发展不平衡和区域气候差异，是导致我国冷藏车保有量区域发展不平衡的两大原因。图4-8所示为2018年我国冷藏车辆增长排名前十的省市。

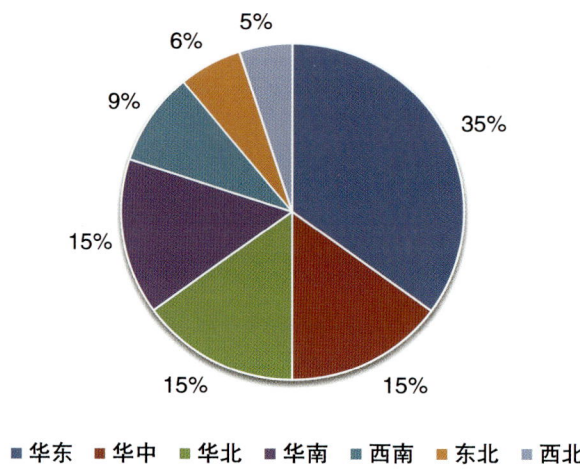

图 4-7　2018年我国冷藏车区域增长情况

图 4-8　2018年我国冷藏车辆增长排名前十的省市

我国冷藏汽车车型以中型和轻型为主，这与在我国冷藏运输中冷藏汽车主要担负中短途冷藏运输任务相关。轻型冷藏车主要用于短途及市区配送，而中型车则为中短途冷藏运输的主要工具。重型车辆通常用来做点对点的长途运输，可以尽量地减少装卸。近些年来，VAN（厢式货车）型冷藏车逐渐增多，2017年的新增量为2600台左右，这种车型主要用于医药冷链城市配送。受到GSP（《药品经营质量管理规范》）、疫苗等政策因素影响，管理部门对于医药冷链的管理越来越严格，药品冷藏车的增速明显提升。

我国冷链运输主要以公路冷链运输为主，虽然与其他冷链运输方式存在竞争，但更多的是协同发展。公路冷链运输相对灵活，短距离时效性强，在短途货运集散方面，有着其他运输方式无法比拟的优势。配合冷藏运输车和配送车等，可实现"最后一公里"全程冷链。2019年，我国公路货物运输量416亿吨，同比增长6.3%，周转量74836亿吨千米，同比增长5.8%，说明公路货运市场需求仍在增长，相应公路冷链市场也会蓬勃发展。总体来看，公路冷链运输呈现以下主要发展趋势。

1. 公路冷链运输主要品类不变

生鲜冷藏冷冻食品依旧是主要的冷链运输对象，占到冷链运输总量的80%。生鲜冷藏冷冻食品中肉类及制品占到42%，水产品占到25%，果蔬占到17%，乳制品占到10%，速冻产品占到6%。医药及相关产品冷链运输份额近年来不断提升，约占20%。

2. 公路冷链运输模式转变

现阶段，公路冷链运输由"一超多强"逐步转向多式联运为主的冷链运输模式。交通运输部公布的《2019年交通运输行业发展统计公报》指出，公路运输模式转变已取得积极进展，货运模式不断优化，多式联运得到快速发展。

3. 公路冷链运输市场需求激增

2019年受非洲猪瘟疫情影响，国家制定了多种活猪运输的标准，加大活猪活禽的运输管控，"运猪"改为"运肉"，冷鲜肉市场需求扩大，猪肉冷链运输量大幅提升，冷藏车购置需求量激增。

4. 公路冷链面临通行难问题

目前，三线以上城市基本采取"一刀切"的限制货运车辆进城的交通管制措施，并且各"限货"城市基本采取通行证管理制度，使得货运车辆尤其是冷藏货车进城受到通行时间和区域的限制，造成进城难、通行难的普遍现象。

5. 公路冷链运输相关政策需要进一步完善

尽管我国交通运输行业改革进一步深化，但冷链物流已不是新型产业，发展速度和产业规模在不断加快和扩大，冷链运输企业也要背负降低环境污染和缓解交通拥堵的考核指标。在这种情况下，亟须政府有关部门进一步加强政策的研究指导和深化落实，规范冷链市场治理结构，促进冷链物流高质量发展。

4.2.5 肉类冷链运输环节存在的主要问题

总的来看，当前我国肉类冷链物流运输环节存在以下几个主要问题。

1. 冷链市场化程度低，第三方介入少，缺乏专业化运作

我国冷链运输配送除了外贸出口部分外，在国内流通的易腐食品冷链运输配送业务多数都是由生产商和经销商完成的，食品冷链运输的第三方物流发展十分滞后。由于服务网络和信息系统不够健全，大大影响了食品物流的在途质量、准确性和及时性，同时增加了食品冷链的成本和商品损耗。这也导致了我国冷链运输无法形成规模化生产的组织和指挥能力，不能形成统一的货源组织和车辆调配。由于冷链企业间的信息共享缺失，使冷藏运输车辆的空驶率居高不下。在城市配送方面，无法形成以第三方配送企业为主的共同集配，不利于资源优化和运输成本降低。专业化运作不足，也阻碍了冷链运输和配送向规模化、专业化、集约化方向发展。

2. 冷藏运输设备缺口较大，配送效率低，操作管理亟待优化

我国拥有冷藏和保温车辆约20.4万辆，虽然绝对数字较以前已有较大增长，但和欧、美、日等发达国家在总量，尤其是人均保有量上仍有较大差距

（德、英、法等人均保有量为我国的20倍）。随着易腐食品产销量的增长以及区域化经济的繁荣发展，冷藏运输将得到更大的发展。目前，冷藏运输设备的不足，在一定程度上制约了冷藏运输业的发展。表4-4所示为我国与发达国家冷链物流体系发展现状对比。

表4-4　我国与发达国家冷链物流体系发展现状对比

比较内容	中国	发达国家
预冷率	20%～30%	80%～100%
食品物流成本占食品总成本比例	70%	50%
综合冷链流通率	19%	日本98%；美国100%
综合冷藏运输率	30%	日本90%；美国95%
低温储藏加工后产值与原始产值比	0.38∶1	日本2.2∶1；美国3.7∶1
综合冷藏运输完好率	70%	90%～95%
冷藏和保温车保有量	约20.4万辆	日本约25万辆；美国约58万辆
冷藏和保温车占货运汽车比例	0.40%	1%～3%

虽然食品安全已逐渐为人们所重视，但由于基础条件的缺乏以及经济利益的驱动，加之缺乏严格的法律措施强制规定，目前我国冷链运输体系仍不完善。在城市冷链配送方面，大型超市、卖场、餐饮企业大多处于中心城区，配送设施条件较差。一方面，这些地区建成时间早，服务于城市配送的基础设施陈旧，配套性差，缺少车辆停靠装卸场地；另一方面，中心城区由于地租等方面的制约，冷库建设成本较高，导致冷库分布较为偏远，加大了配送距离，导致冷链配送效率低下，配送成本高。另外，冷库容量及冷藏车数量不足，城市交通状况、商业网点布局等基础信息的匮乏，中小型配送企业信息设施设备简陋等，也制约了城市冷链运输和配送的进一步发展。

3. 重冷藏和保温，轻保鲜，在运输品种上以冻品为主

冷藏车按控温设施可分为保温车和冷藏车。其中，只有隔热、车体不设制冷设备的称为保温车；而能在常温到-18℃以下自由设定控温值的称为冷藏车。根据中国汽车工业年鉴的数据，在我国现有的公路冷藏运输装备中，保温车和冷藏车占到了总量的85%，而保鲜车只占15%，且比例仍在下降。

4. 冷藏运输标准、规范缺失，产品缺乏追溯

我国冷链标准的制定工作相对滞后，阻碍了冷链市场的规范与健康发展。近几年来，我国各级政府虽然在食品流通方面进行了大量工作，我国食品质量标准近3000个，但与食品流通有关的仅100多个，标准体系对食品冷藏链保障普遍不足。在城市冷链配送方面，除上海、北京等地出台了有关车辆营运的相关规范法规外，大多数城市，目前仍缺乏有利于城市冷链食品配送的标准体系。在冷藏运输和配送环节，都面临标准体系缺乏的共同问题。这不仅导致企业良莠不齐，车辆种类繁杂，监管难度增加，难以适应冷链配送和节能减排的要求，而且导致业务流程不规范，操作难度加大，运输和配送时间过长，降低了冷链运输配送效率和服务质量。

4.3 肉类冷链物流运输的技术装备

4.3.1 公路冷链运输装备

公路冷链运输的主要特点是机动、灵活，可实现"门到门"运输，较适合运输中短途货物，并且公路运输有速度较快、可靠性高和对产品损伤较小的特点。汽车承运人具有灵活性，他们能够在各种类型的公路上进行运输，不像铁路那样要受到铁轨和站点的限制，所以公路运输比其他运输方式的市场覆盖面都要广。由于递送的灵活性，公路运输不仅可进行直达运输，而且是其他运输方式的接运工具，并可减少运输过程的中转环节及装卸次数。总的来说，公路冷链运输在冷链物流作业中起着骨干作用。

第四章
肉类冷链物流中的运输

公路冷藏汽车分为冷藏汽车和保温汽车两大类。保温汽车是指具有隔热车厢,适用于食品短途保温运输的汽车;冷藏汽车是指具有隔热车厢,并设有制冷装置的汽车。冷藏汽车按制冷装置的制冷方式,可分为机械冷藏汽车、冷冻板冷藏汽车、液氮冷藏汽车、干冰冷藏汽车和冰冷冷藏汽车等。其中,机械冷藏汽车是冷藏汽车中的主型车。

1. 机械冷藏汽车及机械式冷藏挂车

机械冷藏汽车车内装有蒸汽压缩式制冷机组,采用直接吹风冷却,车内温度实现自动控制,很适合短、中、长途或特殊冷藏货物的运输。机械冷藏汽车如图4-9所示。该冷藏汽车属分装机组式,由汽车发动机通过传动带带动制冷压缩机,通过管路与车顶的冷凝器和车内的蒸发器,以及有关阀件组成制冷循环系统,向车内供冷。制冷机的工作和车厢内的温度,由驾驶员直接通过控制盒操作。这种由发动机直接驱动的汽车制冷装置,适用于中、小型冷藏汽车,其结构比较简单,使用灵活。由于分装式制冷机组管路长、接头多,在振动条件下容易松动,制冷剂泄漏的可能性大,设备故障较多,所以对大、中型冷藏汽车,更适合采用机组式制冷装置。

图 4-9 机械冷藏汽车

机械式冷藏挂车又称冷藏拖车。它具有如同机械冷藏车的隔热厢体、制冷机组，并有较大承载能力的后轮和一定支承力的小前轮。冷藏挂车的制冷设备由车下电源供电，通常采用机组式制冷系统，并整体安装。冷藏挂车使用灵活，往往一个动力牵引车可以为多台冷藏挂车服务，进行短途调运。图4-10所示为典型的机械式冷藏挂车的结构和冷风吹送循环原理。

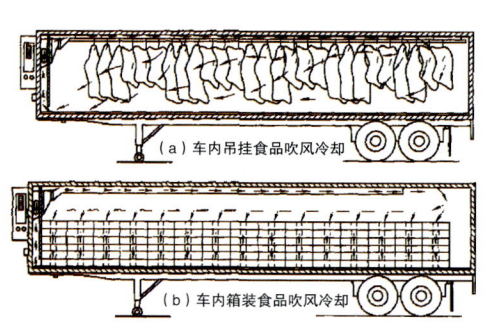

图4-10　典型的机械式冷藏挂车的结构和冷风吹送循环原理

此外，制冷机组可以以单独机组控制多间冷藏半挂车或冷藏车的不同温度，使一辆冷藏车装载数种不同温度要求的货物，其典型结构及原理如图4-11所示。

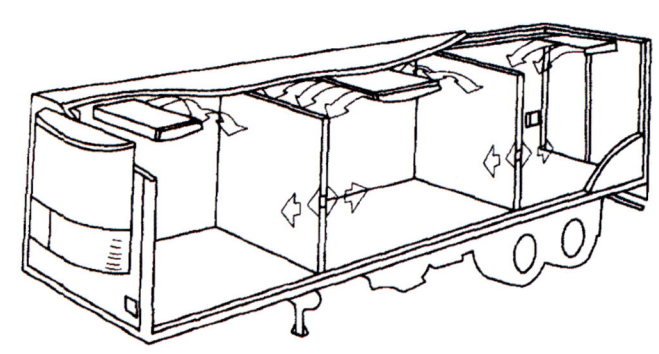

图4-11　开利凤凰系列制冷机组多间冷藏半挂车结构布置及工作原理图

2. 蓄冷冷藏汽车

蓄冷冷藏汽车又称冷板冷藏汽车。它利用有一定蓄冷能力的冻结板进行制冷。蓄冷冷藏汽车在一些短途公路运输中已有采用。

冷藏汽车用的冷冻板有100～150mm厚的钢板壳体，壳体内充注有特殊的溶液——共晶液，并布置有制冷蒸发盘管。它利用制冷机与冻结板相连，且向冷冻板充冷，使板内的共晶液在一定温度下冻结。冷冻板依靠冻结的共晶液融解时向周围吸热的原理，对汽车货间起制冷降温作用，实现制冷。选用不同性质的共晶液就会有不同的冻结温度，进而可以得到不同的汽车制冷温度。通常蓄冷冷藏汽车使用的共晶液的冻结温变为-40℃～-25℃。采用冷冻板式的蓄冷器不仅用于冷藏汽车，还可以用于铁路冷藏车、冷藏集装箱、小型冷库等。

蓄冷冷藏汽车在外温35℃，货件温度-20℃的要求时，其蓄冷时间为8～12小时。特殊要求的蓄冷冷藏汽车可蓄冷2～3天。蓄冷冷藏汽车的保冷时间，除取决于冷冻板共晶液容量外，还取决于汽车车体的隔热性能。一种采用厚100mm的聚氨酯泡沫塑料作隔热的冷冻板式冷藏车，其车体传热系数约0.29W/(m²·K)。图4-12所示为新型蓄冷冷藏车结构示意图。

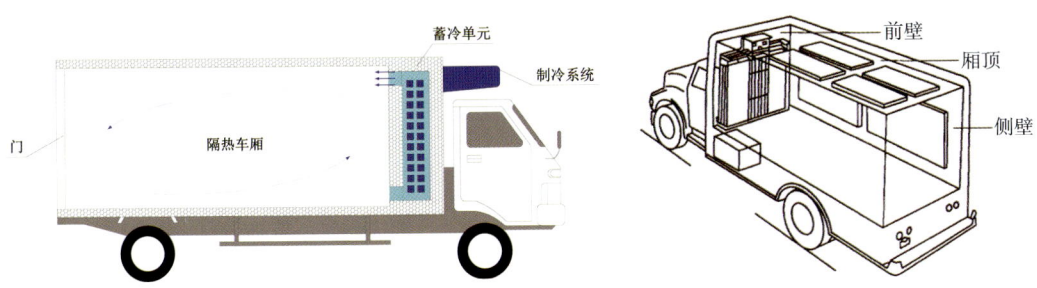

图4-12 新型蓄冷冷藏车结构示意图

应用中的蓄冷冷藏车，进场停用后，使用外接制冷机组向冷冻板充冷。一般8~12h即可充冷结束，板内共晶液全部冻结，等待出车装货使用。小型蓄冷冷藏车可直接取下冷冻板，送至车下充冷站充冷，使用时重新装上已冻结的冷冻板于车上供使用。若暂时不出车，则已充冷的冷冻板可存放在低温库内备用。另一种自带冷冻机式蓄冷冷藏车，在进场停用时，可借地面电源启动制冷机完成自身充冷。

蓄冷冷藏汽车具有车内温度稳定、制冷时无噪声、故障少、结构简单、投资费用较低等特点，但其制冷的时间有限，仅适用于中、短途公路运输。对长途运输用的蓄冷冷藏车，可安装发电机组，在汽车行驶中可随时开启冷冻机使其晶液冻结，进行自动蓄冷。

液氮—冷冻板组合制冷冷藏车结构如图4-13所示。

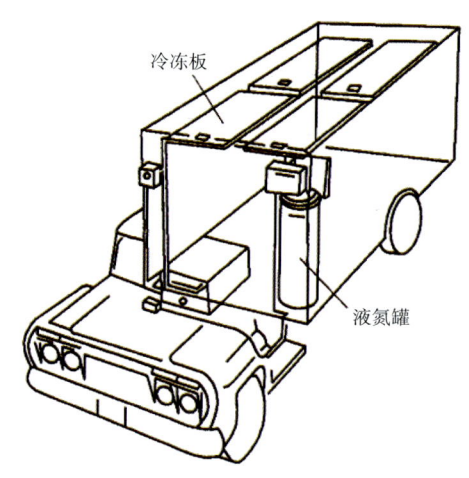

图4-13　液氮—冷冻板组合制冷冷藏车示意图

3. 液氮/干冰制冷式冷藏汽车

液氮或干冰制冷这种制冷方式的制冷剂是一次性使用的，或称消耗性的。常用的制冷剂包括液氮、干冰等。

液氮制冷式冷藏汽车主要由汽车底盘、隔热车厢和液氮制冷装置构成。液氮制冷式冷藏车是利用液氮汽化吸热的原理，使液氮从-196℃汽化并升温到-20℃左右，吸收车厢内的热量，实现制冷并达到给定的低温。

第四章 肉类冷链物流中的运输

图4-14所示为一种液氮制冷式冷藏汽车基本结构。安装在驾驶室内的温度控制器3，用来调节车内温度。电控调节阀为一低温电磁阀，接收温度控制器3的信号，控制液氮喷淋系统的开、关。紧急关闭阀8的作用，是在车厢开门时，关闭喷淋系统，停止喷淋。它可以自动操作，也可手动操作。

图4-15所示为冷藏汽车中使用的液氮制冷式冷藏汽车。它主要由液氮罐、液氮喷嘴及温度控制器组成。冷藏汽车装好货物后，通过控制器设定车厢内要保持的温度，而感温器则把测得的实际温度传回温度控制器。当实际温度高于设定温度时，则自动打开液氮管道上的电磁阀，液氮从喷嘴喷出降温；当实际温度降到设定温度后，电磁阀自动关闭，液氮由喷嘴喷出后，立即吸热汽化，体积膨胀高达650倍，即使货堆密实，没有通风设施，氮气也能进入货堆内。冷的氮气下沉时，在车厢内形成自然对流，使温度更加均匀。为了防止液氮汽化时引起车厢内压力过高，车厢上部装有安全排气阀，有的还装有安全排气门和通气窗。

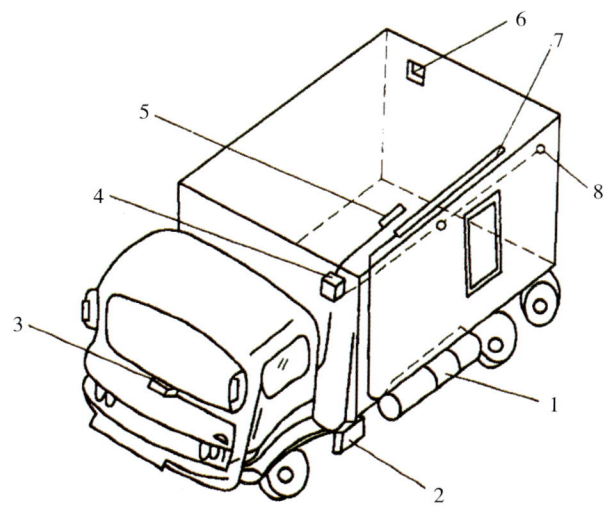

1—液氮罐　　　　2—气体控制箱　　3—温度控制器　　4—温度控制箱
5—温度传感元件　6—安全通气窗　　7—液氮喷淋管　　8—紧急关闭阀

图4-14　液氮冷藏汽车基本结构（一）

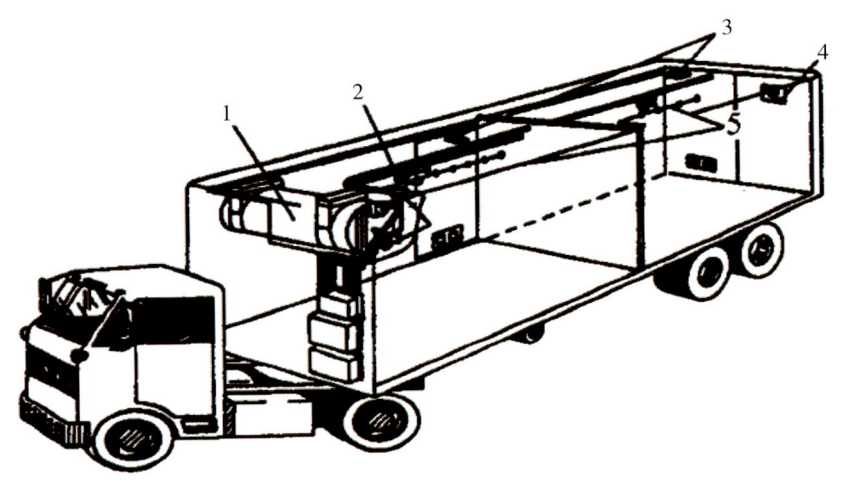

1—液氮罐　　2—液氮喷嘴　　3—门开关
4—温度控制器　5—安全通气窗

图 4-15　液氮冷藏汽车基本结构（二）

液氮制冷时，车厢内的空气被氮气置换。液氮制冷式冷藏汽车的优点是：装置简单，初投资少；降温速度快，可较好地保障食品质量；无噪声；与机械制冷装置比较，重量大大减小。缺点是：液氮成本较高；运输途中液氮补给困难，长途运输时必须装备大的液氮容器，减少了有效载货量。

用干冰制冷时，先使空气与干冰换热，然后借助通风使冷却后的空气在车厢内循环，吸热升华后的二氧化碳由排气管排出车外。有的干冰冷藏汽车在车厢中装置四壁隔热的干冰容器。干冰容器中装有氟利昂盘管，车厢内装备氟利昂换热器。在车厢内吸热汽化的氟利昂蒸汽进入干冰容器中的盘管，被盘管外的干冰冷却，重新凝结为氟利昂液体后，再进入车厢内的蒸发器，使车厢内保持规定的温度。干冰制冷冷藏汽车的优点是：设备简单，投资少；故障率低，维修费用少；无噪声。缺点是：车厢内温度不够均匀，冷却速度慢，时间长；干冰的成本高。

4.3.2 铁路冷链运输装备

铁路冷链运输，是铁路货物运输的重要组成部分。冷藏车是冷链运输的重要工具，是保证和提高易腐货物运输质量的必要前提。经过半个多世纪的发展，我国形成了加冰冷藏车、机械冷藏车为主，少量冷板冷藏车、隔热车为辅的基本格局。但随着2006年铁道部作出冰冷车退出市场的决定后，新的冷藏运输装备发展问题已提至日程，铁路冷藏运输市场必将有大的变动。

1. 加冰冷藏车

1949年以前，我国基本上没有保温车。1949年之后，于1952年开始设计制造B_3、B_4型加冰冷藏车（简称冰冷车）。B_4型冰冷车是新中国成立前设计的车辆，新中国成立初期武昌工厂生产了一批，后来发现这种冰笼装在车体两端的车辆，车内温度不均匀，冷藏货物经常软化，冰笼容量又小，不能满足运输易腐货物的要求。1954年加大两端的冰笼，改称为B_3型保温车。由于没有通风设备，车内长为12米，所以车内温差很大，运用情况显示这种车辆也不能达到要求。后来从德国进口200辆B_8型冰冷车。1956年，武昌工厂又设计制造了车顶式冰箱的B_{11}型保温车，直到1961年停止制造。1963年，武昌工厂曾将一辆B_4型保温车的端式冰笼改为车顶冰箱，运用情况表明，其温度均匀性有较大的改善。但因改造工作量太大、费用较高而没有继续改造。1961年，武昌工厂设计了B_{12}型冰冷车，1965年试制完成后就停了下来。1980年，武昌工厂试制生产B_6型车顶冰箱式冷藏车，1981年通过部级鉴定后投入批量生产。到1992年底，生产了3500辆左右，使B_6型冰冷车（见图4-16）成为我国铁路冷藏运输的主要工具之一。我国铁路还试制过两辆B_7型车顶冰箱式冷藏车，因无批量生产能力没有继续投产。目前，我国铁路冰冷车已全部淘汰。

图 4-16 B_6型冰冷车

2. 机械冷藏车

我国铁路的机械冷藏车是1949年以后逐步发展起来的。1956年和1961年,我国分别进口了23辆一组的B_{16}型和12辆一组的B_{17}型机械冷藏车,B_{16}型共进口10组230辆,B_{17}型为30组360辆。后来铁路上使用的有进口的B_{18}型机冷车(共20组200辆)、1976年进口的B_{20}型9节车组(共300辆)、1984年进口的B_{21}型5节车组(共200辆)和1987年陆续进口的B_{22}型5节车组(共1000辆)。我国国产的机冷车最早是1958年试制的JB_5型5节车组。1973年,武昌工厂设计试制了B_{19}型5节车组(共370辆,1988年停产),1993年试制了B_{23}型5节车组(一组5辆)。图4-17所示为铁路机械冷藏车。截止到2006年,正在使用的机械冷藏车(包括柴油发电车)有2584辆,车型上以B_{22}、B_{23}型为主。目前,中车长江公司正在研制新型机械冷藏车。

图 4-17　铁路机械冷藏车

3. 蓄冷冷藏车

蓄冷冷藏车作为新型冷藏运输工具，从20世纪80年代初期开始投入使用。其运用车型已经从依靠地面充冷站充冷的第一代冷板冷藏车发展到自带制冷机组、依靠地面电源驱动制冷机组充冷的第二代蓄冷车（机械蓄冷冷藏车）。目前，第一代蓄冷冷藏车仅有18辆（10辆路用车，8辆自备车），第二代蓄冷冷藏车在铁路上运用的有4辆。2002年，为适应铁路货运全面提速的需要，广州铁道车辆厂、四方车辆研究所、同济大学、铁科院机辆所、武昌车辆厂共同研制成功速度高达120 km/h的快速机械冷板冷藏车，称其为第三代蓄冷车。目前，中车长江公司正在研制新型蓄冷冷藏车。

4. 隔热车

在经国务院批准的《十二个领域的技术政策要点》中，隔热车被定在"大力发展"之列。我国铁路部门曾用B_{17}型机械冷藏车的货物车改造成隔热通风车进行运输试验，在第一、第四季度从广州、南宁、福州到北京运输蔬菜和水果，如菜花、西红柿、冬瓜、青椒、茄子、柑橘、香蕉等。2018年以前，铁路易腐货物运输仍无真正意义上的隔热车，隔热车多是用淘汰下来的

B_{16}、B_{17}、B_{18}型机冷车部分改成隔热车使用,其运用效果并不能达到新造隔热车的水平。目前,新的专用隔热车已投入规模化运行。

4.3.3 水路冷链运输装备

对于肉类而言,水路冷链运输主要采用冷藏集装箱(见图4-18)进行。根据国际标准化组织的定义,凡具有隔热的箱壁(包括端壁和侧壁)、箱门、箱底和箱顶,能阻止内外热交换的集装箱称为冷藏集装箱(Thermal Container)。冷藏集装箱是一个总称,主要包括以下几个类别。

图4-18 冷藏集装箱

1. 耗用冷剂式冷藏集装箱

此类集装箱主要包括冷冻板冷藏集装箱、干冰冷藏集装箱和液氮冷藏集装箱。冷冻板冷藏集装箱是指采用冷冻板,利用低温共晶液进行储冷和供冷的集装箱。干冰冷藏集装箱和液氮冷藏集装箱,是利用干冰或液氮在大气压力下汽化温度低的特点,用干冰或液氮在汽化时所吸收的潜热和升温显热,达到制冷效果。采用干冰或液氮制冷所用设备简单，无运动部件，降温快，制冷过程中无须动力电源供应。

耗用冷剂式冷藏集装箱的特点是在运输过程中，不需要外接电源或燃料供应等，无任何运动部件，维修保养要求低。主要缺点是无法实现连续制冷；贮冷剂放冷或消耗后必须重新充冷或补充；较难实现精确温度控制；制冷设备占用空间较大。耗用冷剂式冷藏集装箱只能适应小型冷藏集装箱的短距离运输。目前耗用冷剂式冷藏集装箱只有在区域性短途冷藏运输中尚有使用，而在国际冷藏运输中已无使用并有逐步淘汰的趋势。

2. 机械式冷藏集装箱

根据GB/T 7392—1998的分类，机械式冷藏集装箱是指"设有制冷装置（如制冷压缩机组、吸收式制冷机组等）的保温集装箱箱"。制冷/加热集装箱是指"设有制冷装置（机械式制冷或耗用制冷剂制冷）和加热装置的保温集装箱"。在实际应用中，通常把这两类保温集装箱都称为机械式冷藏集装箱。

机械式冷藏集装箱不仅有制冷装置，而且同时具有加热装置，可以根据需要采用制冷或加热手段，使冷藏集装箱的箱内温度控制在所设定的温度范围内。一般机械式冷藏集装箱的箱内控制温度范围为$-18℃\sim38℃$。

机械式冷藏集装箱以压缩式制冷为主。当机械式冷藏集装箱在船上运输或集装箱堆场时，由船上或陆上电网供电；而当机械式冷藏集装箱在陆上集装箱专用拖车运输时，一般由车载柴油发电机供电。机械式冷藏集装箱是当前技术最为成熟，应用最为广泛的一种冷藏运输工具。

按照运输方式，冷藏集装箱可分为海运和陆运两种。船舶冷藏集装箱是专门用于运送冷冻货物和冷藏货物的集装箱。其中，运输的冷冻货物就包括了冻畜禽肉类。在冷藏集装箱运输的过程中，畜肉类一般按照客户要求或进口国习惯进行分割，再用水密复合材料包装，避免水分散失造成脱水干耗，然后装入纸箱。纸箱必须密封、绑扎，并附识别标签。在冷冻过程中应避免纸箱变形，否则既影响外观又损失冷箱内有效堆装空间。由于禽肉类肌肉组织比畜肉类肌肉组织更丰富，所以禽肉类更容易出现质量下降，故禽肉类会使用气密的复合材料包装，并在-18℃以下运输。

4.3.4 航空冷链运输装备

在冷链运输中，时间是一个非常重要的因素，航空冷链运输因其快捷性而在运输方式中占有重要的一席之地。虽然航空运输的运输容量小、成本高、温控效果不尽如人意，但是因其运送速度快、运输距离远、安全性高的特点，常被用来运输附加值高、需要长距离运输或进出口的易腐货物，例如花卉、某些水产品、药品等。就肉类而言，航空冷链运输的运量较少。图4-19为航空运输保温箱。

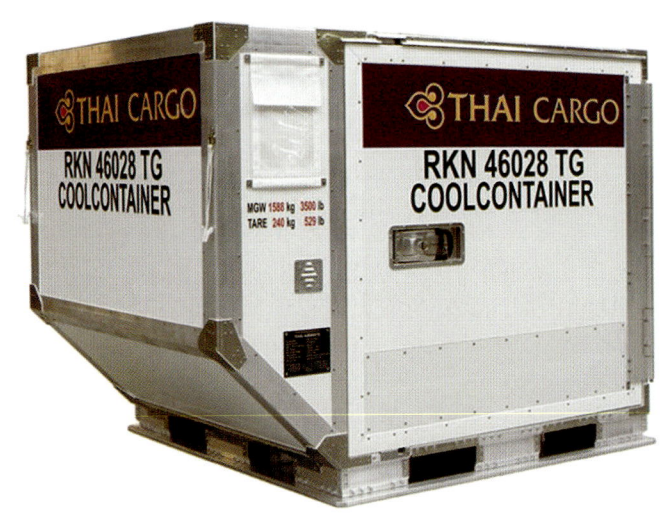

图4-19　航空运输保温箱

第五章
肉类冷链物流中的销售

5.1 肉类销售环节概述

在我国肉类泛指畜肉（猪、牛、羊、兔等）、禽肉（鸡、鸭、鹅、鸽等）及其副产品，主要包括生鲜肉和肉制品，如图5-1和5-2所示。

图 5-1　生鲜肉

图 5-2　肉制品

按现有肉类销售形态，生鲜肉主要可分为热鲜肉、冷却肉与冷冻肉三种。热鲜肉是畜禽宰杀后不经过冷链环节加工，直接上市进行销售的肉，属于我国传统畜禽肉产品销售方式，现已经逐渐呈现被冷鲜肉所取代的趋势。冷却肉又叫冷鲜肉，是指严格执行兽医检疫制度，对屠宰后的畜胴体迅速进行冷却处理，使胴体温度（以后腿肉中心为测量点）在24小时内降为0℃～4℃，并在后续加工、流通和销售过程中始终保持0℃～4℃范围内的生鲜肉。冷冻肉是采用-25℃以下的低温使肉快速降温并完全冻结，然后保存在稳定的-18℃条件下，以冻结状态销售的肉。

以猪肉为例，按猪肉的切割部位划分，又可以分为二分体（如图5-3）、分割猪瘦肉、可食用猪副产品、精加工产品四种形态。

图5-3 二分体猪肉

二分体猪肉是将胴体沿脊椎中线纵向锯（劈）成的两半胴体，一般做批发至农贸市场、超市、加工企业用，客户收到后再根据自己的要求做进一步分割上市。

分割肉是对胴体进行分割，按不同部位分割成的去皮、去骨、去皮下脂肪的肌肉，是猪身上纯瘦肉的部分，通常分为Ⅰ号肉、Ⅱ号肉、Ⅲ号肉、Ⅳ号肉（见图5-4）。Ⅰ号肉也叫颈背肌肉，是和大排肌肉（Ⅲ号肉）相连的背最长肌前尖部分，因肌间脂肪丰富、口感好，常用作烤肉、叉烧等。Ⅱ号肉也叫前腿肌肉，是前尖去皮、去膘、去骨、去Ⅰ号肉的纯瘦肉部分，因筋腱多、口感脆，常用作馅肉原料。Ⅲ号肉也叫通脊、外脊、大排肌肉，因外形规整，脂肪含量少，常用作丁、丝、片原料。Ⅳ号肉也叫后腿肌肉，是后尖去皮、去膘、去骨后的纯瘦肉，因脂肪含量少、块大、好修整，常用作炒菜的肉或肉制品加工厂用作火腿的加工。

Ⅰ号肉　　　Ⅱ号肉　　　Ⅲ号肉　　　Ⅳ号肉

图5-4　分割肉示意图

可食用的猪副产品指的是可食用的猪内脏（心、肝、肚、肺、肾、肠等）、血液、骨、皮、头、蹄、尾、肾周脂肪、网油、板油等产品。精加工产品是指按照客户需求对分割肉和猪副产品进行进一步的精细化加工，如丁、丝、片、块、条、馅等。

中国是肉类消费大国，消费量占全球消费总量1/4。随着人口增长、收入提高及城镇化发展，未来中国肉类消费将继续增长。依据城乡居民肉类消费情况，结合对人均收入、人口总量、城镇化率预测分析，未来中国肉类消费继续平稳增长，年均增速为2.8%。

从居民肉类产品消费结构来看，猪肉约占我国居民肉类产品消费总量的63%，牛肉约占8%，羊肉约占6%，禽肉约占消费总量的23%。未来20年，健康饮食将逐渐成为消费主流，肉类消费结构有所优化。其中，猪肉消费比重下降，预计鸡肉和牛羊肉消费比重将会增加，猪肉的人均消费占比将随之继续下降。

目前，国内肉类市场呈现出主要生产区与主要消费区分离的局面，因此大量肉类产品需要进行异地调运。而随着活畜禽运输限制增多，大量货运需要通过冷链运输解决。从运输结构来看，近年来我国肉类产品冷链物流发展快速，尤其以地区性一级批发市场为核心的城际专线如雨后春笋般增长，如从杭州冻品交易市场始发城际专线增长了一倍。冷藏运输率超过30%，但我国冷藏车保有量占货车总量比重仍远低于冷链运输业发达国家，冷藏车市场有着巨大的增长空间。随着我国政策红利的释放，国民生活水平的提高，受冷链物流需求的带动，未来冷藏车市场有着巨大增长潜力。

自2018年起，受非洲猪瘟疫情的严重影响，国内生猪养殖量减少，尤其繁殖母猪减少，生猪出栏量减少，生猪产量也随之减少，"十三五"期间全国肉类产量总体上呈下降趋势，肉与肉制品市场价格总体呈上涨趋势。

"十四五"期间，国家将按照国务院总体部署，加强冷链物流基础设施建设，逐步构建畜禽主产区和主销区有效对接的冷链物流基础设施网络。通过推进肉类产品冷链调运，加快建立冷鲜肉流通和配送体系，实现"集中屠宰、品牌经营、冷链流通、冷鲜上市"。加强消费宣传引导，提高冷鲜肉消费比重。

传统的农贸市场和大型商超、便利店依然是肉类销售的主要渠道。在销售环节，为方便顾客购物，肉类的陈列要放在易拿、易看、易选择的地方。整齐而美观的陈列，是肉类销售的基本功。好的陈列更能吸引顾客，提高顾客购买欲望，增加销售，减少商品损耗。

品牌肉企在对接批发客户、直供单位、大型卖场同时，纷纷创新模式自建销售网络。例如，山东维尔康市场是商务部生活必需品重点监测市场。市场肉类水产冻品年交易量、交易额连续多年在全国同行业排名首位，现已成为全国重要的肉类水产农产品冻品集散地、全国肉类水产冻品价格指数"风向标"。南京天

第五章
肉类冷链物流中的销售

环集团打造自己的肉类冷链物流体系，拥有冷冻副食品市场、冷链仓储、冷链销售、第三方冷链物流等。苏食集团自建肉庄，布局零售网点。此外，由于非洲猪瘟疫情带来的消费方式的改变，肉类销售除了传统的农贸市场和大型商超，还有盒马鲜生、盒小马、苏宁小店、苏鲜生、美团、快驴等新零售。

无论采用哪种销售方式，肉品在销售管理中都必须做好"温度""环境""食品安全"这三项管理，要对质量安全进行全程的有效监控和溯源管理。

肉类销售环节的质量安全管理包括，打击猪、牛、羊屠宰和肉品生产经营环节违法违规行为，加强流通环节畜禽肉品进货查验相关工作，对牛、羊、猪肉进货票据和检验检疫合格证明等资料进行检查（见图5-5）。

图 5-5　监管人员对菜市场肉类摊点进行例行检查

禁止销售下列肉类食品：腐败变质、油脂酸败、霉变生虫、污秽不洁、混有异物、掺假掺杂或者感官性状异常的食品；病死、毒死或者死因不明的禽、畜、兽、水产动物肉类及其制品；未经动物卫生监督机构检疫或者检疫不合格的肉类，或者未经检验或者检验不合格的肉类制品；被包装材料、容器、运输工具等污染的食品；超过保质期的食品；国家为防病等特殊需要明令禁止经营的食品。

对储存、销售的肉类食品应当定期进行检查，查验食品的生产日期和保质期，及时清理变质、超过保质期及其他不符合食品安全标准的食品。一旦发现其经营的食品不符合食品安全标准，应立即停止经营，下架单独存放，通知相关生产经营者和消费者，并记录停止经营和通知情况，将有关情况报告辖区市场监督管理部门。

销售生鲜食品和熟食制品，应当符合食品安全所需要的温度、空间隔离等特殊要求，防止交叉污染。

在销售过程中，应当如实记录批发肉类食品的名称、规格、数量、生产批号、保质期、购货者名称及联系方式、销售日期等内容，或者保留载有上述信息的销售票据。从事批发业务的肉类食品经营企业应当向购货者开具载有前款规定信息的销售票据或者清单，同时加盖印章或者签字。肉类食品进货查验记录、批发记录或者票据应当真实，保存期限不得少于二年。

未来随着大数据技术和信息化的发展，建立有效的冷链物流协同管理平台尤为迫切。这样就可以结合市场销售、配送情况，进行合理的整合优化，通过协同管理平台自动分配物流资源，尤其是对冷链物流资源（车辆、仓储等）进行有效组合，最大限度地提高冷链物流设备的利用率，减少资源重置浪费，降低运营成本。

5.2 肉类冷链物流对销售环节的技术要求

肉类冷链物流一般定义为以温度控制为主要手段，使肉类食品从出厂后到销售前始终处于所需低温、湿度范围内，以确保肉类在加工、运输和销售过程中最大限度地保持原有的新鲜程度、色泽、风味及营养的低温系统物流工程。肉类冷链销售环节的重点在于冷藏设备的正确使用和销售人员的规范操作。

5.2.1 生鲜肉的销售

目前,我国生鲜肉占肉类产品总量近80%,分为热鲜肉、冷却肉和冷冻肉三种。传统肉类市场以热鲜肉为主,但随着改革开放以来肉类产业现代化建设特别是保鲜及冷链技术的发展,以及消费者对冷却肉的了解越来越深入,冷却肉的市场逐渐扩大。自20世纪90年代末起,双汇、雨润、金锣、千喜鹤、高金、得利斯、维尔康等品牌企业先后推出冷却肉,市场接受度日益提高。在部分发达地区,冷却肉的占有率达70%左右。从全国来看,目前冷却肉的综合普及率为20%左右。在欧美等发达国家,冷却肉已有近百年的消费历史,市场份额高达90%以上。我国冷却肉还有很大的发展空间,将成为广大城镇居民生肉消费的主流和各大品牌企业的稳定增长点。

热鲜肉的销售基本属于当日屠宰当日销售,不存在运输期与货架期的问题,运输、销售条件多为常温。热鲜肉一般不使用包装,从而带来肉表面潮湿、产品肉温高、污染的致病菌易于繁殖等问题。

冷却肉的储存、运输、销售,均在0℃~4℃的冷链条件下进行。其包装形式多为多层真空收缩包装,或是有阻水和隔氧作用的塑料薄膜包装。其存储区域为具有稳定温度的冷鲜肉库房,根据其具体包装形式不同,货架期范围不完全相同,7天至90天不等。冷却肉的包装一般采用无毒、耐寒、柔韧性好、透明度高的薄膜,便于消费者看清生肉本色,或是采用充气包装,以便保持肉的鲜红色。

根据《冷链物流分类与基本要求》(GB/T 28577—2012),按温度的不同,冷链物流分为超低温物流(≤-50℃)、冷冻物流(≤-18℃)、冰温物流(-2℃~2℃)、冷藏物流(0℃~10℃)和常温物流(10℃~25℃)。根据国家推荐标准和企业运输方案,最常见的冷链物流是冷冻物流和冷藏物流。其中,冷冻物流适用于速冻食品、奶酪、冰激凌、冷冻肉、冷冻水产品、冷冻蔬果等,冷藏物流适用于巴氏奶、酸奶、冷鲜肉、冰鲜水产品、热带/亚热带水果、冷藏蔬菜等。

生鲜肉属于易腐食品，冷链物流过程中储藏与运输方式不当容易导致肉类滋生细菌，或是色泽、口感变差，因为肉类生鲜食品的品质以及微生物含量主要取决于储藏温度以及温度变化情况。冷冻肉适宜长距离调运，相对容易保持原料肉品质、减少损耗。冷冻肉更多的时候是作为肉制品加工企业原料使用，运输条件为-25℃～-18℃。由于冷冻肉需要长期储存及远销，所以其一般内部包装较简便，仅适用聚乙烯薄膜，整形后装箱。因其长期储存的需求，所以更注重包装本身的阻隔气味的特性和遮光性方面。

进入冷链流通的生鲜肉，在销售环节的主要技术要求如下。

（1）冷却肉的运输和销售过程必须始终保持在0℃～4℃的温度状态。

（2）进入零售市场销售的畜禽肉应进行预包装，禁止无包装销售。

（3）冻结畜禽肉与冷藏畜禽肉应依不同温度条件分开展售。

（4）销售终端对产品冷链控制方式主要为专柜保存冷却肉及冷冻肉，在最终销售前，保证肉品在冷链环境中。

（5）在销售终端的冷藏展销柜中，摆列的生鲜肉品量不宜太多，以少摆多补为原则。

（6）分切加工的速度要快，作业场所的温度要求控制在10℃以下。

（7）店铺的内部设施、用水、从业人员、包装料等必须符合严格的卫生管理。

（8）应及时清理冷藏柜，保证冷藏柜的清洁，使其制冷运转正常。冷藏柜应有专人负责管理，应进行24 h连续、自动的温度记录和监控，温度记录间隔时间设置不得超过60 min/次。冷藏柜温度计应每年至少校准一次，并保存校准记录。

（9）应做好冷链物流运营可追溯信息的收集、整理和记录工作，可追溯信息记录应至少保留一年，以备查阅。

（10）肉类交易市场应配备水分含量和兽医残留重金属违禁药品等快速检测设备设施。

在冷链物流的不同阶段，主要可采用如下几项组合技术确保全程冷链和肉品品质；源头采用真空预冷技术和冰温预冷技术；储藏阶段采用保鲜剂储藏技术和自动冷库技术；冷藏运输采用冷藏车、铁路冷藏车和冷藏集装箱配套使用的物流模式；运用信息技术建立电子虚拟冷链物流供应链管理系统，对冷链全过程进行动态监控。

根据不同阶段的不同方式，其技术要求也存在差异。

（1）源头阶段。真空预冷指的是在正常大气压（101.325kPa）下，水在100℃蒸发，如果大气压为610Pa，水在0℃就蒸发，水的沸点随着环境大气压的降低而下降。沸腾是快速地蒸发，会急速地吸收热量。例如新鲜果蔬放在密闭的容器中，迅速抽出空气和水蒸气，随着压力的持续降低，果蔬会因不断地、快速地蒸发水分而冷却。

冰温预冷技术是将食品储藏在0℃以下至各自冻结点的范围内，属于非冻结保存，可以有效保持产品原有的新鲜度。

（2）储藏阶段。保鲜剂储藏技术主要是指在肉品储存过程中，通过保鲜剂控制调理肉制品中微生物的生长、繁殖、脂肪氧化、色泽变化，来延长产品的货架期。所用保鲜剂可分为化学保鲜剂和天然保鲜剂两类。

自动冷库技术的应用以及冷链运输的运输系统，主要的作用则是通过过程温度控制，来保证冷链肉制品在其适宜的温度范围内保存。

低温肉（和热鲜肉对应的）主要分为在-18℃保存的冷冻肉和在0℃~4℃保存的冷鲜肉，也就是冷却肉。其中冷鲜肉的保藏温度以接近肉的冻结点温度为最好，否则细菌会迅速繁殖。其上限温度为4℃，超过4℃时鲜度将以很快的速度下降。

在冷链物流的销售环节中，保存方式是最主要的因素。在冷链运输以及到达后的储存过程，根据产品性质，冷鲜肉要保证运输过程中的温度范围控制在0℃~4℃，并在后续的存储中保证肉类在恒定范围的温度中保存，并尽可能地减少温度波动。

所以，销售环节中各专卖店中冷藏展销柜的温度要求最好能稳定地控制在0℃~4℃，并且保证产品减少展示柜的开关频率，以避免因温度波动导致肉制品品质下降。

同时,在销售肉品的存放过程中,要保证各肉品之间的存放间距。尤其是已经在终端售卖的无包装肉品,有效的间隔可以保证空气流通,更好地保证产品的温度,并且可以减少因接触面而产生的细菌交叉污染。

同样,冷冻肉在运输及存储过程中,应保证其所处的温度范围为-18℃或以下。在装卸及入库等周转环节过程中,尽量保证温度变化范围不超过2℃。

根据冷鲜肉以及冷冻肉的不同温度存储要求,在运输及保存过程中应保证有温度监控设施及时记录过程温度变化。

肉类冷链物流在销售环节同样要关注肉类冷链协同管理、溯源技术及质量控制等要求,例如溯源查询、检验检疫、生产加工中、包装管理、环境监测、冷藏温度监测、冷链物流配送、销售终端的溯源查询等各环节管理、数据采集、事前状态监测、远程定位管理、消费追溯的一套肉类品质量化管理的指标体系。例如,对物流车辆、运输的冷链符合情况进行检查,对不符合冷链要求的车辆不允许发货。

要加强对肉类冷链物流过程中所需的设施设备、警示标识、检查记录、信息化系统管理、温湿度要求等方面的管理。如:冷库、运输工具等设施设备应配置温湿度监测、记录、报警、调控装置,监控装置应定期校验并记录;设施设备应易于清洗、消毒、检查和维护。冷库门应配备限制冷热交换的装置,并设置防反锁装置和警示标识。

肉类冷链运输中的交接、运输配送、储存、人员和管理制度。交接环境应符合食品安全要求,并建立清洁卫生管理制度。交接时应检查食品状态,并确认食品物流包装完整、清洁、无污染、无异味。交接时应确认食品种类、数量、温度等信息,确认无误后尽快装卸,并做好交接记录等。

冷链物流过程中温度的控制要求。需温湿度控制的肉类食品在物流过程中应符合其标签标示或相关标准规定的温湿度要求;需冷冻的肉类食品在运输、储存过程中温度不应高于-18℃;需冷藏的肉类食品在运输、储存过程中温度应在0℃~4℃。对冷链物流过程中交接、运输配送及储存过程中的温度控制措施也要提出具体规定。例如，对交接过程的温度控制措施是：交接时应测量食品外箱表面温度或内包装表面温度，并记录；如表面温度超出规定范围，还应测量食品中心温度。交接时应严格控制作业环境温度并尽量缩短作业时间，以防止肉类食品温度超出规定范围，如无封闭月台，装卸货间隙应随时关闭厢体门。交接时应查验运输工具环境温度是否符合温控要求。入库和配送交接时，还应查验全程温度记录；出库交接时，还应查验在库温度记录。当温度或产品状态异常时，应不予接收。

重视疫情防控管理。冷链物流食品安全风险控制是保障食品安全的重要环节，易腐食品从产地到餐桌的冷链运输过程，极易污染致病性微生物。自疫情发生以来，我国各地陆续检测到多种进口冰鲜水产品被病毒污染。

对此，既要防止食品污染又要落实好疫情防控相关要求。要结合肉类冷链物流的特点，避免食品交叉污染、保护作业人员、落实企业主体责任。对疫情防控的基本要求是，当肉类冷链物流关系到公共卫生事件时，应及时根据有关部门的要求，采取相应的预防和处置措施，对相关区域和物品按照有关要求进行清洗消毒，对频繁接触部位应适当增加消毒频次，防止与冷链物流相关的人员、环境和食品受到污染。在肉类冷链物流的具体环节上，应进行食品外包装及交接用相关用品用具的清洁和消毒；增加对运输工具的厢体内外部、运输车辆驾驶室等的清洁消毒频次；加强对货物转运存放区域、冷库机房的清洁消毒频次；根据岗位需要做好人员健康防护；对受污染肉与肉制品要按要求进行处置等。

5.2.2　肉制品的销售

肉制品是指用畜禽肉为主要原料，经调味制作的熟肉制成品或半成品，如香肠、火腿、培根、酱卤肉、烧烤肉、肉干、肉脯、肉丸、调理肉串、肉饼、腌腊肉、水晶肉等。

肉制品的种类繁多，在我国，仅名、特、优肉制品就有500多种，而且新产品还在不断涌现。根据我国肉制品最终产品的特征和产品的加工工艺,可以将肉制品分为香肠制品、火腿制品、腌腊制品、酱卤制品、熏烧烤制品、干制品、油炸制品、调理肉制品、罐藏制品、其他制品10大类,图5-6为常见低温肉制品。

图 5-6　常见的低温肉制品照片

从市场规模来看,近年来我国肉制品行业市场规模呈稳定发展趋势。据了解,2019年肉制品行业市场规模约为1.9万亿元,2020年我国肉制品行业市场规模突破2万亿元。

肉制品有生的,也有熟的。在国家市场监督管理总局发布的《食品生产许可分类目录》中,肉制品可分为四大类别,分别是热加工熟肉制品、发酵肉制品、预制调理肉制品和腌腊肉制品,详见表5-1。

表 5-1　肉制品分类表

食品类别	类别编号	类别名称	品种明细
肉制品	0401	热加工熟肉制品	酱卤肉制品：酱卤肉类、糟肉类、白煮类、其他； 熏烧烤肉制品； 肉灌制品：灌肠类、西式火腿、其他； 油炸肉制品； 熟肉干制品：肉松类、肉干类、肉脯、其他； 其他熟肉制品
	0402	发酵肉制品	发酵灌制品； 发酵火腿制品
	0403	预制调理肉制品	冷藏预制调理肉类； 冷冻预制调理肉类
	0404	腌腊肉制品	肉灌制品； 腊肉制品； 火腿制品； 其他肉制品

冷链肉制品在生产过程中首先即应该控制过程规范，保证出厂产品质量合格。

在运输过程中，冷链运输车辆应保证温度记录设备，可有效检查及追溯运输过程中是否有过温度波动等异常情况。

冷链运输到达目的地后，按产品装卸车时效卸货于相应冷库中，在后续销售加工过程中，从冷藏库中取出冷却肉迅速加工，冷藏库门尽量少开，以保持库温恒定。

在商场、超市低温柜中，和牛奶一起销售的熏煮香肠、熏煮火腿、培根、酱牛肉等产品，均属于低温肉制品。低温肉制品具有鲜嫩、脆软、可口、风味佳的特点，且加工技术先进，在品质上明显优于高温肉制品，得到越来越多消费者的喜爱。

而摆在常温柜台，不需要冷藏的火腿肠、肉类罐头则属于高温肉制品，图5-7为常见常温销售火腿肠品牌。此外，还有腊肠、腊肉等腌腊肉制品，肉干、肉脯、肉松等也不需要冷藏低温柜销售。

图 5-7　常温销售的为常见品牌的火腿肠类产品

近年来互联网餐饮外卖兴起，肉制品趋于餐饮化以满足人们追求风味、快捷、方便，迎合厨师操作简约化和菜品风味标准化，预加工＋调料，摆盘及简单翻炒即成菜的需求，如火锅、简餐、快餐、早餐等所需肉制品，也带来了肉制品的新品种和新方向。

低温加热的肉制品由于具有较好的风味、口感和营养价值，因而受到消费者的喜爱。但它加热温度较低、杀菌不完全而使货架期较短，这对产品的储藏、运输和销售带来许多局限性，特别是广大农村及尚不具备冷藏链的中小城市。低温肉制品购买后应避免在室温下长时间暴露，而是要尽快将其放入冰箱中冷藏储存，并尽量做到分类、分区单独包装和存放，避免同生食食品、熟食或无包装食品接触。

今后随着冷藏链在中小城市的普及和完善，人民生活水平的提高，对产品风味和营养方面的更高要求，以及低温肉制品货架期的进一步延长，低温肉制品必将会有更大的发展。

应根据肉与肉制品的类型、特性、运输季节、运输距离的要求选择不同的运输工具和配送线路。冷藏肉与肉制品在运输过程中厢体内温度应保持 0℃~4℃，产品温度应保持在 0℃~4℃；冷冻肉与肉制品在运输过程中厢体内温度保持-18℃以下，厢体内温度最高允许升温到-15℃，产品温度保持-15℃或更低的温度。

装车前，保持车辆清洁卫生；运输前车辆应进行清洗消毒，并符合相关规定；装载制品温度应达到双方约定的收货温度，同时装车前，对有温度要求的肉制品，车厢温度宜预冷至规定温度方可装运。

装车过程要注意保护产品，确保在较短时间内装车完毕。

散装生、熟肉品，易串味肉品等不能混装于同一托盘、同一车辆，含有独立包装的预包装肉与肉制品可采用物理隔离等方法装载于同一车辆内。

装车完成后，根据肉品运输要求，设置车厢的制冷温度，确认制冷机组正常运转后，依指定路线配送。

运输过程制冷系统应保持正常运转状态，全程温度应控制在指定的温度范围内。冷藏设备的温度记录间隔时间不应超过 1h/次。冷藏设备温度偏离设定范围时，应及时采取纠正行动。

5.3 肉类冷链物流销售环节的装备与设施

肉类冷链物流要求的销售设施设备相较于常温物流技术要求更高（尤其是制冷、温控技术）、种类更复杂、投入成本更大。常用的销售设备为制冷陈列柜，主要包括陈列柜、超市冷藏柜、商用展示冷藏柜、特殊冷藏陈列柜。

商店里的制冷陈列柜跟家里的冰箱不一样，相比家用电冰箱，虽然同样是进行食品的中短期存储，销售用制冷陈列柜不但具备更为专业的食品冷冻冷藏功能，同时也是食品生产商形象宣传和产品展示的重要载体，是产品实现销售的重要渠道。

销售用制冷陈列柜的外形更加多样。除了分为卧式、立式、组合式之外，为迎合不同超市消费者选购商品的需求，陈列柜还发展出了更多形态。岛式、端式、壁式、内角、外角柜的组合可以满足商家的多种布局要求。

按照《肉与肉制品物流规范》（GB/T 21735—2008）要求，应配备适用于肉制品销售温度要求的展示式冷藏柜，低温肉制品应使用0℃~4℃冷藏柜，常温肉制品应使用<25℃冷藏柜销售，冻结物使用展示式低温冷藏柜内温度应保持≤-15℃，非营业时间展示柜的敞开面应予以覆盖。

如图5-8所示，卧式鲜肉柜，多用于散装肉类食品的展示和销售，产品温度在0℃~4℃之间。敞口鲜肉柜可以让顾客能够更直观地看到商品，提升信赖感；合理的进出风温差及风速，保证了肉品的鲜度。立式风幕柜，多用于包装肉类食品的展示和销售，产品温度在0℃~4℃之间；展示面积大，层板数量、高度、角度可根据商品展示需求进行调节。风冷岛柜，用于冷冻肉类食品的展示和销售，产品温度≤-18℃；前面超大的玻璃，可以让产品在任何角度都能得到良好展示；有带盖和敞口两种形式可以选择。卧式岛柜，用于速冻食品和冷冻肉类食品的展示和销售；玻璃展示面积大，展示效果好；可以实现电脑精确控温，控制温度≤-18℃；R290环保制冷剂，制冷性能可靠，能有效保障食品质量。卧式冷柜，用于速冻食品和冷冻肉类食品的储存和销售；可以实现电子温控，控制温度≤-18℃；保温效果好，制冷性能可靠，能有效保障食品品质。立式冷冻玻璃门柜，用于冷冻肉类食品的展示和销售，产品温度≤-18℃；大玻璃门设计，为商品展示提供更多空间。

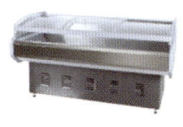    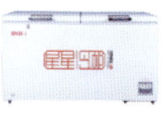

| 卧式鲜肉柜 | 立式风幕柜 | 风冷岛柜 | 卧式岛柜 | 卧式冷柜 |

图 5-8　销售环节常用冷柜

5.4　肉类冷链物流中销售环节现状分析

从肉类销售流通渠道来看，主要是在城乡农产品集贸市场，从厂家经地区一级批发市场辐射至二级批发市场，以及政府机关、学校、企业食堂、餐饮终端、零售市场等。城乡农产品批发市场的渠道份额仍稳居主导地位。其他渠道还包括商超卖场、电商平台、社区团购，以及肉类加工企业建立的自有品牌连锁专卖店、冷链配送等。目前，这些渠道在全国市场份额中未达到占据主导的程度。随着广大消费者食品安全意识的提升，冷链物流行业快速的发展和"最后一公里"冷链到家服务的普及，肉类零售主流通渠道将逐步向冷链设施完备、环境良好的商超卖场和电商配送倾斜。图5-9所示为肉类交易市场。

图 5-9　肉类交易市场

从肉类销售形态上以热鲜、冷冻、冷鲜三大类为例。具体市场份额以猪肉为例：热鲜肉约占我国市场的60%，主要在农贸市场和南方地区进行销售，保质期为1~2天，相对较短；冷冻肉约占我国猪肉市场的20%，保质期较长，可保存6~12个月，价格相对较低；冷鲜肉为严格检疫合格的畜禽经过科学工艺屠宰后，置于-18℃的环境下1~2小时，后转入0℃~4℃的环境中脱酸16~24小时，并在后续加工、流通和零售过程中始终保持在该温度范围内的畜禽肉。冷鲜肉的营养价值相对较高，保存时间为7天，因此冷鲜肉的价格也相对较高，目前冷鲜肉约占我国肉类市场的20%左右，主要集中在城市农贸市场、品牌专卖、加盟店和商超里售卖。未来随着我国居民消费观念的转变，我国冷鲜肉的市场份额将有较大的提高。

近年来，人们对冷鲜肉及肉制品的需求量增加。与此相应，肉类冷链物流进入持续增长期。其主要原因有以下几点：一是肉及肉制品是广大消费者生活必需品，且是重要蛋白食品。随着我国人口的不断增长，肉类消费量也在不断地增加。二是当前肉及肉制品行业主要集中于拥有丰富资源优势和独特区位优势的地区。山东、河南两地的肉及肉制品占全国销售总额的比重高达50%。三是进入21世纪以来，肉类消费发生了明显的结构变化，呈现新的发展趋势，形成了"热鲜肉广天下，冷冻肉争天下，冷鲜肉甲天下"的局面。

以前受到技术限制及为了节约运输成本等，有的食品商家会选择添加防腐剂来延长生鲜保鲜期。而随着食品安全问题引起了越来越多消费者的重视，并愿意为之付出合理溢价，推动了冷链物流行业的发展，冷链物流在食品运输及销售中显得越发重要，同时也不断促使着行业规范的形成。

第六章
肉类冷链物流体系建设的发展趋势

6.1 肉类冷链物流体系竞争格局分析

6.1.1 体系的不同运作模式

肉类产品由生产企业产出后,经批发企业和零售企业最终到达消费者,各环节均有冷链物流企业或生鲜加工配送企业参与。肉品的不同流通模式决定了冷链环节数量,而不同运作主体主导的流通模式的冷链发展水平存在很大的差异,需要视产品的品质定位决定是否采取冷链措施。

1. 连锁经营企业主导的自营冷链物流运作模式

在这种运作模式下,连锁经营企业向肉品冷链物流上游延伸,同肉品经销商、批发商、生产基地及加工企业联合或联盟,企业自己投资建立肉品生产基地或与规模大、货源充足的肉品供应商进行长期合作,通过自建自营的连锁经营配送中心向连锁超市及其他业态的店铺进行小批量、多批次、多品种配送新鲜安全的肉类产品。连锁经营企业主导的自营冷链物流模式,其供应链的主要管理及冷链物流的各个环节均由企业负责,对供应商、零售商进行严格挑选,并对肉品进行跟踪控制,制订合理的生产作业计划,对库存进行有效的管理和控制。该模式有利于保障肉品质量,形成统一加工和管理标准;有助于实现店铺"零库存"及减少肉品的损耗,提高了肉品物流效率,确保肉品在整个供应链上始终处在低温状态;有利于形成连锁经营企业自创品牌和建设良好的企业形象。但是,由于该模式下的冷链物流不是连锁经营企业的主营业务,肉品仅是连锁经营企业众多经营品类中的一部分，而且物流、销售、采购易形成各自为政的状态，供应链节点企业之间经常发生的是竞争而不是合作，容易造成冷链物流交易费用上升，冷链环节"断链"等问题。

2. 批发市场主导的自营冷链物流运作模式

这是肉类批发市场同肉品的生产基地、经销商、专业合作社、零售商建立供应链，自建冷库和购置冷藏运输工具，形成产品生产、收购、加工、储运、配送和提供市场信息化服务等一体化的冷链物流运作模式。以批发市场主导的自营冷链物流模式由产地或销地的肉类批发市场主导，把肉类产品的各个环节（包括肉类生产者、大型肉类批发市场、零售商和最终消费者）紧密联系在一起，并将现代化的物流设施和先进的物流技术运用到冷链物流的各个环节，集中分配资源，实现资源的合理化配置，便于肉品的供需、价格、质量等信息在供应链内部的加工、处理和交换，有利于肉品物流资源的整合，为肉类产品稳定、持续交易提供保障。大型肉类批发市场运营商拥有先进的冷冻冷藏设施及运输工具，对肉品的储存保鲜专业化程度高，利用规模优势可有效控制销售终端，为消费者提供新鲜、安全的食品。但是该模式使肉类产品的流通环节较多，增加了物流成本，不利于肉品的全程监控，整体管理难度大。

3. 加工企业主导的自营冷链物流运作模式

加工企业主导的自营冷链物流运作模式一般是由拥有自营物流的生产加工企业利用企业资源自建或联合建设社区专卖店，控制销售终端，进而建设物流配送中心，实现冷链物流向原料供应商延伸，逐渐形成以加工为核心节点，"产供销一体化"的自营冷链物流模式。这种冷链物流运作模式效率高、物流环节少、市场灵敏度高、信息反馈及时，有利于冷链物流的全程控制，可以实现对质量安全的全程跟踪，有利于冷链各环节的有效沟通和信息化对接，对市场需求的变化能够做出及时、迅速、准确的反应。但是"产供销一体化"物流模式适用范围较窄，加上低温生鲜食品易发生变质，故导致该模式的物流辐射半径特别是配送半径相对较小。

4. 第三方冷链物流运作模式

第三方冷链物流运作模式是指独立于肉类产品的生产商、加工商、批发商及零售商以外的物流企业通过全程监控冷链物流，整合冷链产品供应链的方式，为冷链物流需求方提供高效、完善的冷链方案的服务模式。肉类产品的生产商、加工商、批发商及零售商将一部分或全部的肉品物流活动委托给专业的第三方冷链物流企业来完成，并与之签订契约，建立利益共享、风险共担的长期合作伙伴关系。在整个肉品供应链中，第三方冷链物流企业是连接肉品供销的桥梁纽带，将生产者、加工企业、批发市场、零售商和最终消费者紧密地衔接起来。第三方冷链物流模式有利于企业减少对冷库和冷藏车等冷链设施投资，把资金、人员及其他资源运用于企业的核心业务，提高企业的核心竞争力。另外，第三方冷链物流专业化和规模化冷链运作，能够开发出食品全程自动检测监控系统，进而降低冷链物流系统成本，提高冷链运作效率，有效保证生鲜食品的新鲜度，更好地满足消费者需求。但是，第三方冷链物流企业短期内无法提高操作和组织水平，品牌影响作用小，基础设施建设和业务开展受制于生产商，不利于企业的长期发展。另外，第三方冷链物流削弱了企业对冷链物流的控制能力，甚至具有物流失控的风险，不利于客户关系管理及商业机密的保密，给企业带来很多潜在风险。

5. B2C冷链物流运作模式

B2C即企业通过互联网为消费者提供一个新型的购物环境——网上商店，消费者通过网络在网上购物、在网上支付。消费者在电子商务平台上下单进行肉品订购，电子商务平台对订单进行汇总处理，由电商采购部门通过公共信息平台向肉品供应商下发采购订单，供应商整合并组织货源，对肉品进行快速加工和保鲜包装，通过信息平台的统一调配，由位于产地的物流企业利用冷藏车运输本地肉品冷链物流中心进行流通加工和分拣处理，信息平台分配运输任务，由多家物流企业协同运作，利用冷藏车将整合后的肉品送至各销售区域的配送中心冷库进行分拣处理，通过"最后一公里"的冷链终端配送，由位于销售区域的物流企业在温控条件下将商品从冷链配送中心送达消费者手中。B2C

冷链物流运作模式实现了肉品和消费者的直接对接，简化交易流程，开展智能化、可视化、精细化经营，降低了流通成本，提高了流通效率，借助综合信息化平台强化上下游追溯体系对接和信息互通共享，实现全程冷链物流运作，保障"舌尖上的安全"。但是B2C冷链物流市场尚在培育之中，订单量不足导致物流企业开放程度低，配送成本增加，温控区域的管理、存放、分拣和包装等标准化的难度高，社会协作化与肉品市场的培育还需要较长一段时间。

6.1.2 体系竞争格局分析

冷链物流是我国农产品产销链的关键支撑环节，其发展备受国家的关注和重视。2017—2020年，我国中央一号文件中均有明确加强我国农产品冷链物流体系建设的内容，为我国冷链物流行业的发展带来了良好的政策环境。随着生活水平提高和消费升级需求，人民对消费品的高品质需求与绿色需求迅猛增加，2020年初新冠肺炎疫情的发生进一步促进了线上生鲜电商市场的发展，互联网金融的高速发展也为冷链物流行业创造了广阔的发展空间。考虑到未来几年冷链物流快速发展的势头不会减小，在此基于波特五力模型，从供应商的议价能力、购买者的议价能力、潜在竞争者进入的能力、替代品的替代能力以及行业内竞争者现在的竞争能力五个方面来分析行业竞争格局。

1. 供应商的议价能力

肉类冷链物流上游行业包括冷链运输设备和仓储设备等行业。冷链运输设备供应商靠近冷链物流最上游环节，属于制造环节，既包括了冷藏设备、发电器械等一系列冷链运输中所必需的硬件，也包含运输中的冷冻技术以及相关技术支持。由于肉类冷链物流的设备专业性较强，对相关技术要求也较高。设备的专业性强，转换成本较高，进入壁垒和退出壁垒也相对较高。冷链物流设备主要由少数几家公司主导并向大多数下游客户销售，因此冷链物流设备提供商的议价能力较强，他们掌握着冷链的技术和专利，具有不可替代性。肉类冷链物流的主要设施有冷库、生鲜食品加工区、冷藏车、超市陈列冷柜等,其中冷库是最重要,也是最核心的仓储设施。肉类冷链物流的仓储供应商主要负责冷库设施的生产制造与供应,在冷库的制造过程中对企业的技术要求较高。目前,我国以二氧化碳制冷系统为主导的冷库逐渐成为发展主流,标准较高的制冷系统与全程温度控制要求使得冷库供应商的行业进入壁垒较高,转换成本也相对较高,因此仓储供应商议价能力相对较强。总体来说,肉类冷链物流供应商专业性强,技术要求高,且市场中少有优良的替代品,故其整体议价能力较强,提高了食品冷链物流行业的生产成本。

2. 购买者的议价能力

肉类冷链物流的下游为产品的终端销售商和产品的生产商。终端销售商对肉类冷链物流的需求大多来自零售终端,其特点是直接面对市场消费者。近年来,随着网上购物的迅速崛起与发展,零售终端逐渐分为线上与线下两大渠道,线上零售主要依托电商平台的生鲜食品模块,线下零售则是由生鲜超市、菜市场、便利店等组成。零售终端商对于肉类冷链物流的需求量较小,订单规模较小且分散,往往造成多家购买者对应一家供应商的局面,因此其议价能力较弱。产品的生产商对于食品冷链物流的需求主要来自其日常生产经营活动的需要。其特点是对一些生鲜、肉制品、农产品、乳制品等进行再加工、生产、包装,然后再销售给零售商,从而获得加工过程中产品的附加值。产品的生产商一般不会直接面向消费者销售产品,其对食品冷链物流需求量较大,订单规模较大,相比于零售终端型企业来说议价能力较强。对于肉类冷链物流的购买者来说,一方面终端销售商由于购买量小,企业分布离散使其议价能力较弱;另一方面,虽然产品的生产商利用大规模订单使其议价能力高于终端销售商,但是其对于供货方的依赖性较强,转换其他供应商的成本也相对较高,因此产品的生产商的议价能力整体偏弱。综上所述,肉类冷链物流行业的购买者议价能力整体偏弱,这对肉类冷链物流行业来说是有益的。

3. 潜在竞争者进入的能力

2019年中央出台了《关于深化改革加强食品安全工作的意见》,强调了食品安全与冷链物流的密切联系。财政部、商务部印发的《关于推动农商互联完善农产品供应链的通知》中，强调了冷链物流与乡村振兴和企业振兴的关联性。政策的推动以及对肉类冷链物流市场前景的乐观估计，使得肉类冷链物流行业的潜在进入者越来越多，其中主要包括由冷链设备或仓储供应商演变成的区域型物流企业，由国有企业演变成的物流企业和第三方物流企业。虽然潜在的进入者较多，但冷链物流行业进入的壁垒较高，企业切入冷链物流行业，必须拥有累积的物流信息系统、大量的资金支持、物流专业服务能力以及相当知名度的品牌，这在一定程度上限制了潜在进入者的数量。

4. 替代品的替代能力

肉类食品在冷链物流过程中对全程的环境控制要求极高，容错率极低，这要求肉类冷链物流的设备、技术支持以及对全程进行系统控制和统筹协调，一般的第三方物流公司没有这些技术。此外，物流行业需要的信息检测管理系统技术要求更高，不仅需要随时检测车辆定位，而且要随时检测农产品冷链物流所需温度。总体来说，肉类冷链物流行业受替代品威胁较小。

5. 行业内竞争者现在的竞争能力

肉类冷链物流行业市场容量大，发展迅速，吸引了众多企业进行布局。当前冷链物流企业以中小企业为主，实力较弱，经销规模较小，服务标准不统一，具备资源整合与行业推动能力的大型冷链物流企业刚刚起步，企业集中度低，冷藏车整体体量较小，冷库的行业集中度较低，尚未出现具有超强整合能力的巨头，肉类冷链物流行业竞争并不充分。

6.2 肉类冷链物流技术创新

我国肉类消费量逐年增长，为了满足消费者对高品质肉类的需求，肉类从宰杀到消费端全程冷链运输，维持流通过程温度恒定是必需的。另外由于非洲猪瘟的冲击使生猪跨省运输不再可行，今后胴体冷链运输将成为猪肉流通的主要形式。因此，冷链运输技术的发展和完善，促使肉类消费由中高温肉品向低温肉品转型升级，必将促进肉类行业的繁荣发展，肉类行业对冷链运输的依赖性和要求也将越来越高。

6.2.1　冷链保鲜技术

常用保鲜技术分为保鲜剂保鲜技术和物理保鲜技术两大类。

1. 保鲜剂保鲜技术

保鲜剂的种类有很多。根据其来源，食品保鲜剂可分为化学保鲜剂和天然保鲜剂两大类。其中，在冷鲜肉保鲜方面有应用研究的化学保鲜剂主要有乳酸及其盐类、山梨酸及其钾盐类、丙酸及其盐类、柠檬酸、抗坏血酸、混合磷酸盐类等，属于较传统的保鲜方式；天然保鲜剂主要有壳聚糖、香辛料及中药提取物、微生物代谢物乳酸链球菌素、溶菌酶等，在日益注重食品品质和健康的趋势下，天然保鲜剂近年来逐渐受到重视。

但香辛料及中药提取物等天然保鲜剂的加入会使冷鲜肉产生异味，不太适合应用于冷鲜肉的保鲜。目前，研究最多、最集中、效果相对更优良的物质是茶多酚、壳聚糖和乳酸链球菌素。

2. 物理保鲜技术

目前，在冷鲜肉储藏保鲜研究中的物理保鲜技术主要有超高压保鲜、冰温保鲜、气调保鲜等。

（1）超高压保鲜技术。作为一种新型的非热加工技术，超高压保鲜技术主要通过破坏微生物的细胞壁、细胞膜及细胞间隙的结构，使蛋白质等成分发生变性，使酶活性降低来达到杀菌保鲜的目的。真空包装冷鲜猪肉糜经过600MPa，20min处理后微生物残活率下降了2.98个对数。还有研究者研究了600MPa的超高压对冷鲜肉制品货架期的影响。结果表明，600MPa的压力下处理6min可以有效地抑制酵母菌的生长，同时在此条件下还可以预防乳酸菌导致的食品败坏，降低肉品中沙门氏菌和李斯特菌导致的食品污染。

然而，不同压力水平的超高压处理也会影响鲜肉的质量参数，包括改变鲜肉的颜色、质地。其中，肉色改变最为明显。超高压处理后，肉色会变得苍白，失去鲜肉原有的鲜红色，表现为亮度和黄度增加，红度降低。因此，超高压在鲜肉保鲜领域的应用受到了极大限制。此外，不同压力水平和处理时间可能会导致脂质氧化。

（2）冰温保鲜技术。日本山根博士把0℃以下、冰点以上的温度区域定义为该食品的"冰温带"，简称"冰温"。实际上，冰温带与-1℃~0℃区间差别很小，但它却是组织结冰与否的临界区间，温度稍微失控，组织就开始结冰，因此冰温储藏技术要求非常严格。由于技术难度高，冰温技术只在少数发达国家获得了迅速发展。近年来，我国也开发出电子冰温培养箱、冰温浓缩机等冰温设备，为冰温保鲜技术的推广提供了技术支持。

近年来，也有部分学者将冰温保鲜技术应用于冷鲜肉的保藏中。研究发现，真空包装牛肉在冰温条件下储藏，可有效延长牛肉的储藏期，货架期可以达28 d左右，且储藏后期各指标变化皆优于传统冷鲜肉。

目前，冰温保鲜技术的难点在于冷库温度的波动性无法精确控制，而有研究表明，稳定的-1℃冰温能保持猪肉的一级鲜度19天，波动的-1℃冰温只有12天。冰温保鲜的温度控制范围需要在0℃以下、冰点以上，而在这一温度范围已超出冷鲜肉的储藏温度。在一定程度上而言，冰温保鲜的"冷鲜肉"已非实际意义上的冷鲜肉。

（3）气调保鲜技术。气调包装保鲜是通过在包装内充入一定的气体，破坏或改变微生物赖以生存繁殖的条件，以减缓包装食品的生化变质，达到保鲜防腐的目的。冷鲜肉气调包装用的气体通常为CO_2、O_2和N_2，或是它们以不同的比例混合而成的混合气体，其中每种气体对鲜肉的保鲜作用各不相同。另外，在混合气体中加入低浓度CO可使冷鲜肉呈现樱桃红色。目前，作为一种冷鲜肉的物理保鲜技术，气调保鲜得到众多研究学者的认可与研究。与真空包装冷鲜肉相比，65%O_2 + 20%CO_2 + 15%N_2的气调包装冷鲜肉的货架期可达到16~20天。

目前，气调保鲜技术在冷鲜肉储藏应用方面得到了广泛的认可，但尚不能达到最佳的保鲜作用。使用气调包装辅以其他保鲜技术相互协同对肉类进行保鲜，仍然是今后的主要研究方向。

6.2.2　冷链装备技术

肉类冷链物流涵盖产地预冷、冷冻加工、冷藏储藏、冷链运输和冷链销售全过程，而整个流程是对生产加工、储存、运输、销售等过程都进行冷链处理。具体来看，可以划分为四个不同环节的冷链技术装备：一是源头采用冷冻加工技术装备；二是在储藏阶段采用冷冻库设施；三是运输阶段采用冷冻车、铁路冷冻车、冷冻集装箱配套装备；四是末端销售阶段的陈列设施。

1. 速冻技术及装备

（1）雾化喷淋冷却系统。雾化喷淋冷却系统将冷水通过雾化喷嘴，将水雾喷淋到猪胴体表面，通过液膜、液滴与猪胴体表面间对流换热和相变换热带走热量达到冷却目的，这是一种既能减少猪胴体冷却损耗，又能加快其中心温度下降速度的技术。猪胴体在冷却时损失水分主要是蒸发损失，为了减少蒸发损失，冷却间应当保持较低温度和较高湿度，而雾化喷淋就是通过增加冷却间空气湿度，加快猪胴体冷却速度来减少猪胴体蒸发损失。

冷却间内安装有用于悬挂胴体的轨道，为使胴体得到充分喷淋，在每条轨道两侧均架设有雾化喷淋管道。冷却间内设置冷风机进行冷却降温，风机出风口风向与轨道垂直，在稳定冷却情况下冷却间空气温度可降低至5℃。胴体表面散失的水分、喷淋装置对空间加湿及地表水蒸发的共同作用，使得冷却间内的空气相对湿度保持在96%～100%范围。图6-1表示了雾化喷淋冷却间的布置情况。

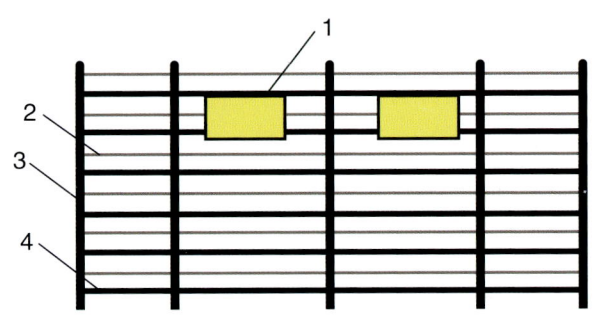

1—冷风机　2—喷淋管道雾化　3—悬挂轨道支架　4—猪胴体悬挂轨道

图6-1　雾化喷淋冷却间布置示意图

喷嘴可以采用压力式雾化和气液混合型喷嘴。图6-2为采用气液混合型喷嘴的猪胴体雾化喷淋冷却系统示意图。雾化喷淋冷却系统主要由喷淋系统、摆动系统、水路系统、气路系统组成。雾化喷淋冷却系统将高压水和空气经喷嘴混合成雾滴，水路系统和气路系统分别为雾化喷淋冷却系统提供高压水和空气，摆动系统则在雾化喷淋冷却系统工作时带动喷淋管道转动以提高喷淋均匀性。冷却开始后，每次喷淋时间40～60s、间隔时间30～50min、雾化颗粒直径30～40μm、水温2℃～4℃、喷淋量为胴体重的0.8%～1.2%。雾化喷淋冷却系统有效解决了猪胴体冷却干耗大的突出问题，使冷却干耗从常规的2.5%下降到0.9%。

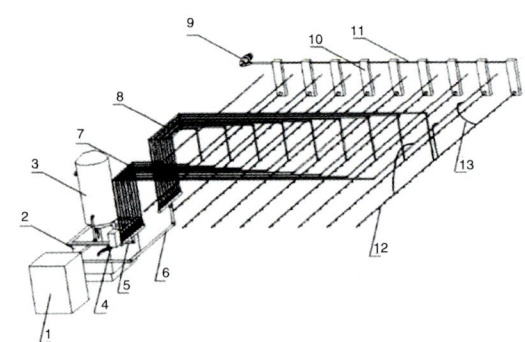

1—空压机　2—水槽　3—储气罐　4—控制器　5—气路总管
6—水路总管　7—气路支管　8—水路支管　9—减速电机　10—齿轮齿条机构
11—齿条　12—水管　13—分支气管

图6-2　雾化喷淋冷却系统示意图

（2）冲击式速冻技术。冲击式速冻是利用高速冷气流冲击食品的上部或是同时冲击食品的上部和下部表面（见图6-3）的技术。通常其气流速度高达十几米每秒到几十米每秒，一方面能破坏食品表面热边界层，强化冷气流和食品之间的对流换热，从而加快食品的冻结速度，形成更小更均匀的冰晶，减少对食品内部组织的破坏；另一方面在高速冷气流的作用下，食品表面能够迅速冻结，减少了食品内部水分向表面的迁移，降低了速冻食品的干耗，提升了食品的冻结品质。相比于传统的隧道式速冻机，由于冲击式速冻技术具有较高的传热速率，其具有体积更小、效率更高等优势。除此之外，冲击式速冻技术能够显著减少冻结时间，在一定程度上能够降低冻结能耗。近些年来，冲击式速冻机也凭借其更好的冻结效果及较小的能耗，逐渐被应用于诸如鸡肉片、牛肉饼、鱼肉片、扇贝等扁平、小颗粒的食品速冻中。

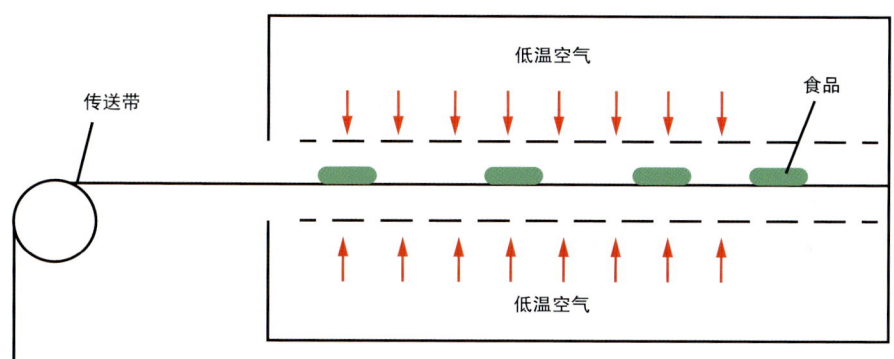

图6-3　冲击式速冻原理图

但是，目前冲击式速冻设备普遍存在气流组织设计不合理，导致运行效率低、风机能耗高等问题，因此该设备的设计优化就显得尤为重要。设备的喷嘴结构是决定冻结区内流场的重要因素之一，影响着物体与周围环境的传热。已有学者针对喷嘴倾斜角度对内部流场传热特性的影响进行了许多试验研究。另外，不少学者研究了喷嘴的形状对速冻设备内部流场传热特性的影响。

（3）全自动堆积式螺旋速冻装置。螺旋式速冻装置以其连续冻结、产能大、占地小、适用品种广等优势得到越来越多的应用。目前，最先进的螺旋速冻装备为全自动堆积式螺旋速冻装置。该设备由输送带螺旋自堆积传动系统、驱动系统、换热系统、空气除霜系统、冷气流对流系统、制冷系统、CPI清洗系统、检测监控系统、控制系统等组成。在链条驱动系统及螺旋线导轨系统的共同作用下，输送带实现自堆叠螺旋线运动，待冻食品在螺旋输送带上输送的同时，与换热系统进行强烈热交换，输送出时已冻结至-18℃以下，这个过程根据不同冻品可以无级调速。全自动堆积式螺旋速冻装置设备结构如图6-4所示。

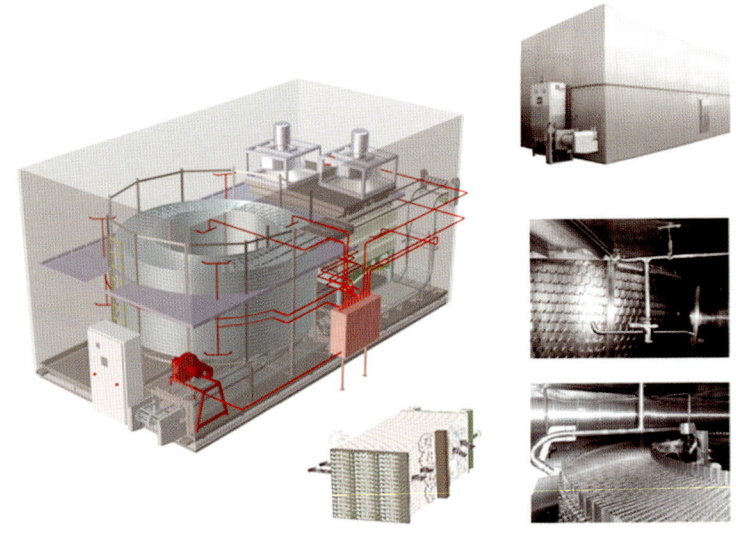

图6-4　全自动堆积式螺旋速冻装置

（4）超低温速冻技术。低温工质（如液氮、液体CO_2、LNG等）速冻具有冷却介质温度低、冻结速冻快、冻结食品品质高、设备简单、使用寿命长等优点。目前已利用液氮气化技术，解决了一些货架期极短的易腐食品（草莓、毛豆、河豚等）的保鲜问题。图6-5为已开发的超低温速冻处理设备示意图。

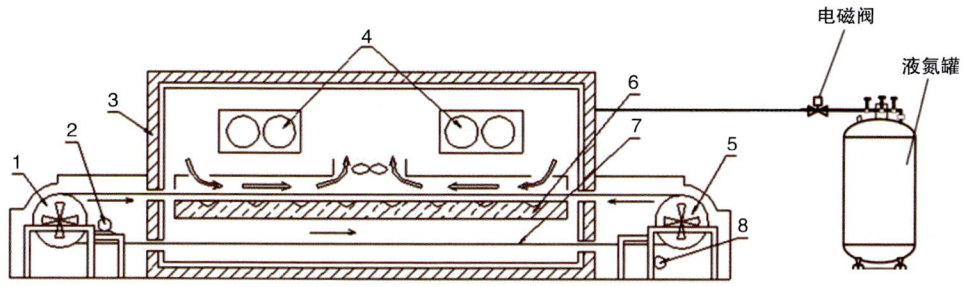

1—输送机主动轮　2—电机　　3—速冻隧道保温箱体　4—循环风机
5—输送机从动轮　6—冷冻板　7—输送带　　　　　8—排气口

图 6-5　超低温速冻处理设备示意图

目前,液氮冻结装置在市场上主要有三种形式:直接喷淋式、间接喷淋式(用风机循环)、连续冻结式(包括隧道式和螺旋式冻结)。液氮速冻技术对水产品的鲜度品质、质构特性和微观结构都有极佳的保护作用,因此在一些高经济价值水产品如金枪鱼、虾、蟹等的速冻上已开始得到应用。

2. 物理场辅助冻结技术

在冻结食品的过程中,较大的冰晶会对细胞组织造成显著的伤害,均匀分布的细小冰晶能够在很大程度上减少对细胞的损伤。过冷度越高,冰晶的数目越多,尺寸越小。为了提高食品品质,提出了新兴的技术来辅助冻结过程,并取得了很好的效果。

(1)电场、磁场辅助冻结。电场辅助冻结是一种新方法。E. Xanthakis等以猪肉作为实验材料,发现采用电场辅助可以减少对肉类的损伤。脉冲电场的运用可以在很大程度上减少冻结时间,并得到较好的产品特性。J.H. Mok等采用脉冲电场和静态磁场相联合进行食品冻结,得到细小且均匀的冰晶,并缩短了相变的时间。F. J. Barba等总结了目前脉冲电场在食品行业的应用及其广阔的前景。但关于这项技术的研究并不彻底,对于各种不同类型的电场,如静电场、不同占空比的脉冲电场及两者的联合等,需要进一步实验研究其对食品作用不同时间的影响，还需要进一步证实微观机理。

目前，关于磁场对食品的影响还存在较多争议。现在的研究主要集中在较低强度的静磁场、交变磁场在工频下对食品冻结过程的影响。今后可能需要在更宽频带、更宽的场强范围，以及不同类型磁场的叠加方面进行更多的研究，以进一步探索磁场对冻结过程的影响。

（2）微波辅助冻结和射频辅助冻结。微波辅助冻结和射频辅助冻结是两种较新的技术，目前对这两方面的研究较少。两种方法的原理相似，即利用微波或射频引诱水分子的偶极子旋转来破坏冰核的形成和发展。微波或射频的运用会引起温度的波动，有实验数据表明这种有限的温度波动能够减少冰晶的尺寸。截至目前，仅有少量的研究证实了这种有效性。

3. 冷库用制冷系统

其中主要有冷库用CO_2制冷系统、宽温区冷热联供集成系统和涉氨冷库安全技术。

（1）冷库用CO_2制冷系统。可分为亚临界循环和跨临界循环两种。目前，跨临界循环主要见于超市冷柜系统。

CO_2亚临界循环的流程和普通的蒸气压缩式制冷循环完全一样，压缩机吸气、排气压力都低于临界压力，蒸发温度、冷凝温度也低于临界温度，循环的吸热、放热过程都在亚临界条件下进行，换热过程主要依靠潜热来完成。最早的CO_2制冷循环多为亚临界循环，亚临界循环也被用在低温冷冻设备所用的复叠制冷系统的低温级。

目前，国内已开发出一种地源CO_2亚临界循环制冷系统，如图6-6所示。采用地埋管植入式冷凝器，将制冷系统冷凝热排入大地，保证了冷凝侧常年处在恒定且较低的温度，使系统处于亚临界循环状态，改善系统运行工况，进而提升系统效率。该系统的优点是：系统工作压力低于超临界CO_2循环，无须过度考虑耐压问题，系统部件制造成本低；CO_2亚临界理论循环与常见的氟利昂系统循环大致相同，与卡诺循环偏离程度低，系统理论循环效率高于超临界循环。

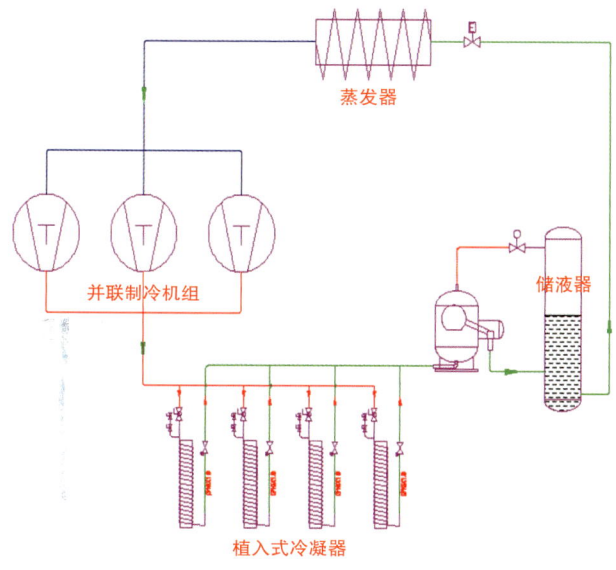

图6-6 地源CO_2亚临界循环制冷系统原理图

（2）宽温区冷热联供集成系统。由于制冷系统存在大量冷凝热排放，为了将制冷系统的冷凝热回收及利用，目前国内开发了能够满足用户不同温度下用热需求的宽温区冷热联供集成系统（见图6-7），其可以提供50℃～180℃的热水，2bar～8bar的蒸汽，实现节能目的。

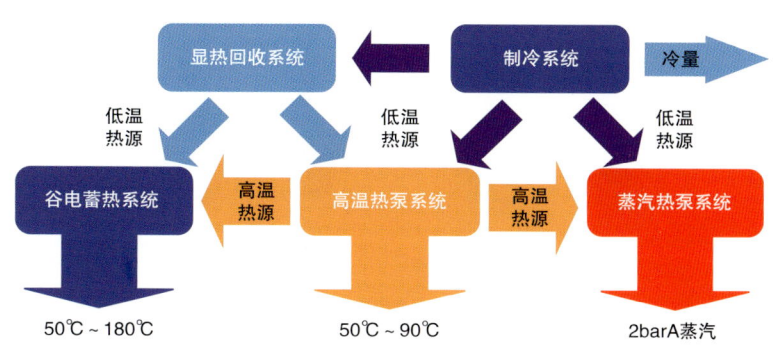

图6-7 宽温区冷热联供集成系统示意图

该系统集成了低温制冷、高温制热、谷电蓄热、微压蒸汽及蒸气增压等系统于一体，形成的宽温区高效制冷供热耦合系统集成技术，实现了-55℃~180℃温度范围内的高效环保冷热联供功能。

（3）涉氨冷库安全技术。主要为氨制冷剂充注减量技术、氨泄漏检测技术以及应急处置技术。

氨制冷剂充注减量技术可以采用分散式制冷系统，将大的冷库制冷系统分割为多个小的系统，降低单个制冷系统的氨充注量。其次，可以采用低循环倍率的供液系统，同时利用冷风机代替国内普遍使用的冷排管，可大大降低系统的充氨量。另外，采用间接式制冷系统，可以在很大程度上减少氨的使用量，而且还能做到将用氨区域和库内区域隔离，使得人员操作更加安全。目前，该项技术主要有NH_3/CO_2载冷剂制冷系统和NH_3/CO_2复叠式制冷系统。NH_3/CO_2载冷剂制冷系统是由主回路NH_3制冷剂循环系统和载冷剂CO_2循环系统两个独立子系统组成（见图6-8），而NH_3/CO_2复叠式制冷系统是把NH_3作为高温级制冷剂，CO_2作为低温级制冷剂的复叠式两级制冷系统（见图6-9）。

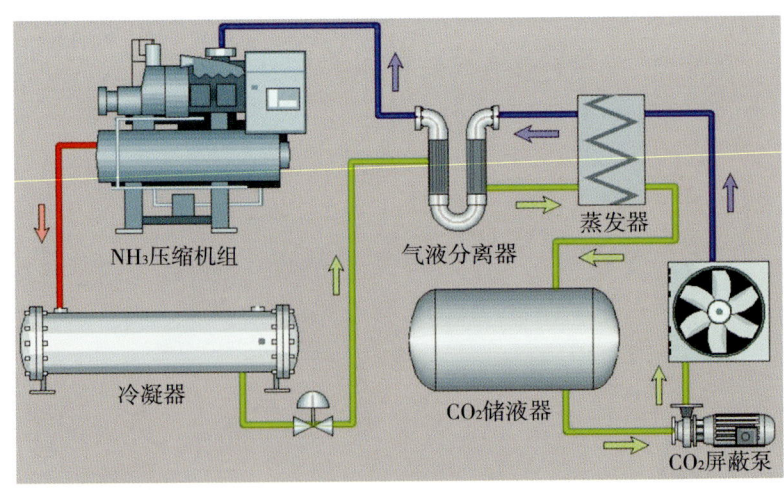

图6-8 NH_3/CO_2载冷剂制冷系统示意图

第六章
肉类冷链物流体系建设的发展趋势

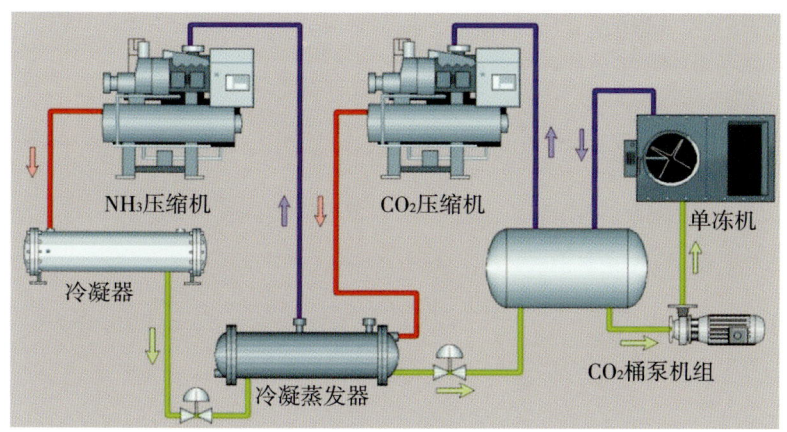

图 6-9 NH_3/CO_2 复叠式制冷系统示意图

氨冷库的泄漏预警技术克服了以往的氨浓度报警装置反应时间较长、选择性较差、无法提供准确泄漏位置信息等问题，目前发展了以流量压力检测法、红外热成像测温、分布式光栅测温三种检测方案综合应用多角度检测的氨泄漏检测系统，并取得了良好的氨泄漏检测效果。

利用流量和压力信号对液氨输送管道进行实时监测的技术，检测系统结构如图6-10所示。目前，该系统可成功实现对泄漏的判断以及泄漏点定位的功能，同时在北京西郊冷库中得到应用。

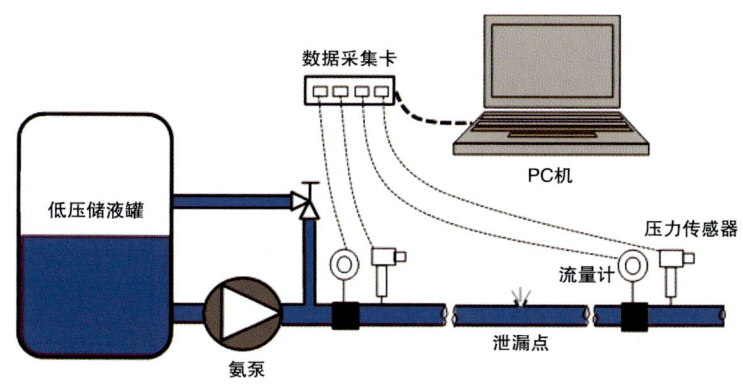

图 6-10 管道液氨泄漏流量、压力检测系统原理图

在应急处置方面，国内企业开发了一系列的氨冷库"主动防御"技术装备和产品。例如，水幕隔离、爆破片、应急联动等，多角度、多方面地控制了氨泄漏的危害性，降低了涉氨冷库的泄漏风险。

4. 冷藏运输技术

不规范、高能耗的冷藏运输车在加速被淘汰，多温区、专业化、轻量化、蓄冷式及新能源冷藏运输车正在逐步成为主流趋势；冷藏运输车智能远程温湿度监控平台兴起并得以应用。如比利时阿里万公司生产的PolyVan系列冷藏车，它灵活采用了高绝热系数的隔板，根据冷藏物品的具体需要，将存储在不同温度下的物品分隔开来。欧洲最大的挂车生产商史密斯则在重型的冷藏半挂车中同样设置了这样的分隔板。

另外，随着多式联运方式的发展，要求冷藏厢不仅可以在道路上进行拖运，还可以通过铁路、水路等进行不同运输方式的运输。欧洲克劳耐公司已有适合公铁联运和多式联运的车辆。

蓄冷式冷藏车（见图6-11）利用蓄冷板相变蓄冷来维持车厢内低温环境。蓄冷式冷藏车可采用地面电源或地面制冷机组为蓄冷板蓄冷，减小车用燃油，蓄冷效率高；车辆运行时蓄冷机组不工作，蓄冷机组故障率低、维修费用低、使用寿命高；在运输过程中利用相变"释冷"，保温厢体内温度波动较小，能够维持恒定的温度。蓄冷式冷藏车将在冷藏运输领域有较好的发展前景。

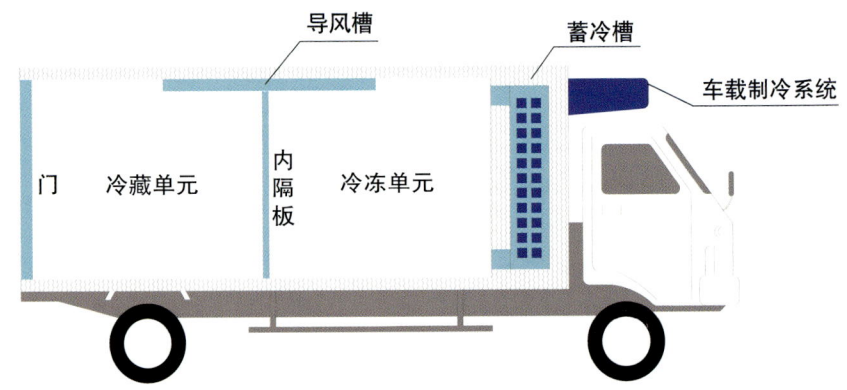

图 6-11 蓄冷式冷藏车示意图

在冷链物流的最后环节配送过程中，需要有中小型冷藏配送车来保证易腐食品处于适宜的冷藏运输环境。为了满足环保需求，近年已开发出机车驱动和冷藏箱制冷均采用电池驱动的电动冷藏车。

为满足城市冷链配送的"最后一公里"需求，电动冷藏三轮车也应运而生。目前有单温区冷藏三轮车和冷藏冷冻双温区冷藏三轮车等多种车型。

5. 冷藏销售

冷藏销售的末端装备主要包括超市冷柜、生鲜配送柜、生鲜自动售货机等。这里主要介绍超市冷柜和生鲜配送柜的技术发展。

（1）超市冷柜。不少研究者认为，在超市制冷系统中采用天然工质制冷剂是必然的方向。以CO_2为例，其在大中型的超市制冷系统上的应用有三种基本方式：①作为第二制冷剂，应用于主制冷循环的二次回路，或称有相变的二次回路；②作为主制冷剂，应用于亚临界系统；③作为主制冷剂，应用于跨临界系统。针对不同的应用需求和超市有中、低温两段温区制冷的需要，可在以上三种基本方式的基础上，组合出各种不同的混合系统。

为了解决CO_2制冷系统在炎热地区高室外温度制冷性能不佳的问题，近年来欧洲发展了采用喷射器辅助压缩制冷系统。图6-12所示为CO_2作为单一工质的超市中低温制冷系统，该系统中温（蒸发温度-10℃～-15℃）采用CO_2跨临界循环，低温（蒸发温度-30℃～-40℃）采用CO_2亚临界。为了提高能源利用效率，将冷冻与冷藏集成至一个循环系统中，通过两级压缩，降低压缩机单次压比。当中温压缩机的排气量不足时，并联压缩机投入运行。通过并联循环，避免了部分制冷剂膨胀到更低压力，从而减少了制冷剂节流的能量耗散。同时采用喷射器取代了原有膨胀阀，进一步回收节流损失。对应用于超市的该系统实际测量结果表明，当喷射器全部开启时，在保持超市冷柜温度不变情况下中温压缩制冷系统的蒸发温度可由-8℃提高到-2℃，带喷射器和并联压缩机系统比常规系统节能可达18%以上。

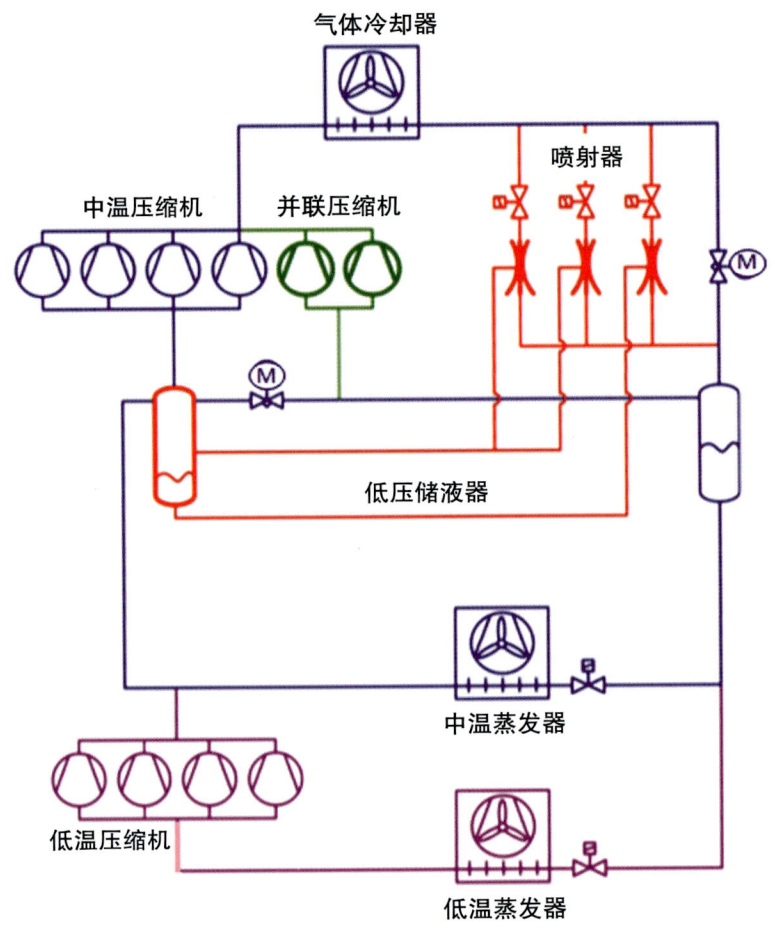

图 6-12　CO_2 跨临界/ CO_2 亚临界的超市中低温制冷系统示意图

（2）生鲜配送柜。生鲜配送柜是主要针对生鲜食品（如蔬菜、水果、肉类、生鲜等产品）配送设计的冷鲜类智能配送柜（见图6-13）。产品集冷藏、保鲜、智能配送及网络化管理为一体，可与生鲜电商及冷链物流密集结合，实现生鲜食品网络智能化配送功能，并很好地解决配送保鲜问题。

第六章
肉类冷链物流体系建设的发展趋势

图 6-13　冷链生鲜配送柜

6.2.3　信息技术

1. 信息感知技术

在环境信息感知方面，发展并利用包括温度、湿度、光照、空气含氧量、乙烯含量、硫化氢含量等环境参数监测的传感器技术。在产品位置感知方面，结合GPS、北斗导航等定位系统，利用智能手机等移动终端，提高配送车辆、人员的感知精度，从而辅助路径优化和管理决策。在产品品质感知方面，可以利用红外光谱、超声传感、生物传感等技术，实现食品外表品质、物理品质、营养品质、安全品质、感官品质的快速、无损、实时监测。

2. 智慧冷链物流技术

（1）大数据智能。随着互联网、新媒体、无线通信与移动设备、普适计算与泛在网等信息技术在食品生产、加工、储运等全供应链中的深入应用，信息体量持续增长、不断积累，具有数据量巨大、价值密度低、实时在线、多源异构、混杂敏捷等特点，呈现复杂多样的数据集合，需要跨媒体关联，依托云计算，进行并行/分布式处理，快速抽取出模式、关系、变化、异常特征与分布结构，把数据转化成智慧，通过大数据预警、预测、决策、分析为未来智慧冷链以及可持续冷链发展提供技术支撑，同时也为国家宏观调控、为企业提升服务水平以及为农户提升个人收入等方面提供可靠决策支持。

（2）群体智能。群体智能是指由大规模自主参与者（人类群体、智能设备等）组成，在互联网、网格大数据以及相应工具和平台的支持下形成群智空间，并围绕特定群智任务实现群体智能的融合、增强与释放的过程。肉类冷链供应链各环节相互关联、相互依赖，且各环节人力、设备之间也应协同操作，形成群智、共智体，对于提升肉类冷链流通效率与服务水平至关重要。

（3）跨媒体智能。跨媒体智能包括文本、语音、图像、物联网实时数据等多信息源统一表征、关联理解与知识挖掘、知识图谱构建与学习、知识演化与推理、智能描述与生成等技术，实现跨媒体知识表征、分析、挖掘、推理、演化和利用，构建分析推理引擎。在肉类冷链流通中，实现多媒体信息数据的深度感知与融合，不仅可以有效提升冷链上下游一体化监管与协调能力，同时有益于精准追溯品质问题发生时间、地点以及责任主体等。

（4）数字孪生技术。数字孪生技术是近年来提出的以物联网技术为核心，以实现虚实互联互通、数据共享以及群体共智为目标的新兴技术。通过对冷链物理空间的数字化建模，实现冷链动态环境下肉品品质的温湿度时空分布模拟、预测与感知，并结合低温环境与肉品品质之间的耦合机制，实现肉品品质的跨尺度感知，对于提高肉品品质安全的精准调控水平，实现环境信息（湿度、光照、空气含氧量、乙烯含量、硫化氢含量等）、品质信息（营养成分、功能成分、感官特性等）等多源信息感知。

（5）区块链溯源技术。区块链技术作为一种互联网数据库技术，也被称为分布式账本技术，其特点是去中心化、公开透明，让每个人均可参与数据库记录。基于区块链的可追溯性，可以通过连接RFID、条形码、物联网设备等将物理流与信息流联系起来，可以维护和记录不可改变且不能伪造的交易信息，有助于更有效地实现可追溯性业务中的材料和信息流。因此，区块链将提高信息的安全性和透明度，并通过基于物联网的设备为肉类冷链产品的信息持久性提供信息获取和区块链，从而提供可持续的可追溯性管理产品。区块链共识算法效率是制约其应用的重要因素，如何根据农产品供应链追溯的特点，建立高效的分布式节点共识算法是建立肉类冷链区块链需要解决的关键核心问题。

6.3 肉类冷链物流管理创新

6.3.1 法制化管理

近年来，国家对冷链物流产业给予了高度关注，并相继出台多项法律法规和方针政策予以扶持。2019年7月召开的中共中央政治局会议首次提到城乡冷链物流设施建设。据统计，2019年国家层面出台的冷链相关政策、规划超过40项，其中由国务院出台的超过16项，主要有农产品、生猪运输、冷链建设及其他大力发展冷链物流等部分，从多维度指导部署推动冷链物流行业健康发展。由国家发展改革委等24部门联合发布的《关于推动物流高质量发展促进形成强大国内市场的意见》，就有关物流高质量发展的基础设施网络优化、服务实体经济能力提升、增强发展内生动力、完善营商环境、建立配套支撑体系、健全政策保障体系等6个方面提出了25项具体工作。由国务院办公厅发布的《关于稳定生猪生产促进转型升级的意见》提出了20条具体措施，提出要健全现代生猪流通体系，实现"集中屠宰、品牌经营、冷链流通、冷鲜上市"，冷链物流作为保障食品安全的重要手段，已深度融入肉类运输当中。

受非洲猪瘟的影响，2019年在国家层面生猪运输类冷链相关政策文件出台了3项，均鼓励变"运猪"为"运肉"，同时给予很大的优惠和扶持，如整车合法运输冷冻猪肉的车辆免收车辆通行费，冷链物流企业用水、用电、用气价格与工业同价等。冷链设施类相关政策支持的重点为冷藏车和冷库，累计发布超过8项。在冷藏车方面，鼓励发展多温层冷藏车，支持冷藏车绿色高效发展，探索网络货运经营。同时，受非洲猪瘟的影响，鼓励屠宰企业配备冷藏车提高长距离运输能力。为大力推动新能源汽车的消费和使用，促进产业优胜劣汰，降低了新能源货车的补贴标准。在冷库方面，支持新建和改善冷库，同时重视节能环保，推广使用绿色制冷剂，提高制冷能效和绿色水平。

此外，中共中央、国务院发布的《关于深化改革加强食品安全工作的意见》提出史上四个"最严"，即最严的标准、最严的监管、最严的问责、最严的处罚，提出47条具体举措，并要求大力发展冷链物流，进一步加强食品安全工作，确保人民群众"舌尖上的安全"。国务院发布的《中华人民共和国国务院令第721号》、国家市场监督管理总局发布的《冷藏冷冻食品销售质量安全监督管理办公（征求意见稿）》和《食用农产品市场销售量安全监督管理办公（征求意见稿）》等法规类冷链相关政策文件主要在冷藏冷冻食品销售及经营的场所、设备、车辆、备案等方面进行了规定，进一步保障食品安全。

地方政策基调与中央政府及各部委一致。据不完全统计，2019年全国地方政府出台的冷链相关政策、规划超过100项。其中，华中地区出台超过13项，华北地区出台超过18项，华东地区出台超过28项，华南地区出台超过11项，西北地区出台超过12项，东北地区出台超过6项，西南地区出台超过14项。对地方政府影响大的政策有《关于稳定生猪生产促进转型升级的意见》（地方政府发布猪瘟相关的冷链政策超过20项）、《国务院办公厅关于印发推进运输结构调整三年行动计划（2018—2020年）的通知》（地方政府发布运输结构调整相关的冷链政策超过12项）、《国务院办公厅关于深入开展消费扶贫助力打赢脱贫攻坚战的指导意见》（地方政府发布消费扶贫相关的冷链政策超过12项）、《国务院关于促进乡村产业振兴的指导意见》（地方政府发布乡村振兴相关的冷链政策超过5项）。大多数区域冷链政策以中央政府政策为蓝本制订相关实施方案，冷链体系将逐渐完善，冷链行业监管将逐渐加强，不断向法制化、标准化和规范化方向发展。

6.3.2 标准化管理

标准是经济活动和社会发展的技术支持，是国家治理体系和治理能力现代化的基础性制度。标准化反映了行业整体发展水平，建立健全冷链物流标准化体系建设，对于引领冷链行业健康有序发展，促进产业之间的衔接有着重要的意义。对于企业而言，标准化是制度化的最高形式，可运用到产品开发、生产、销售等运营管理的各个方面，有利于其提升效率、降低成本，强化在市场中的竞争地位。

近年来，冷链物流不断深入人们的生活中，冷链物流标准化发展呈现不断上升的趋势。随着市场规模的不断扩大，冷链物流受到了政府的高度关注。2017年4月，国务院办公厅印发的《关于加快发展冷链物流保障食品安全促进消费升级的意见》（国办发〔2017〕29号）对我国冷链物流的发展起到了提纲挈领的作用。其中提出：到2020年，初步形成布局合理、覆盖广泛、衔接顺畅的冷链基础设施网络，基本建立"全程温控、标准健全、绿色安全、应用广泛"的冷链物流服务体系，培育一批具有核心竞争力、综合服务能力强的冷链物流企业，冷链物流信息化、标准化水平大幅提升，普遍实现冷链服务全程可视、可追溯，生鲜农产品和易腐食品冷链流通率、冷藏运输率显著提高，腐损率明显降低，食品质量安全得到有效保障。该文件对健全冷链物流标准和服务规范体系、完善冷链物流基础设施网络等方面提出了明确要求。国家相关部门陆续出台一系列政策措施，推进冷链物流标准化的建设，加强行业标准化管理。

在《中国冷链物流标准目录手册》中，关于冷链物流基础、设施设备、技术作业与管理标准3方面共计有230余项标准。其中《餐饮冷链物流服务规范》（WB/T 1054—2015）、《肉与肉制品冷链物流作业规范》（WB/T 1059—2016）、《肉类批发市场交易技术规范》（GB/T 34769-2017）、

《冷链物流　运输车辆作业管理规范》（T/DGSWLHYXH_002—2018）等标准的施行，加强了建立健全冷链物流标准体系建设，形成了冷链物流发展的制度保障环境，推动了全行业进行标准化管理，促进了冷链物流行业整体健康有序的发展，保护了消费者合法权益和人民生命安全。

结合当前冷链物流行业发展状况，针对冷链物流标准化现状及存在的问题，冷链物流行业应该构建科学合理的冷链物流标准体系，系统梳理现行冷链物流各类标准，清理水平低、标龄长、内容重复交叉的标准，加强标准化工作相关部门的统筹协调，并不断推进冷链物流标准制修订全过程信息公开，以及已发布标准共享等信息化平台的建设。

通过全面规划冷链流通关键标准，建立结构合理的冷链物流标准体系，提升服务水平，规范行业发展，推动冷链物流上下游合作共享，充分发挥"标准化+"的最大价值。加强强制性标准、基础性标准、冷链流通关键环节标准制修订工作。对于团体标准，鼓励具备相应能力的学会、协会、商会、联合会等社会组织和产业技术联盟，协调相关市场主体，共同制定满足市场发展和创新需要的标准，供市场自愿选用，增加标准的有效供给，形成市场为主、政府引导的新型标准化体系。

对于已发布的标准，宣贯推广形式应该更多元化，加强与政府的沟通合作，让政府参与到标准宣贯推广中。同时，在有冷链物流相关专业的院校，宣传推广冷链物流标准化，在政府部门、企业、院校等形成全产业链的宣贯推广，对于冷链物流行业的发展起到促进作用。健全冷链物流标准化设施设备体系，率先研究制定冷链物流活动中急需的设施设备标准，如推广使用单元化、标准化冷链运输设备，促进发展城市"最后一公里"低温配送；加快预冷、储藏保鲜等初加工冷链设施标准的制定和修订，补齐冷链流通"最先一公里"短板。提升冷链物流信息标准化水平，通过冷链物流信息标准化建设，促进冷链物流相关组织信息共享，逐步实现冷链物流全过程的可追溯，保障市场需求和冷链资源高效匹配，提高冷链资源综合利用率。

冷链物流标准具有较强的国际性。推进冷链物流标准化的过程，要充分考虑与国际接轨,注意国际标准与先进标准的引进,力争在冷链物流标准化领域开展国际间交流与合作。全方位梳理发达国家冷链物流标准体系,借鉴其冷链物流标准体系的制定原则、结构、内容、贯彻与执行等方面。全面系统研究发达国家冷链物流标准体系,并系统总结发达国家冷链物流标准体系的技术标准和管理标准,通过对国内外冷链物流标准的比较分析与系统研究,结合目前我国冷链物流标准现状及发展趋势,建立适合我国国情的冷链物流标准体系,完善我国冷链物流标准的制度建设。

6.4 肉类冷链物流全球化的发展趋势

6.4.1 我国肉类进口现状分析

我国的肉类冷链国际贸易,近两年处于高速增长期。据中国肉类协会统计,2019年,我国共进口肉类617.82万吨,其中占比前五位的分别是巴西、西班牙、德国、澳大利亚和美国[图6-14(a)];2020年,进口肉类总量达991万吨,其中巴西仍然是我国肉类进口的第一大来源国,美国则上升为第二大来源国,阿根廷取代澳大利亚成为第五大来源国[图6-14(b)]。

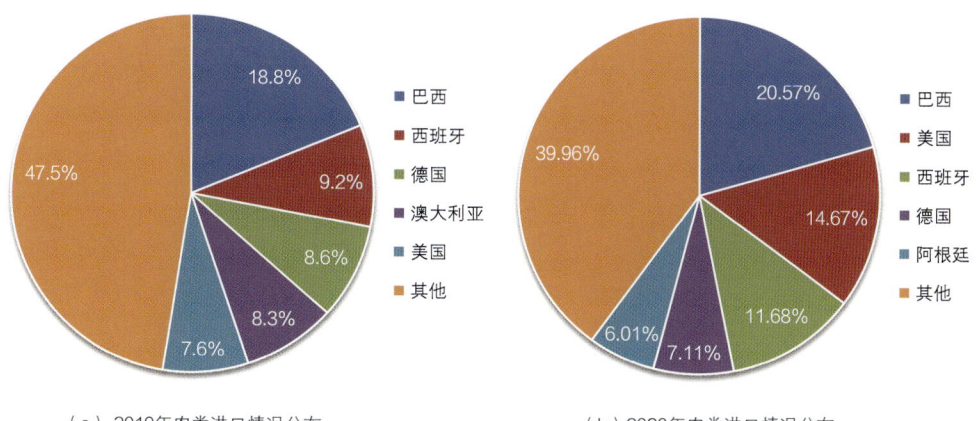

(a) 2019年肉类进口情况分布　　　　(b) 2020年肉类进口情况分布

图 6-14　近两年我国肉类进口情况统计

主要肉类进口品类及来源国如表6-1所示。

表 6-1 进口肉类品类及来源国

序号	肉品品类	来源国
1	猪肉	阿根廷、巴西、丹麦、法国、荷兰、加拿大、美国、意大利、智利、爱尔兰、奥地利、德国、芬兰、墨西哥、西班牙、英国
2	牛肉	阿根廷、爱尔兰、澳大利亚、巴拿马、巴西、白俄罗斯、丹麦、多民族玻利维亚国、法国、哥斯达黎加、荷兰、加拿大、美国、墨西哥、纳米比亚、南非、塞尔维亚、乌克兰、乌拉圭、新西兰、匈牙利、意大利、智利、墨西哥、哈萨克斯坦
3	鸡肉（包括鸡杂等）	阿根廷、巴西、白俄罗斯、法国、波兰、泰国、智利
4	羊肉	澳大利亚、哈萨克斯坦、塞尔维亚、乌拉圭、新西兰、智利

就肉类进口类别（见图6-15）来看，2019年我国肉类进口中，猪肉进口占比最大，达到34%；其次是牛肉，占比达27%。进口猪肉在我国肉类进口中占据重要的地位。

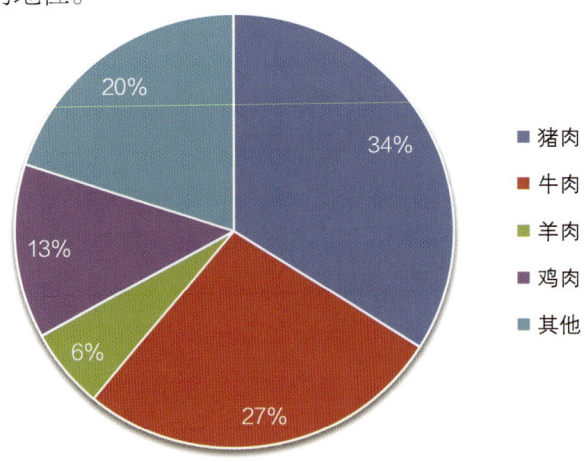

图 6-15 2019年我国肉类进口分类占比情况

第六章
肉类冷链物流体系建设的发展趋势

鉴于猪肉市场供不应求的局势，一方面，我国大量从国外进口猪肉，猪肉供应主要以欧盟、巴西、美国等地区和国家为主。2020年，我国猪肉进口总量为439万吨，同比增长98.6%。另一方面，我国自国外进口猪肉具有关税方面的优惠。我国自2020年1月1日起，将冻结猪肉进口关税由12%暂时下调至8%，有利于增加猪肉进口量，有效缓解国内供应紧缺问题。

进口肉类运抵国内的途径主要有海运、空运和陆运。其中海运由于在吨位和运输成本上的优势，在进口肉类运输途径中占主导地位。部分海运肉类抵达国内口岸后，再通过水路转运至内河口岸或经陆运转运至内地陆运口岸。全国肉类进口口岸统计如表6-2所示。

表6-2 全国肉类进口口岸统计表

序号	口岸类别	所在地
1	海港	深圳（蛇口、盐田、大铲湾）、厦门（东渡码头、海沧码头）、宁波（北仑港、梅山）、福建（马江）、珠海（湾仔）、浙江（温州）、上海（外高桥、洋山港）、山东（黄岛前湾港、烟台港、威海港、石岛新港）、辽宁（大窑湾、鲅鱼圈）、天津、江苏（连云港）、广西（北海港、钦州）、广东（南沙新港、汕头、湛江港、黄埔、惠州港荃湾、潮州三百门码头）、海南（洋浦港）
2	空港	北京（首都机场）、上海（外高桥、上海浦东）、郑州指定查验场、广州白云国际机场
3	河港	湖南岳阳城陵矶水运口岸、重庆两路寸滩保税港区口岸、江苏（南京口岸、镇江口岸、张家港口岸、太仓口岸）、广东（番禺莲花山口岸、佛山口岸、虎门港口岸、新会港口岸、中山港外运口岸、南海港货运口岸、江门外海外贸码头口岸）
4	陆路	北京平谷国际陆港、成都铁路口岸、河南（郑州、漯河指定查验场）、苏州高新区综合保税区、黑龙江大庄园指定查验场、二连浩特进口肉类指定口岸、长春兴隆综合保税区

国家对进口肉类的监管主要体现在对进口企业单位的监管以及肉类质量的监管上。2012年3月，原国家质检总局颁布实施《进出口食品安全管理办

法》。目前存在的主要问题有以下几项。

（1）中国的肉类食品安全标准偏低，指标不健全，某些重要指标短缺。目前我国进口食品检验的标准数量陈旧，和国际标准差距大，与国际标准接轨率低。仅有60%的指标采用了国际标准，许多对健康非常重要的指标，如农药残留物限量、污染物限量、食品添加剂限量等都低于国际标准。有些食品安全标准甚至是空白，比如某些农药残留、兽药残留、抗生素残留限量，对食品的包装材料检测也缺乏相应的标准。

（2）食品安全标准执行困难。现在我国的食品标准是由各部门制定，最后由国家标准委员会统一发布，表面上具有权威性，但实际上由于食品安全标准涉及农业、卫生、质检、环保、经贸、工商等多个部门，而政府又实行分段管理，各标准之间不协调不统一，甚至出现交叉重复和矛盾的现象。这给标准的执行带来了极大的困难，导致食品安全监督工作处于无所适从的尴尬境地。

（3）肉类进口检验监督工作缺乏有效的评估和监督机制。由于存在质检部门上下级之间的互相掩护及信息不对称，利益受损者很难获取证据。针对这一情况，可以借鉴美国FDA的做法，在进口肉类检疫检验环节，积极引入高资质的第三方检验机构，起到互相制衡和监督的作用。此外，建议政府成立相应的评价、问责及监督机构，保护进口肉类市场健康稳定地发展，更好地造福民生。

6.4.2 典型发达国家陆空冷链物流标准构建

1. 典型发达国家陆空冷链物流标准情况

美国国家标准协会（ANSI）是促进美国自愿性共识标准和评定体系并维护其完整性的组织，通过一系列评估和认可标准制定组织（SDO）促进国家标准的发展。当前美国有数百个标准制定机构，且积聚效应明显，前20个机构制定了90%的标准。标准的制定过程中有效采纳了各方意见，并对草案进行充分公示和再修改等。尽管ANSI本身并未制定美国国家标准，但它为企业、政府、协会、消费者等提供共同参与和推动形成共识性标准的场所，而对于与标准直接相关或受其影响的团体和个人都赋予申诉权力。此外ANSI积极推动国内标准融入国际标准，替代了地区性标准对经济的带动作用，避免了标准成为产品或服务进入市场的潜在壁垒。

在冷链标准化建设方面，美国政府为了保证冷链物流中食品质量和安全问题，制定了包括产品的生产、加工、包装、运输、储存、配送等全流程的一系列法规和标准，避免某一环节操作不当造成产品质量问题。在美国食品药品监管局发布的《肉类产品运输配送安全指南》中，采取对整个生产规范以及整个食品生产和分销链中的危害分析与关键控制点（HACCP）系统在内的预防方法来控制危害，包括人员培训、储藏系统、车辆设备等硬件方面，以及预装、设备检查、装载程序、在途运输、卸货、分销、监控操作等全流程中的关键节点。此外对于生鲜类产品，美国同样采取全流程处理，从田间采收、预冷到消费者冰箱实行全链条低温控制，运输环节中的损耗率仅为2%。

日本标准的建设通常由日本工业标准委员会和技术委员会负责，根据国际标准ISO、IEC分类制定，而冷链物流标准则由技术委员会负责。同样，日本标准分为国家标准、行业标准和企业标准。日本标准分为JIS日本工业标准、TS标准规格、TR标准报告三类。

日本标准协会作为日本的国家标准化中心，从事标准化的发展、传播和建设工作。基于国内外对标准制定的日益增长的需求，建立了开发和发布JSA-S的系统，以灵活满足这些不同利益相关者的需求。如2017年建立的《冷藏包裹的陆路运输规范》对冷链货物的陆路运输和转运过程中的温度控制制定了规范。物流冷链温度层分为冷冻（-40℃；-40℃～-18℃）、冷藏（-18℃～-10℃）、定温（5℃～18℃）三层，并从产地、仓储中心到消费者的全流程对关键节点的冷链操作进行规范。对于仓储企业，要保障产品入库、保管、出库环节的温度控制，以及做好应对各类意外突发情况，如停电等。承运人在查看货物状况时要确保环境的可靠，为此设置产品暴露在空气中的时间上限和车辆预冷等。在途运输中要装备温度管理系统，以确保车辆全程处于制冷状态。除此之外,还要确保低温下装卸和车厢卫生等。

荷兰是欧洲农业和食品的主要进口国,同时也是世界第二大农产品和食品出口国、全球最大的花卉出口国,出口产品类别中切花、肉类和牛奶排在前列,出口国家前列为德国、英国等西欧国家。荷兰拥有鹿特丹港大型港口、欧洲排名第三的易腐货物航空枢纽史基普机场以及完善的道路网络,具有远高于其他欧洲国家的单位居民冷藏仓库容量,2017 年达到 $0.96m^3$。荷兰进出口产品的易腐特性对冷链物流有很高要求,与之相匹配的是荷兰具有全球领先地位的冷链物流服务水平和完善的陆空冷链物流标准体系,能够保证产品储运质量。

荷兰食品和消费品安全管理局(NVWA)制定了多项法律确保食品安全,《商品法》对食品仓储运输的温度环境出台规定。此外,欧洲法律在荷兰的应用越来越多,如《通用食品法规》等,而欧盟采用的食品安全标准要比世界范围内制定的标准更为严格。法律还要求与食品相关的企业要根据危害分析关键控制点(HACCP)系统制订食品安全计划。

荷兰皇家标准化协会(NEN)国家标准产销监管链(COC)提高涵盖包括所有供应链参与者以及实物和管理的整个供应链的透明度和可追溯性。此外企业之间可建立担保制度和更开放的环境以保证食品安全,企业自身也可制定质量体系以满足特定需求。荷兰物流业提供了供应链的高度可见性,以便完善仓配管理、监控产品质量和提高从"农场到餐桌"的产品追溯能力。

2. 对我国的经验借鉴

(1)加强标准建设协同化。扩大冷链物流标准化建设框架,形成冷链物流标准与产品标准化、标准化范围界定、供应链全流程的协同。不同产品自身的天然属性对运输环境的敏感度差别较大,从设施设备、管理服务等多方面打造多温湿层级冷链物流服务产品,促进产品标准化和冷链物流服务标准化的深度融合。冷链产品相关的不同社会主体具有差异化需求,冷链标准建设要积极融合各方实际情况和意见,建立利益相关方申诉机制,从而提高标准可行性,如考虑物流企业服务能力、生产经营端成本负担、消费端需求观念等因素。冷链物流服务是全流程性服务产品，标准制定应重视供应链全链路协同性，避免短板效应影响整体服务标准。

（2）积极推进标准国际化。冷链物流标准建设要积极对接国际标准，推动我国冷链物流标准国际输出战略的实施。当前我国对外贸易产业多元化发展，跨境电商蓬勃发展，国际市场融合度越来越高。冷链物流国际标准化能够有效助力我国外贸发展，促进国内冷链物流服务认可度，避免其成为我国产品输出国外市场的潜在壁垒。冷链物流标准国际输出战略一方面能够提高我国冷链物流标准国际认可度，另一方面能够形成服务外贸的独特优势。

（3）多举措促进企业服务标准化。冷链物流标准是对产品质量安全的实现路径设计，是以整体协同挖掘降本增效的顶层战略。政府、协会以牵头、鼓励等多种方式推动信息技术在冷链物流行业的应用，加快冷链货物在途监控和实时追溯技术的推广应用，以两端市场为抓手逆向推动冷链物流企业技术服务标准化。加快培育第三方冷链物流企业和大型龙头企业，发挥第三方冷链物流企业资源整合、服务专业化优势和龙头企业的行业带动能力，提高我国冷链物流服务质量。通过规模化运作降低冷链物流服务成本。

6.4.3　我国肉类冷链物流面临的机遇与挑战

"十四五"期间，我国将建立以国内大循环为主体、国内国际双循环相互促进的新发展格局。从肉类行业发展实际出发，国家应更好地发挥行业协会作用，通过推动社会共治，加快形成肉类冷链物流行业新发展格局；支持行业协会制定优质肉类产品团体标准，"标准配标识"，建立优质肉类食品销售推广平台，实行优质优价；支持行业协会组织国际肉类产品联合采购，增强肉类国际贸易话语权；同时加强行业自律管理。

积极促进我国与世界的交流和合作，对冷链行业的发展也起到了显著的促进作用，国家、行业协会/学会、企业都要进一步采取措施促进冷链的国际化建设。

从国家层面，加强与其他国家特别是地缘国家的合作，形成合作框架，建立冷链物流线路、商品、报检通关程序的合作互惠，将为我国开拓国际冷链物流市场带来巨大帮助；支持国际大通道沿线中心城市、重点港口、重点境外经贸合作区建设冷链中心，发展冷链物流型境外经贸合作区；以跨境电子商务发展为重点，引导和鼓励有条件的企业科学规划、有序建设海外冷链基础设施，打造具有较强辐射能力的公共海外仓储；简化冷链物流产品进出口手续，满足冷链物流商品对时间要求苛刻的特殊性，有效地促进我国冷链商品出口和国外冷链商品进口，加快我国冷链物流的国际化进程；鼓励国内冷链企业与外商投资企业加强合作，提升商业创新水平和现代服务理念，实现结构升级和服务能力提升。

从行业协会/学会层面，协助政府主管部门梳理冷链相关的标准和认证体系，加强与国外行业协会/学会的交流合作，参与和主导制定适应冷链行业发展的新的标准和认证体系，尽快实现国内外冷链相关标准和认证体系的融合；积极搭建冷链资源信息平台，促进国内外冷链资源共享；整合国内外冷链相关科研、生产、服务等各方面资源和理想，凝练本行业的共性关键问题进行突破，提高国内冷链行业的技术和服务水平；积极开展多种渠道、多种形式的冷链相关科普活动，提升广大消费者对冷链的正确认识，为冷链物流行业的提供良好的舆论环境。

从企业层面，立足于自身人才的培养和科技攻关，提升企业的产品和服务质量；加强与国外企业的合作和国际人才的引进，提升创新能力和服务理念；提高企业的实力和在行业内的影响力，积极参与国内外冷链项目投资建设、冷链标准制定、高性能冷链产品开发和优质冷链服务体系的构建；在国内外冷链物流快速发展的大潮中不断发展壮大，推动冷链行业的健康发展。我国冷链物流行业的发展，长期以来存在着企业规模小、行业集中度低等问题，因此行业中缺乏制定统一标准规则的基础。而标准的缺失又反过来影响市场的发展和成长。如今，随着冷链行业加快发展，行业标准体系的建立提上日程。

第六章
肉类冷链物流体系建设的发展趋势

总体来说，肉类冷链物流的发展趋势具体如下。

（1）肉类冷链物流市场依然保持快速增长。三大因素促进冷链物流市场稳步快速增长，预计未来3至5年的年均增速可达21%。一是国际化。国内自贸区试点扩大，进口生鲜品类和数量大幅提升，APEC后亚太自贸区取得更大突破，进而带来新机遇。二是标准化。国内人均消费力提升，对生鲜食品品质要求提高，对冷链标准认知加强，国内法规和监管措施将进一步完善，加之配套基础设施的升级将加快冷链行业健康发展。三是农村市场。农村市场需求激活，以及农产品进城、出口，将进一步刺激冷链物流的发展。

（2）生鲜电商推动肉类冷链物流模式升级。电商国际化加快国内冷链服务的国际化对接，国际生鲜品牌进入国内市场，对综合服务能力要求提高，具有分销职能的冷链供应链类型的企业快速崛起。国内冷链企业开始跟随国家战略逐渐走出国门，跨境收购成为一种新动向。电商下乡推动冷链下乡新思维，城乡交界的冷库建设迎来大发展机遇，农产品进城、出口需求扩大加快了F2C模式的发展。生鲜产品深加工和品牌建设提上日程，类似阳澄湖大闸蟹、东北五常大米、褚橙类产品等生鲜品牌将增多。

（3）跨界竞争呈现更加多元化的特征，新的竞争者不断涌现。据中冷联盟统计，历年冷链50强企业结构特征分析，除了制造企业直接切入、传统物流企业切入、电商企业切入外，贸易企业（生鲜进口贸易的贸易企业和货代企业等）、制冷设备企业已经高调进入冷链物流行业，相信后面还会有跟进者。冷链物流的服务形态将更加多元化。围绕传统冷链业务（如冷链干线运输、冷库、冷链宅配等）展开的服务，如冷链包装产业、冷链认证服务（产品溯源、供应商等级评定）、生鲜产品交易中心建设、IT技术企业（温度、湿度等全程质量监控）等全产业链构建正在形成。

（4）资本对冷链物流影响出现新趋势。传统扩大规模与提升服务的投资模式依然会继续，围绕产业生态布局的资本也将出现。如类似国家冷链行业发展基金，致力于投资冷链基础设施相关的内容，如包装技术、质量监控系统以及行业标准构建等。资本助力国内冷链企业进行跨境收购。

（5）技术革新助力冷链物流标准落地。制冷、食品速冻、冷库自动化、包装等技术发展助力冷链服务质量和效率提升。互联网的应用倒逼冷链物流标准落地，生鲜电商的竞争使得冷链服务标准越来越透明化、标准化，移动二维码等的应用使得标准动态监控成为可能。

第二部分
专题分析篇

第七章
近几年来肉类冷链物流产业政策的变化

7.1 "十三五"期间产业政策成果

在"十三五"期间,我国肉类冷链物流体系建设取得了新的进展。特别是2018年以来受非洲猪瘟疫情的影响,国家对肉类冷链物流体系建设做出了一系列新的部署。

7.1.1 猪肉调运方式改变

国家引导生猪屠宰加工向养殖集中区域转移,开展生猪屠宰标准化创建;推动"运猪"向"运肉"转变,逐步减少活猪长距离跨省(区、市)调运,推行猪肉产品冷链调运,加快建立冷鲜肉品流通和配送体系,提高冷鲜肉消费比重,实现"集中屠宰、品牌经营、冷链流通、冷鲜上市"。

7.1.2 加强冷链物流基础设施建设

国家要求逐步构建生猪主产区和主销区有效对接的冷链物流基础设施网络;鼓励屠宰企业建设标准化预冷级配中心、低温分割加工车间、冷库等设施,提高生猪产品加工储藏能力;鼓励屠宰企业配备必要的冷藏车等设备,提高长距离运输能力;鼓励生猪产品主销区建设标准化流通型冷库、低温加工处理中心、冷链配送设施和冷鲜肉配送点,提高终端配送能力。这些部署已经并将继续推动肉类冷链物流体系建设区域布局的重大变化。

7.2 "十四五"期间肉类冷链物流产业政策要点

7.2.1 从肉类行业发展看

加快冷链物流发展是适应肉类产品大规模流通的客观需要,是满足居民消费的必要保证,是促进农民增收的重要途径,也是提高我国肉类产品国际竞争力、实现国内国际双循环相互促进的重要举措。

7.2.2 从国内发展看

"十四五"期间,肉类行业要按照全面贯彻落实高质量发展、乡村振兴和建设健康中国的要求,紧紧围绕构建农牧业增产增效和农民持续增收的长效机制,适应城乡居民生活水平提高和保障居民食品安全的需要,以国内市场为主导,以畜禽屠宰企业为发力点,加快屠宰产业及冷库等冷链物流基础设施建设布局调整,加快肉类冷链物流技术、规范、标准体系建设,为建设一体化的肉类冷链物流服务体系奠定基础,降低肉类产品产后损失和流通成本,促进农民增收,确保肉类产品品质和消费安全。为此,要建立主要品种和重点地区肉类产业冷链物流体系。鼓励大中型畜禽屠宰加工企业从生产源头实现低温控制,积极发展覆盖肉类生产、储存、运输及销售整个环节的冷链,建立全程"无断链"的肉类冷链物流体系,实现产地市场和销地市场冷链物流的高效对接。重点发展猪肉冷链物流,努力减少生猪活体的跨区域运输,积极发展从中部、华南区到珠三角、长三角、港澳等沿海地区,从东北地区到京津地区的冷链物流体系。围绕生猪屠宰加工企业,加快大中城市猪肉冷链配送发展,推广品牌冷鲜肉消费。要积极推进牛羊禽定点屠宰,以屠宰加工企业为依托,发展完善牛羊禽肉冷链物流体系。

第七章
近几年来肉类冷链物流产业政策的变化

7.2.3 从国际贸易看

由于非洲猪瘟疫情等诸多因素的不确定性，肉类进口的需求将进一步扩大。随着肉类进口的增加和销售市场的扩大，口岸城市到销地市场的冷链物流体系建设将得到加强，以适应国内国际双循环相互促进的要求。

7.3 "十四五"期间肉类冷链技术创新

7.3.1 加强标准化建设

加强标准化建设是技术创新的基础。要重点制定和推广一批肉类产品冷链物流操作规范和技术标准，建立以HACCP为基础的全程质量控制体系，积极推行质量安全认证和市场准入制度。其中包括：制定各类畜禽产品原料处理、分选、加工与包装、冷却冷冻、冷库储藏、包装标识、冷藏运输、批发配送、分销零售等环节的保鲜技术和制冷保温技术标准；制定冷链各环节有关设施设备、工程设计安装标准；围绕生鲜肉类产品质量全程监控和质量追溯制度的建立和发展，制定数据采集、数据交换、信息管理等信息类标准；建立符合国际规范的HACCP、GMP、GAP（良好农业规范）、ISO（国际标准化组织）等质量安全认证制度和市场准入制度；对于密切关系居民消费安全的肉类产品，执行国家强制性标准。

7.3.2 加快推动冷链物流装备与技术升级

加快节能环保的各种新型冷链物流技术的自主研发、引进消化和吸收，重点加强各种高性能冷却、冷冻设备自动化分拣、清洗和加工包装设备，冷链物流监控追溯系统、温控设施以及经济适用的肉类产品预冷设施、移动式冷却装置、节能环保的冷链运输工具、先进的陈列销售设备等冷链物流装备的研发与推广，完善科技成果转化的有效制，不断提高冷链物流产业的自主创新能力和技术水平。

7.3.3　加快推动肉类冷链物流的信息化建设

依托肉类产品优势产区、重要集散地区和大中城市等集中消费地区，建立区域性肉类产品冷链物流公共信息平台，实现数据交换和信息共享，优化配置冷链物流资源，为建立肉类冷链物流监控和追溯系统奠定基础。鼓励市场信息、客户服务、库存控制和仓储管理、运输管理和交易管理等应用系统软件开发，健全冷链物流作业的信息收集、处理和发布系统，全面提升冷链物流业务管理的信息化水平。推广应用条型码、RFID（无线射频识别、GNSS全球定位系统传感器技术、移动物流信息技术、电子标签等技术），建立全国性和区域性的肉类产品质量安全全程监控系统平台。明确冷链物流信息报送和信息交换的责任机制，提高政府监管部门的冷链信息采集和处理能力，提高行业监管和质量保证水平。

7.4　"十四五"期间重点工程

7.4.1　低温配送处理中心建设工程

支持原有布局在销区的屠宰加工企业将在大中城市周边建设的冷库改造为具有低温条件下中转和分拨功能的配送中心，集中完成肉类分割、包装、配载等处理流程，形成冷链长短途有效衔接、生产与流通环节紧密联系的物流体系，促进其与上下游的屠宰加工企业、批发市场以及下游零售市场协同推进冷链发展。

7.4.2　冷链运输车辆及制冷设备工程

鼓励屠宰加工企业购置冷藏运输车辆，大幅度提升冷链物流企业的冷链运输能力，提高我国肉类产品的冷链运输率；鼓励屠宰加工企业购置预冷保鲜、冷藏冷冻、低温分拣加工、冷藏运输工具等冷链设施设备，提高冷链处理能力，逐步减少断链现象的发生。

7.5　新冠肺炎疫情期间冷链食品相关政策

7.5.1　国家层面

表7-1所示为新冠肺炎疫情期间国家冷链食品政策。

表 7-1　新冠肺炎疫情期间国家冷链食品政策

时间	发布单位与通知号	主要内容
2020年8月12日	国务院 联防联控机制综发 〔2020〕223号	要求①重点选择辖区内具备区域辐射能力的大型农贸市场、农产品批发市场（海鲜市场），定期开展冷冻冷藏肉品、储存设施设备、冷库管理、食品储存追溯、环境等风险排查和监测；②完善肉类产品质量全链条追溯体系，采购、销售肉类产品，务必查验动物检疫合格证明、肉品品质检验合格证明；③禁止采购、销售来源不明、无合格证明材料的食品，确保食品质量安全
2020年8月26日	交通运输部 交运明电 〔2020〕241号	要求①冷链物流企业配备必要的个人防护、消毒用品和装备；②要加强对港口作业人员以及司机、装卸工、船员、引航员等冷链物流一线工作人员个人防护；③从事冷链物流运输厢式车辆，在每次重新装载货物前均要对厢体内外部进行重新消毒

续表

时间	发布单位与通知号	主要内容
2020年9月11日	海关总署 海关总署公告 2020年第103号	规定①同一境外生产企业输华冷链食品或其包装第1次和第2次被检出新冠病毒核酸阳性的,海关分别暂停接受该企业产品进口申报1周,期满后自动恢复;②同一境外生产企业先后被检出新冠病毒核酸阳性3次及以上的,海关暂停接受该企业产品进口申报4周,期满后自动恢复
2020年10月16日	国务院 《冷链食品生产经营新冠病毒防控技术指南》	适用于采用冷冻、冷藏等方式加工,产品从出厂到销售始终处于低温状态的冷链食品在生产、装卸、运输、储存及销售等环节中新冠病毒污染的防控
2020年10月16日	国务院 《冷链食品生产经营过程新冠病毒防控消毒技术指南》	适用于采用冷冻、冷藏等方式加工,产品从出厂到销售始终处于低温状态的冷链食品,用于指导新冠肺炎疫情防控常态化期间,正常运营的食品生产经营单位和个人,在生产、装卸、运输、贮存及销售等过程中对来自国内外新冠肺炎疫情高风险区冷链食品的消毒
2020年11月8日	国家卫生健康委员会 联防联控机制综发〔2020〕255号	适用于进口冷链食品的装载运输工具、产品内外包装的消毒,规定了全面消毒工作的目标原则、工作分工、基本要求及消毒方式,规定了口岸、冷链运输和出入库、流通、市场等环节的相关工作流程

7.5.2 地方层面

表7-2所示为新冠肺炎疫情期间地方冷链食品政策。

表 7-2 新冠肺炎疫情期间地方冷链食品政策

地区	发布时间与政策名称	主要内容
北京	2020年6月30日《进口冷链食品防疫指引》	规定了货物仓储运输环节和市场销售环节的防控、从业人员的日常防控，以及冷链食品及存储运输环节的预防性消毒，包括货物转运存放区域、运输工具、货物外包装、其他区域及相关用品用具等的日常消毒，还规定了核酸检测阳性产品的处置措施等
	2020年8月25日《北京市商务局关于新冠肺炎常态化防控下加强食品冷链物流管理的通知》	要求加强食品冷链物流关键环节的规范化操作，包括作业人员、货物、运输车辆、储存、销售等环节的相关要求等
	2020年9月28日《北京市商务局关于进一步加强我市进口企业提高防范进口冷链食品新冠病毒输入风险意识的通知》（京商外运字〔2020〕32号）	要求相关企业：①要主动规避从疫情严重地区进口冷链食品，积极采取有效措施，做好进口食品各项替代方案；②要加强进口冷链食品管理，建立完善防范新冠病毒输入风险预警报告机制
	2020年10月26日《北京市市场监督管理局 北京市商务局关于推广应用北京市冷链食品追溯平台的通告》	自2020年11月1日起，北京市进口冷链食品生产经营单位使用"北京冷链"如实上传进口冷藏冷冻肉类、水产品来源、流向等追溯数据，实行"首站赋码"管理，在面向消费者进行销售时，应在进口冷藏冷冻肉类、水产品产品包装或货柜明显处加贴"北京冷链"电子追溯码。广大消费者可通过微信、支付宝扫码查询产品追溯信息

续表

地区	发布时间与政策名称	主要内容
上海	2020年8月5日《关于进口冷链食品加工经营疫情防控工作规范》	规定①冷链食品企业应当设立企业测温点和临时隔离点、加强人员健康管理、严格落实食品进货查验。②肉类、水产品及其制品必须具有检验检疫合格证明。其中生猪产品必须具有"两证一报告";禽肉产品必须具有动物检验检疫合格证明;进口畜禽肉类食品还应当查验核酸检测合格证明。③应当将采购、销售的进口冷链食品等相关追溯信息,按要求上传至本市食品安全信息追溯平台。④严格落实贮存运输环境清洁消毒,认真做好分割、分装加工过程洗消工作,做好冷链食品销售过程的防控等
	2020年8月18日《上海市市场监督管理局关于加强冷链食品生产经营企业疫情防控和食品安全信息追溯管理的通知》(沪市监食协20200386号)	要求①以从事冷链食品生产经营企业为重点场所,以冷藏冷冻肉类、水产品为重点品种,加强冷链食品生产、加工、储藏、运输、销售等各环节的疫情防控和食品安全信息追溯管理。②冷链食品生产经营企业应当依法如实记录并保存食品及原料进货查验、出厂检验、食品销售等信息。③做好冷藏冷冻肉类、水产品及其制品的合格证明、交易凭证等进货查验和台账记录,其中进口的肉类、水产品及其制品必须具有入境货物检验检疫证明,生猪产品必须具有"两证一报告"。④应将采购、销售的冷藏冷冻肉类、水产品的名称、规格、数量、生产日期或者生产批号等信息和凭证上传至"上海市食品安全信息追溯平台",并可以从"上海市食品安全信息追溯平台"打印追溯单,随货同行
广东	2020年8月16日《广州市商务局关于加强超市疫情防控工作的紧急通知》	要求①经营进口冷冻肉制品和水产品的超市(含超市配送仓库)严格落实疫情防控措施,做好进口冷冻肉制品和水产品食品安全和检验检疫工作;②接触进口冷冻肉制品和水产品环境和产品的员工,必须佩戴手套、口罩等进行操作

第七章
近几年来肉类冷链物流产业政策的变化

续表

地区	发布时间与政策名称	主要内容
四川	2020年11月5日《省市场监管局等七部门关于加强冷链食品生产经营新冠病毒防控工作的紧急通知》（川市监发〔2020〕83号）	要求对从事冷链食品贮存业务的食品生产经营者、非食品生产经营者实行登记或备案管理，对冷链食品生产经营实行信息化追溯，并发布了《四川省冷链食品贮存业务新冠病毒防控工作指南》
陕西	2020年11月4日《陕西省商务厅关于做好冷链食品生产经营新冠病毒防控技术指南和冷链食品生产经营过程新冠病毒防控消毒技术指南有关工作的通知》（陕商函〔2020〕594号）	提出认真做好冷链食品生产、装卸、运输、贮存及销售等各环节预防知识宣传工作，落实技术指南业务培训和实际操作工作等。
河北	2020年10月29日《河北省市场监督管理局关于加强冷链食品生产经营过程控制的公告》（2020年第56号）	对加强食品生产、经营单位〔含食品生产者、食品销售者、餐饮服务单位、单位（含学校）食堂、食品及食用农产品集中交易市场、食品小作坊、小餐饮、食品小摊点、从事冷链食品贮存业务的非食品生产经营者等〕冷链食品生产经营过程控制工作进行了相关规定
河北	2020年10月30日《冷链食品生产经营过程控制明白纸》	规定了冷链食品生产过程、销售过程、餐饮加工过程中的防控要点，包括人员卫生要求、进货防护和查验、装卸储运过程防控要求、清洁和消毒等
广西	2020年6月22日《自治区商务厅关于做好商场超市疫情防控工作的紧急通知》（桂商流通发〔2020〕14号）	要求①加强人员进出管理，做好从事肉禽类、海鲜等重点行业人员的个人防护和定期病原监测；②督促企业严格执行食品进货查验和台账登记制度，采购食品要实行查验并留存食用农产品合格证或产地证明、购货凭证、合格证明文件，确保上柜销售的畜禽、水产品类产品检疫合格证明标识内容与实际数量、来源相符；③经营进口产品的，要索取海关出具的检验检疫证明文件。

续表

地区	发布时间与政策名称	主要内容
河南	2020年6月14日《河南省市场监督管理局下发紧急通知加强市场销售水产品质量安全监管》	要求①无产地证明或者购货凭证、合格证明文件的及进口水产品及其制品无出入境检验检疫部门出具的检验检疫证明文件的，一律不得入场销售；②销售者采购水产品必须依法索要产地证明或者购货凭证、合格证明文件，采购进口水产品及其制品必须依法索要出入境检验检疫部门出具的检验检疫证明文件
浙江	2020年8月31日《浙江省新型冠状病毒肺炎疫情防控工作领导小组办公室关于进一步做好冷链食品常态化疫情防控工作的通知》（省疫情防控办〔2020〕118号）	要求①对进口冷链食品实施精准追溯，加强对进口冷链食品的全程追溯；②定期对重点场所的物（冷链食品及其包装物）、人（冷链食品生产加工销售各环节从业人员）、环境（屠宰、生产加工、贮存、运输、经营场所）进行采样和核酸检测，要求每周抽取一定数量农贸（集贸）市场、超市进行检测。对来自中高风险疫情地区的从业人员和冷链食品，要加大抽检量，并按照相关规程延长冷链食品的留样时间；③做好应急处置工作、严格落实各项日常防控措施等。《通知》中发布了《农贸（集贸）市场新型冠状病毒环境监测技术规范》《新冠病毒核酸阳性食品处置指南》《农贸（集贸）市场新冠肺炎疫情防控技术指南》《海鲜类加工企业新冠肺炎疫情防控技术指南》

目前，我国肉类市场呈现出主要生产区与主要消费区分离的局面，大量肉类产品需要进行异地调运。随着活畜禽运输限制增多，大量货运需求冷链运输解决。从运输结构来看，近年来我国肉类产品冷链物流发展快速，尤其以地区性一级批发市场为核心的城际专线如雨后春笋般增长。如从杭州冻品交易市场始发城际专线增长了一倍。虽然我国冷藏运输率超过30%，但我国冷藏车保有量占货车总量比重仍远低于冷链运输业发达国家，冷藏车市场有着巨大增长

第七章
近几年来肉类冷链物流产业政策的变化

空间。随着我国政策红利的释放，国民生活水平的提高，受冷链物流需求的带动，未来冷藏车市场有着巨大增长潜力。

自2018年起，受非洲猪瘟疫情的严重影响，国内生猪养殖量减少，尤其繁殖母猪减少，生猪出栏量减少，生猪产量也随之减少，"十三五"期间全国肉类产量总体上呈下降趋势，肉及肉制品市场价格总体上上涨趋势。

"十四五"期间，国家将按照国务院总体部署，加强冷链物流基础设施建设，逐步构建畜禽主产区和主销区有效对接的冷链物流基础设施网络。通过推进肉类产品冷链调运，加快建立冷鲜肉流通和配送体系，实现"集中屠宰、品牌经营、冷链流通、冷鲜上市"。同时，加强消费宣传引导，提高冷鲜肉消费比重。

第八章
冷链设备市场运行分析——存储环节

8.1 冷库

冷库是指利用降温设施创造适宜的湿度和低温条件的仓库，本书中的冷库是指由压缩式冷凝机组制冷的冷库。

8.1.1 市场规模

"十三五"期间，国家高度重视冷链行业发展，将冷链建设作为"补短板"工程，并列为保障"三农"发展的基础设施建设，全面推动冷库建设从数量到质量的提升。产业在线统计数据显示，截至2020年底，全国31个省市自治区共有冷库库容总量为5440万吨，同比增长7.7%；其中新增冷库容量390万吨，同比增长6.6%。新建项目在系统设计及建造上不断向信息化、智能化、技能化方向发展，在功能上更倾向于可以兼顾多种用途的综合性冷库。图8-1所示为2016—2020年我国冷库新增库容量。

图 8-1　2016—2020年我国冷库新增库容量

（1）华东地区冷库规模一直稳居全国首位，且占比持续稳定。2020年，华东地区冷库规模达1916万吨，同比增长7.8%。冷库储物主要以果蔬库和肉类库为主，占比超过70%；同时，作为全国主要沿海地区，水产库库容量也比较大。

（2）东北地区由于冷库需求相对较少，近两年新增主要集中在辽宁港口地区。2020年，受新冠肺炎疫情影响，东北地区冷库建设增长相对乏力，同比上年增长3.0%，新增冷库仅占全国新增冷库容量的2.9%。

（3）2020年，华北地区冷库容量693万吨，同比上年增长9.9%，继续维持高速增长。其中新增冷库容量62.1万吨，占全国新增冷库比例达到15.8%。

（4）2020年，华南地区冷库容量501万吨，同比上年增长16.1%，增幅大幅提升。其中新增冷库容量69.3万吨，占全国新增冷库比例达到17.8%。

（5）华中地区在"十三五"期间是主要增长地区，2020年，华中地区冷库容量727万吨，同比上年增长7.7%，占全国13.5%的冷库容量。

（6）西北地区冷库容量增长依旧较缓，在全国所占比例也呈下降趋势。2020年，其库容量697万吨，占全国12.8%的市场份额，其中新增冷库份额仅为5.0%。

（7）2020年，西南地区库容量503万吨，同比上年增长7.8%，在全国占比中一直稳定在7%~10%。

8.1.2 产品细分

1. 储物细分

表8-1所示为2020年我国冷库储物细分情况。

表 8-1　2020年我国冷库储物细分情况　　　单位：万吨

	肉类冷库	果蔬冷库	水产冷库	其他类型冷库	总计
2020年	1895	1776	1350	420	5441
增长率	5.7%	10.5%	5.6%	13.1%	7.7%

"十三五"期间，国家对农产品冷链物流的建设越发重视，持续下发了一系列相关政策鼓励支持果蔬库的建设，各地方政府也纷纷出台补贴方案，农业冷链基础设施建设提速，加上在生鲜电商及线下生鲜精品店的带动下，果蔬冷库需求不断提高。2020年，果蔬冷库库容量1776万吨，同比上年增长10.5%。2016—2020年果蔬类冷库复合增长率为12.3%，其中新增冷库168万吨。新增果蔬冷库主要集中在山东、河南、江苏等地。

肉类冷库是我国建设最早、发展最为成熟、库容量最大的冷库类型。2020年，随着活体禁运，各类肉品加工迅速，冷鲜肉、冷冻肉在肉类总产量中占比继续不断增加，进一步激发肉类冷库需求增长；另一方面，受新冠肺炎疫情影响，进口肉类的安全性受到质疑，导致国内市场需求迅速增加。2020年全年新增肉类库容102万吨，同比增长6.6%，主要集中在山东、江苏、上海、河南、河北等地。

东部沿海地区作为水产冷库主要需求地，经过多年发展已经相对成熟，目前新增冷库主要集中在内部沿河湖地区以及东部地区老旧水产冷库的改造。随着水产品产量的逐渐趋稳，叠加疫情影响，水产冷库增长速度继续放缓；2020年，我国水产冷库库容为1350万吨，同比增长5.6%，2015—2020年复合增长率为6.6%。其中新增库容量71万吨，同比上年小幅增长2.4%，除浙江、山东、辽宁等沿海地区外，湖北、江西等地也有部分增长。

其他类型冷库主要指的是一些特殊类别产品的冷库，如鸡蛋冷库、粉丝冷库、茶叶冷库、医药冷库、花卉冷库等。近几年医药冷库发展速度本身就很快，2020年受新冠肺炎疫情影响，国家对药品安全更加重视。不过医药冷库库容规模普遍较小，对冷库整体分类格局影响不大。2020年，我国其他类型冷库容量420万吨，同比增长13.1%。其他类型冷库增长最高的地区是广东、河南、上海、浙江、辽宁等地。

2. 类型细分

冷库按结构类型细分为土建式冷库、装配式冷库和其他混合型冷库。图8-2所示为2020年我国不同结构类型冷库的比例，其中，土建式冷库以中大型冷库为主，总占比达70%；装配式冷库占比22%；其他混合型冷库占比8%。中小型冷库越来越多采用装配式冷库，且近两年增长明显。

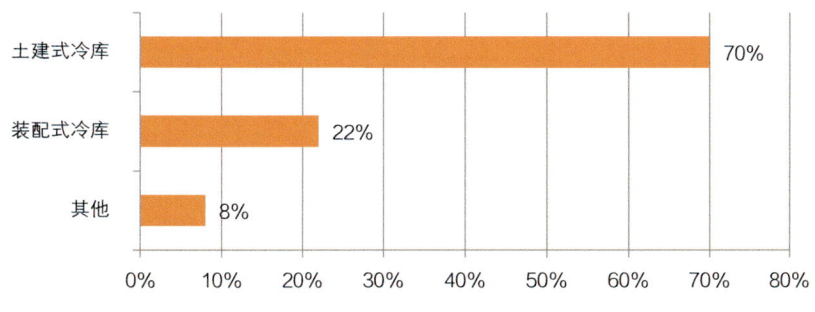

图 8-2　2020年我国不同结构类型冷库的比例

3. 用途细分

按照冷库的不同用途，冷库可划分为分配型冷库、生产加工型冷库以及零售型冷库。图8-3所示为2020年我国不同用途冷库的比例。分配型冷库又称中转型冷库，是指用来接收和储存需冷藏、冷冻的食品，主要由农批冷库和港口冷库构成，在我国冷库中占绝对比例，达到78%。这类冷库建在水陆交通枢纽、大、中城市及人口较多的地方，为我国冷库的主要构成部分。

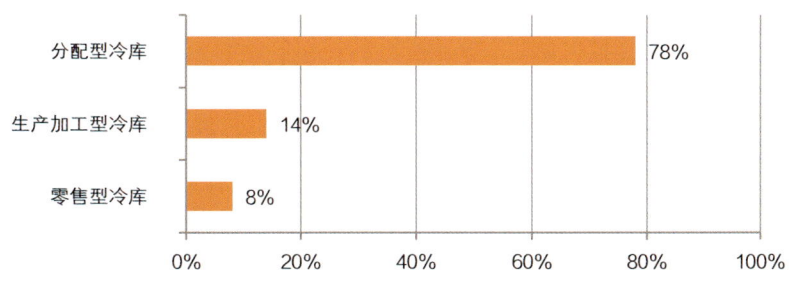

图 8-3　2020年我国不同用途冷库的比例

生产型冷库是指具有较大制冷加工能力和一定冷库容量的低温储藏冷冻品的场所，占比达到14%。常见的有肉类屠宰和深加工厂、水产类联合加工厂、乳制品联合加工厂和果蔬冻干加工厂。

零售型冷库是指建在工矿企业或城市大型副食品店、菜市场内，供临时存储零售食品使用的冷库，占比为8%。其特点是库容量小、储存期短。其库温则随使用要求不同而异。在库体结构上，大多采用装配式组合冷库。

8.1.3 竞争格局

冷库用设备制造企业由NH_3制冷企业和氟制冷企业构成。NH_3制冷市场集中度高，行业排名前三（TOP3）企业占比超过70%，主要生产库容量在万吨级以上的NH_3制冷螺杆压缩机机组制冷冷库。氟制冷企业的行业集中度相对较低，承接氟冷库安装的企业众多，全国有4000多家有冷库施工资质的企业，且以中小企业为主，实力弱、经销规模小、服务标准不统一。而具备资源整合和行业推动能力的大型企业却刚刚起步。冷库建设行业进入门槛较低，发展前景乐观，涉足冷库施工的企业存在很大比例的是一些小的工程公司甚至是个人承包的施工队性质，可谓五花八门。在上海、江苏、山东，特别是广东、浙江一带有很多年销售额在5000万元以上的中型民营企业，它们对市场反应更为敏锐，是不可小觑的中坚力量。

8.1.4 发展趋势

从市场对冷库的需求趋势来看，我国现有的冷库容量相对充足。产能过剩大多表现在欠发达地区。生鲜农产品在冷链条件下流通比例仍然较低。目前，我国的各类冷库结构性布局缺乏合理性，区域发展不均衡，产业亟待统筹规划。目前肉类、果蔬、水产等冷库体量较大，保有量相对充足。2020年果蔬冷库增长量最多，一方面是因为消费者对果蔬品质要求越来越高，果蔬冷库长期需求不减；另一方面，是因为新冠肺炎疫情下，食品安全和食品物资保障越来越受重视，进一步增加了果蔬冷库的需求。

在制冷剂方面，全国政协委员唐俊杰提交的《关于大力倡导使用绿色环保NH_3制冷剂、保障农产品冷链物流可持续发展》的提案获得"未要求企业替换或者禁止使用氨制冷剂"答复,在业界引起广泛关注,而由于R22面临削减与最终淘汰,作为自然工质冷媒随着压缩机企业的研究与推广,使用比例会逐步提高;NH_3/CO_2复叠系统在冷冻压缩机上的应用增加,烟台冰轮、雪人股份、松下等企业都取得一定成绩,但在量上依旧较小,比例很难体现。

8.2 冷凝机组

本书涉及1HP及以上的氟制冷冷凝机组,包括转子式、涡旋式、半封闭活塞式、螺杆式四种冷凝机组类型,主要应用于商用冷链设施(超市陈列柜、冷库及其他),不包含NH_3制冷机组。

8.2.1 市场规模

图8-4所示为2016—2020年我国冷凝机组市场规模趋势。

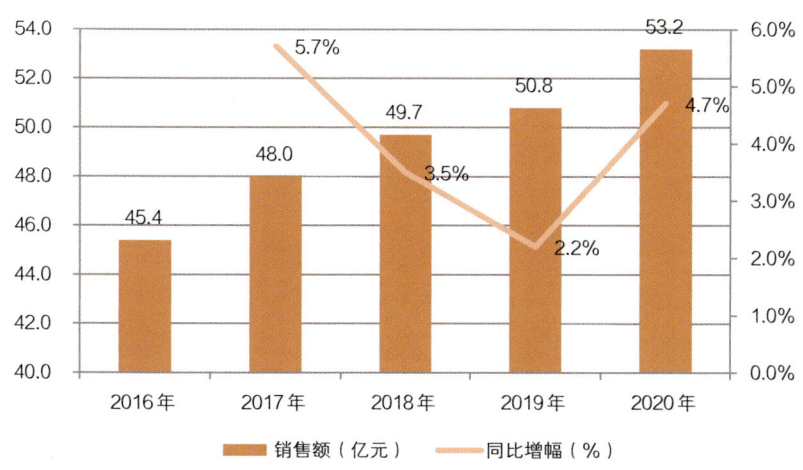

图 8-4　2016—2020年我国冷凝机组市场规模趋势

冷凝机组主要应用于冷库、陈列柜商用冷链行业。2020年上半年受新冠肺炎疫情影响，各行业开工受阻，我国冷库容量增速放缓，零售开店停滞；进入5月以后，冷库建设提速，商超便利店加速开店，冷凝机组需求迅速攀升。全年冷凝机组行业全年规模42.5万台，同比上年增速为1.5%，增幅稍有收窄。2020年，冷凝机组销售额53.2亿元，同比上年增长4.7%。冷凝机组市场规模增速继续高于市场销量，总体均价继续上涨。这一是由于螺杆式冷凝机组增幅较大，单价明显高于其他品类，拉高了行业总体均价；二是半封活塞式冷凝机组由于小匹数应用比例不断减少，均价出现一定上升。

8.2.2 产品细分

1. 按压缩机类型细分

国内市场上冷凝机组按压缩机不同，大致可以分为四类：转子式冷凝机组、涡旋式冷凝机组、半封闭活塞式冷凝机组、螺杆式冷凝机组。从量上看，涡旋式冷凝机组和半封闭活塞式冷凝机组应用最广，占据主流市场。如图8-5所示，2020年，涡旋冷凝机组21.71万台，以绝对的数量优势主导行业总体市场的发展走势；转子式冷凝机组受下游零售业低迷影响需求出现下滑；半封闭活塞式冷凝机组市场持续多年下滑，2020年降幅有所收窄；螺杆式冷凝机组1.20万台，同比上年增长20.0%，依旧是涨幅最高的品类。

2020年，螺杆式冷凝机组市值19.08亿元，首次超过半封闭活塞式冷凝机组，成为市场规模最大的冷凝机组品类；半封闭活塞式冷凝机组销售额18.40亿元，同比上年下降1.9%，占比为34.6%；涡旋式冷凝机组市场规模13.48亿元，规模持续增加；转子式冷凝机组仅为2.24亿元，规模有一定减少。

第八章
冷链设备市场运行分析——存储环节

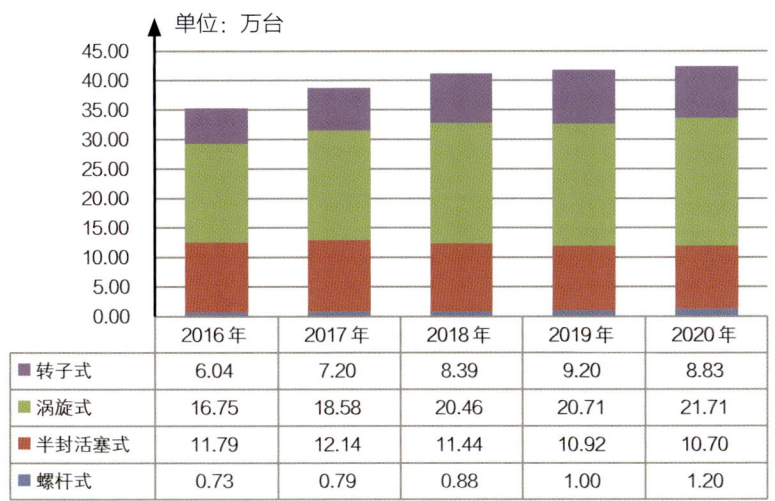

图 8-5　2016—2020年我国冷凝机组细分市场规模统计（按内销量/万台）

2. 按温区细分

按温度，可将冷凝机组划分为高温、中温、低温、超低温四大类。其中不同温度与产品类型紧密关联，中高温机组主要为转子式、涡旋式，应用于陈列柜、中小型冷库以及食用菌工厂等；中低温机组则以半封闭活塞式、螺杆式为主，应用于大中型冷链设备。如表8-2所示，中温区（-18℃～5℃）占比最高，2020年达到41.6%，但增速有所放缓。2020年末新冠疫苗相继研发上市，带动超低温应用的快速增长，虽然目前超低温应用占比仅为0.4%，但增速连年来都很高，2020年更是达到11.0%。

表 8-2　2020年中国冷凝机组产品细分结构比例（按温区）

	细分品类	2020年规模（万台）	2020年增速
冷藏	高温（0℃以上）	16.6	1.3%
	中温（-18℃～5℃）	17.7	1.2%
冷冻	低温（-40℃～-8℃）	8.0	2.3%
	超低温（-40℃以下）	0.2	11.0%

3. 按冷媒细分

冷凝机组的冷媒主要包括 R22、R404A 及其他（CO_2、R134a、R507 等）。如表 8-3 所示，2020 年 R22 冷媒占比为 56.8%，比例进一步缩减。目前环保部门已经禁止 R22 制冷方案应用于新增项目，项目报批多以 R404A、R507 等环保型冷媒为主，但由于 R22 在价格和低温工况优势明显，很多项目开工依旧使用 R22。同时，环保冷媒的比例逐年增加。R290 在转子式冷凝机组上有一定用量，CO_2 在半封闭活塞机和螺杆复叠机有所应用，不过数量依旧较少，比例难以体现；NH_3 制冷在工业冷冻领域依然有较大优势。

表 8-3　2019—2020年我国冷凝机组产品细分结构比例（按冷媒）

细分冷媒	2020	2019
R22	56.8%	58.8%
R404A	36.9%	34.9%
其他	6.3%	6.3%

4. 按冷量细分

10HP以内是冷凝机组应用的主力机型，2020年占比77.2%，其中转子式和涡旋式冷凝机组主要集中在该冷量段，以中小型冷库、商超柜、制冰机等应用为主；10-40HP冷量段，以半封闭活塞式机组为主，2020年比例继续缩减；100HP以上以螺杆式冷凝机组为主，其比例仍在不断扩大。

8.2.3　竞争格局

如图8-6所示，冷凝机组企业TOP3和TOP5的企业份额出现小幅波动，并且2020年TOP5企业的市场份额出现下滑，这主要是由于近两年制冷企业对冷冻冷藏越来越重视，纷纷涉足冷冻冷藏，加大了市场竞争度。但随着国内冷链市场发展越来越规范，客户也越来越认识到产品的可靠性和高能效带来的收益远大于投入成本，在选择产品时不再仅考虑价格，更考虑产品质量和产品的售后服务保障，因此品牌机①的市场份额得以不断提升。

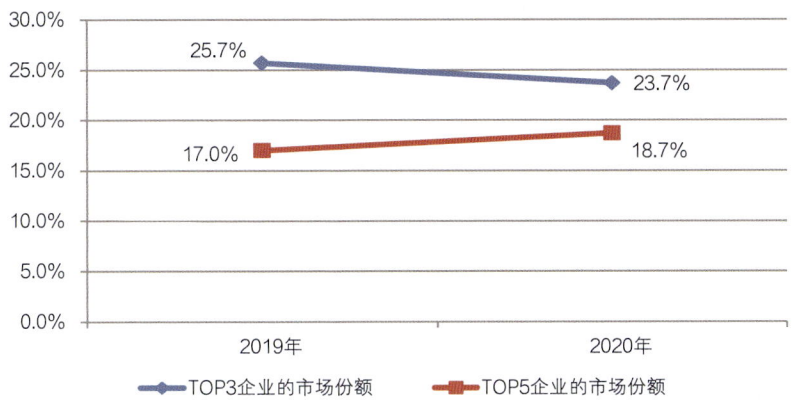

图 8-6　2019—2020年我国冷凝机组品牌集中度变化情况

从区域竞争上来看，我国冷凝机组的生产企业主要在东部地区，尤其集中在华东长三角区域以及华北和东北的一些省重点城市，这些地区市场需求大但竞争也更加激烈；华南、华中等地的生产企业则分布较少，主要依靠区域代理；中、西部地区主要以拼装机为主，规模较小，市场竞争也相对较低。

8.2.4　发展趋势

从短期来看，2020年初在新冠肺炎疫情影响下，各企业的项目计划被打乱，下游市场的需求发展几近缓慢，多重因素的叠加使上半年的低迷形势已成定局，成为影响全年市场增速的关键事件。从长期来看，滞后的市场需求将稳步回升，疫情期间冷链需求迅速增加，将带动后续冷链市场的需求的增加，后期市场将迎来一定利好。在产品结构上，螺杆式冷凝机组受到带动，2020年表现不俗。从长期上看，转子式冷凝机组和涡旋式冷凝机组的市场规模还处于上升期，仍有发展空间，半封闭活塞式市场体量将在涡旋式、转子式冷凝机组的挤压下，需求持续放缓。

---

① 品牌机：原有"全国工业产品生产许可证"工厂所生产组装的冷凝机组。

第九章
冷链设备市场运行分析——运输环节

9.1 冷藏车

用来运输易腐食品和生物制品的封闭式厢式运输车，是装有制冷机组的制冷装置及聚氨酯隔热厢的冷藏专用运输汽车。

9.1.1 市场规模

为贯彻落实党中央、国务院关于城乡冷链物流设施补短板和建设国家骨干冷链物流基地的决策部署，2020年有关部门相继出台了《农业农村部办公厅关于做好"三农"领域补短板项目库建设工作的通知》《关于做好2020年国家骨干冷链物流基地建设工作的通知》等一系列利好政策，加速全国冷链物流基础设施布局，为国内冷链物流发展营造良好的政策环境。

2020年，冷链物流发展相关政策得到有效的贯彻和执行，各地方上也以支持冷链物流骨干基地建设、财政专项产业扶贫项目、规范鼓励屠宰企业配备冷藏车提高长距离运输能力等一系列具体政策，鼓励发展多温层冷藏车，支持冷藏车绿色高效发展，探索网络货运经营；同时，卫生防疫部门积极加快建设医用冷链运输。如图9-1所示，截至2020年末，我国冷藏车保有量达到20.4万辆，同比增长13.5%。

第九章
冷链设备市场运行分析——运输环节

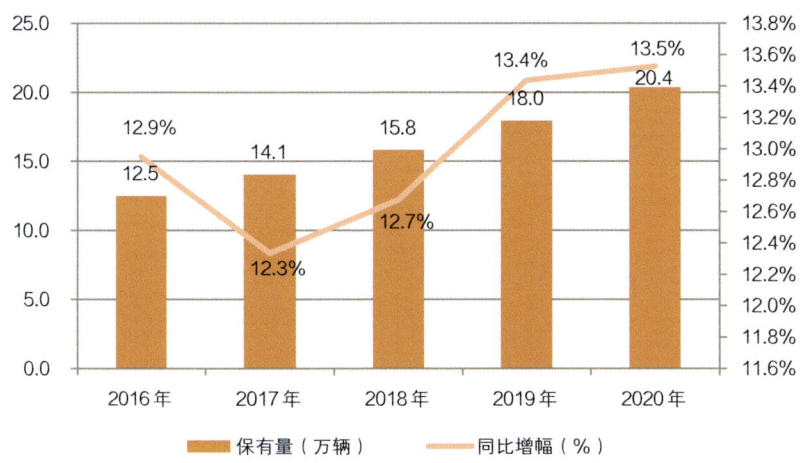

图 9-1　2016—2020年我国冷藏车保有量及发展趋势

9.1.2　产品细分

从车型来看，冷藏车可分为重型（＞14t，6.9m以上）、中型（6～14t，4.2～6.8m）、轻型（1.8～6t，2.6～4.2m蓝牌车）、微型（＜1.8t，面包车等）。总体来看，作为城市冷链配送的主力轻型冷藏车销量仍居于首位，与订单碎片化、配送及时性等客户需求方式改变有很大关系，2020年轻型冷藏车销量1.68万辆，占总新增量的比例为23.9%。2020年1月1日起高速费采取按轴收费，更加利于重型冷藏车的干线运输作用，但也对半挂车造成一定影响。受新冠疫苗上市影响，微型冷藏车销售火爆。

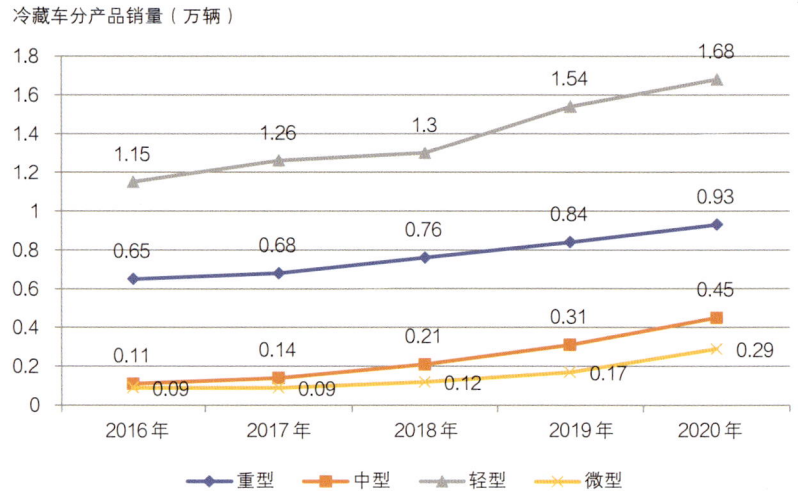

图 9-2　2016—2020年我国冷藏车分产品销量增长分析

9.1.3　竞争格局

冷藏车企业竞争格局基本稳定，但市场竞争在不断加剧。如图9-3所示，2020年，我国冷藏车主要的生产厂家仍集中TOP5等企业。但随着近几年冷链热度的提升和冷藏车销量的增长，吸引了众多主机厂纷纷进入市场，主机厂抓紧抢占市场，改装厂将面临更加巨大的压力。近两年国内小型企业上量迅速，冷藏车市场的多样化需求使得参与竞争的企业越来越多，竞争越加激烈。冷藏车用制冷机组端的竞争也同样激烈，到2020年，冷藏车用机组TOP10企业市场占有率降为76.1%。

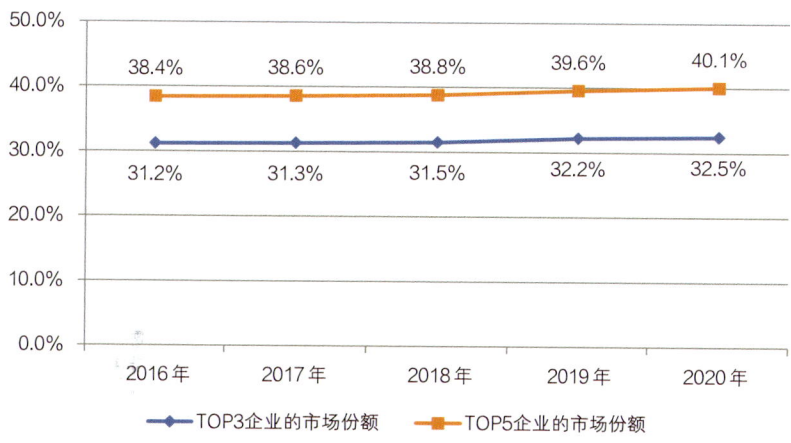

图 9-3 2016—2020年我国冷藏车品牌集中度变化情况

9.1.4 发展趋势

2020年，医药冷链运输需求激增，加上非洲猪瘟依然存在，因此从短期来看，冷藏车市场发展规模动力强劲。从长期来看，城乡冷链物流设施建设被列入中共中央政治局会议议题，未来轻型和微型城乡配送车辆的需求将会随之增长。在商业模式上，网购平台打通了销售点与消费者之间的通道，冷链物流链条被拉长，生鲜电商行业的快速崛起，对冷藏车的需求也将会被不断释放。

9.2 冷藏集装箱

冷藏集装箱是指具有一定隔热性能，能保持一定低温，适用于各类食品冷藏储运而进行特殊设计的集装箱。

9.2.1 市场规模

如图9-4所示，2016—2020年我国冷藏集装箱实现了可观的增长率，五年复合增长率为6.0%。2020年，我国冷藏集装箱销售量达到14.8万TEU，同比增长5.0%。

图9-4　2016—2020年我国冷藏集装箱发展趋势及成长性

9.2.2　竞争格局

目前，国际冷藏集装箱市场高度集中，主要由中集集团、胜狮货柜、马士基等企业构成，生产基地主要分布在上海、青岛等东部沿海地区。作为全球冷藏箱产销量第一的中集集团，在标准冷藏集装箱全球市场中占有率超过30%，特种冷藏箱全球市场占有率更是超过70%。

9.2.3　发展趋势

冷藏集装箱销售市场曾长时间处于旧箱换新为主，新增需求相对低迷，但2020年受突发卫生事件影响，空运运力出现大幅缩减，医药物资、易腐食品海运需求增加，短期内增长迅速。从长期来看，冷藏集装箱市场需要持续且稳定，并且随着冷藏集装箱用插座等基础设施配备不断完善，未来冷藏集装箱将会呈现波动上升的趋势。

第十章
冷链设备市场运行分析——销售环节

10.1 制冷陈列柜

制冷陈列柜涉及应用1HP及以上压缩机的产品，以立柜、风幕柜、柜台柜等商超便利店用产品为主，不包含1HP以下厨房冰箱、冰激凌柜等轻型制冷设备。

10.1.1 市场规模

2020年对于各行各业来说都是充满变数的一年，制冷陈列柜市场尤其明显，一季度陈列柜企业同样面临停工停产的困境，但也给线上生鲜消费增长埋下伏笔。如图10-1所示，2020年制冷陈列柜销售量为24.5万台，同比增长2.6%；销售额为32.8亿元，同比下滑3.7%。2020年，制冷陈列柜销量的增长并没有逆转销售额的下滑，生产工艺和效率提升是产品单价下降的原因之一，但更多的是行业内竞争加剧，使得企业降低价格从而减低利润。

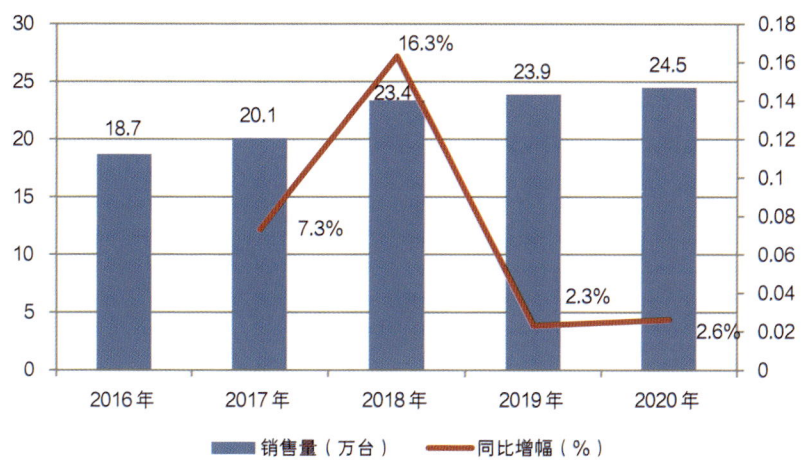

图10-1 2016—2020年我国制冷陈列柜发展趋势及成长性

10.1.2 竞争格局

如图10-2所示，我国制冷陈列柜行业规模较小，品牌集中度高，TOP3品牌占比56.3%以上，TOP5占比超过68.7%，其中外资（含合资）品牌占据了大部分市场份额。近几年国产企业得到快速发展，外资企业市场份额受到挤压。知名便利店和大超市卖场主要由超市统一招标，随着竞标体系不断普及，陈列柜采购方超市开始倾向性价比高的陈列柜产品，无形中给新进厂商带来了市场机遇，但也加剧了老牌厂商之间的价格竞争。

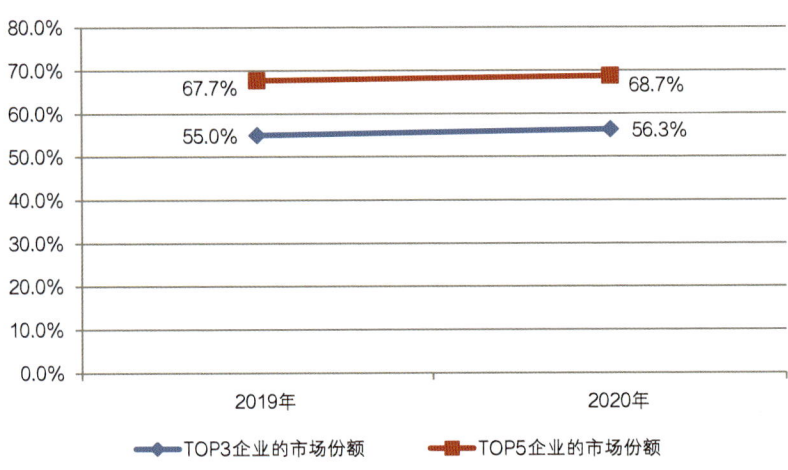

图10-2　2019—2020年我国陈列柜品牌集中度变化情况

10.1.3 发展趋势

2020年，我国内销市场受到影响，出口也受到一定限制，一季度出现较大下降，但一季度处于行业淡季，对整体影响不会很大，新冠疫情结束后有望出现回升。从整体来看，制冷陈列柜具备长期发展的潜力，一方面是商超的新增需求，2020年国家鼓励品牌连锁店的发展，并要求其食品品质的提升；另一方面，消费者的消费方式正发生着变化，线上生鲜采购成为减少接触、保证生活物资购买的重要形式，前置仓等新市场将转化成热点。

未来制冷陈列柜产品将向着节能环保方向发展，而冷媒替代就是方向之一。在当前保护臭氧层及遏制全球变暖趋势的大背景下，制冷陈列柜作为相对完善的商用设备，一直走在冷媒替代的前列。统计数据显示，陈列柜冷媒应用中，R22占比已经不足20%，将逐步全面淘汰，R404A比例不断提升的同时，作为过渡性冷媒仍存在一些不足。未来HFO类制冷剂、R290、CO_2等自然工质备受关注，各生产企业都在加速探索和推广。

10.2 食品展示柜

食品展示柜是指在超市或零售商店中，用于展示、销售食品的冷藏冷冻设备，包含自携式陈列柜、冰激凌储藏柜产品。

10.2.1 市场规模

随着我国制冷产业链的逐渐成熟，轻商柜整体都得到了进一步的发展，尤其是食品展示柜应用范围广泛，近几年不仅在商超、便利店、社区超市以及生鲜店等场景加速应用，在餐饮、酒店等行业的渗透也在不断加速。未来需要储存的食品越来越多样化，食品展示柜的品类也将不断完善以满足不同应用领域的需求。如图10-3所示，2020年，食品展示柜销售量额增速放缓，全年销售量为565万台，同比增长6.6%。2016—2020年年均复合增速达到15.2%。虽然2020年食品展示柜增速放缓，但对比厨房冰箱、饮料柜等产品，食品展示柜市场表现还是相对较好的。

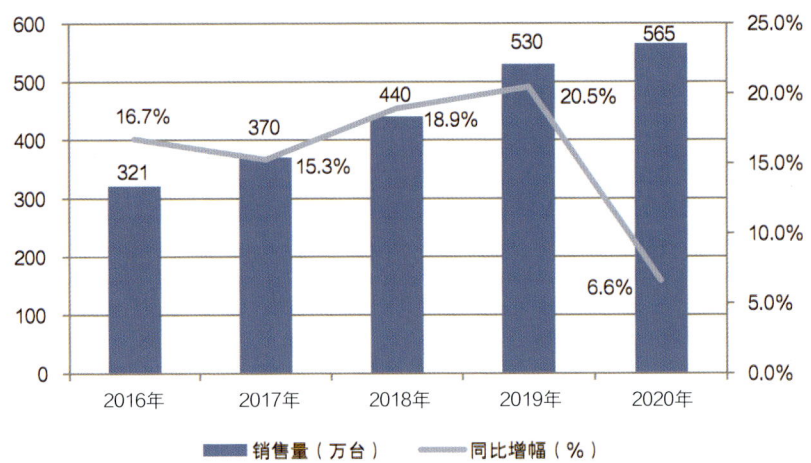

图 10-3　2016—2020年我国食品展示柜市场规模趋势

10.2.2　竞争格局

食品展示柜包含的细分品类较多，行业门槛较低，生产厂家众多，与家用竞争高度重合，如图10-4所示，TOP10品牌占比仅为34.9%。其中，TOP3品牌基于冷柜产品的技术、渠道等优势，占据有利地位。

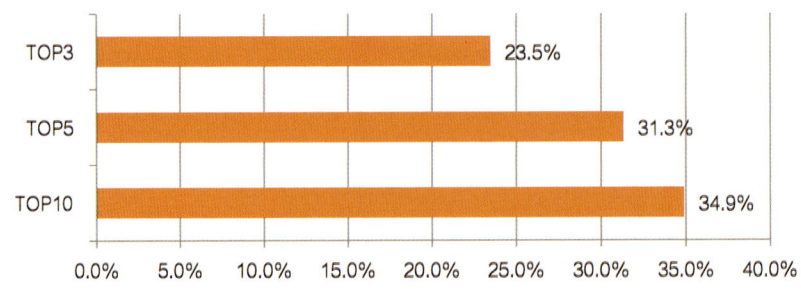

图 10-4　2020年我国食品展示柜品牌集中度

10.2.3 发展趋势

节能是家电产品最重要的发展方向之一，随着国家政策的引导，商用制冷产品对节能提出了更高的要求。作为家电产品最成熟、有效的节能途径，变频技术受到各界的一致认可和推崇。近年来，企业瞄准商用制冷设备市场节能发展方向不断推出新的变频产品，由此推动了变频技术方案不断更新。除此之外，R290冷媒的应用，智能技术的渗透，新技术、新材料的应用等都将共同推动行业的转型升级。

食品展示柜在商超、便利店、餐饮等场景都有广泛的应用，2021年比较看好便利店场景的应用，商超场景需求趋缓，餐饮场景需求恢复相对缓慢。

第十一章
冷链设备市场运行分析——重点设备及配件

11.1 压缩机

市场常用的商用制冷压缩机包括转子式压缩机、全封闭活塞式压缩机、半封闭活塞式压缩机、涡旋式压缩机和螺杆式压缩机。不同类型压缩机的市场表现各异,其中商用全封闭活塞压缩机以绝对性优势占据首位。如图11-1所示,2020年,我国商用制冷压缩机国内销量为1592万台,同比增长4.5%。图11-2所示为2020年我国细分商用压缩机规模占比。

图 11-1　2016—2020年我国商用制冷压缩机发展趋势及成长性

第十一章
冷链设备市场运行分析——重点设备及配件

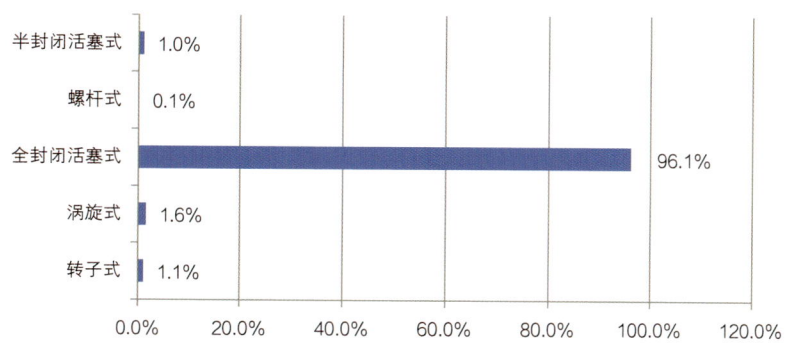

图 11-2　2020年我国各细分商用压缩机规模占比

2020年，半封闭活塞式压缩机国内销售量为16.3万台，同比下降6.1%；涡旋式压缩机销售量为25.1万台，同比增长7.4%；转子式压缩机国内销售量为17.7万台，同比下降4.9%；螺杆式压缩机国内销售量为2.2万台，同比增长36.5%。商用制冷压缩机增长迅速，尤其是轻型商用制冷设备的迅速扩张促进了商用压缩机市场需求的增加。一方面，目前我国轻型商用制冷设备规模依旧较小，国内新增需求旺盛；另一方面，冷链需求的增加，相关设备、设施的改造升级也极大地推动大型商用制冷设备的发展，诸多因素共同促进了商用压缩机市场的迅速发展。

11.2　阀件

制冷阀件的需求主要取决于整机市场的需求。2020年国内阀件销售总量为47567.8万只，同比微降0.8%。2020年，电子膨胀阀销售量为6633.9万只，同比增长7.7%；电磁阀销售量为789.5万只，同比增长4.3%；热力膨胀阀销售量为263.1万只，同比微降0.2%；球阀销售量为316.3万只，同比微降1.0%。其中电子膨胀阀的增长受益于国内变频化切换进程的加速；电磁阀的增长一方面得益于制冷行业的发展，另一方面是因为上年基数较低；热力膨胀阀主要受电子膨胀阀替代影响出现下滑。

第三部分
案例分析篇

第十二章
冰轮环境

12.1 最新企业理念

冰轮环境技术股份有限公司（股票代码000811，以下简称冰轮环境）创始于1956年，始终以冷热同步发展、积极拓展节能环保产业为发展战略，持续打造和提升在低温冷冻、中央空调、冷链装备、工业余热回收利用、能源综合利用、智能物联网服务等领域的竞争优势，以持续的技术创新不断提升在人工环境领域为用户提供冷热一体化系统解决方案的服务能力。

冰轮环境积极倡导"安全制冷、绿色制冷、低碳制冷"的行业可持续发展模式，冰轮环境的营销服务、系统技术及工程管理团队为肉类产业冷冻冷藏及冷链物流发展提供完善的系统集成服务，有效推动了CO_2复合制冷系统、冷凝余热回收系统等一系列创新型技术的规模化应用，力争为用户创造良好的经济效益和环保效益。

为构建数字化生产管理体系，提高工艺流程管理水平，冰轮环境提出了"精益生产、制造品质"的理念。"精益生产"是以客户需求为拉动，消除浪费和持续改善，以最少的投入获取成本和运作效益缩短生产周期、提高市场响应能力。"制造品质"要求产品如同人品，用心制造符合或超越客户期待的产品和服务，为客户带来增值价值。

围绕"精益生产、制造品质"的理念，冰轮环境培养全员改善的精益文化氛围，夯实精益管理基础，着力于流程质量和产品质量两条主线，持续优化改善与应用推广；体系的内涵是将管理改善的重点放在运营质量体系的优化改善上，从单纯的产品质量，扩展到设计、计划、制造、采购等整个交付价值链，从流程质量和产品质量两个维度，开展精益改善。在两条主线外，着重从基础管理改善和文化氛围塑造入手,保证整个体系架构的稳定和推进实施。

冰轮环境持续加强生产团队技术提升,从产品质量、流程质量深化提升,改善生产制造周期和效率,强化工作协同和流程优化。工艺流程的改善离不开生产全员精益化的培养,冰轮从文化塑造、理念传播、考核激励等全面入手,塑造精益氛围,逐渐形成有竞争优势、有底蕴、持续成长的生产系统。

图12-1、图12-2分别为冰轮环境总部全景、机组总装厂和产品机房。

图 12-1 冰轮环境总部全景

图 12-2 冰轮环境机组总装厂与产品机房

12.2 最新制冷技术

冰轮环境在标准体系建设方面的主要贡献如下。

1.《冷库安全规程》（GB 28009—2011）

冰轮环境（烟台冰轮股份有限公司）作为该标准起草单位。

标准规定了冷库设计、施工、运行管理及制冷系统长时间停机的安全要求。

标准主要从制冷设备及附件安全要求，冷库设施安全要求，冷库设计安全要求，冷库建设与施工安全要求，库内储存货物安全要求，冷库管理安全要求，制冷系统的调试、操作、维护安全要求，安全标识等方面进行了规定。为保证冷库从设计开始到安全运维提供了必要的安全技术指导，对冷库的安全运行具有重要意义。

2.《容积式CO_2制冷压缩机组》（GB/T 29030—2012）

冰轮环境（烟台冰轮股份有限公司）作为该标准负责起草单位。

标准规定了容积式CO_2制冷压缩机（组）的名义工况、性能允差、试验规定及试验方法，同时还规定了输入功率、制冷系数、容积效率、等熵效率的计算等。标准中所叙述的名义工况和试验方法用于测量压缩机的制冷量、效率和性能系数等。

通过标准的制定，使制冷设备供应商同制冷设备的使用者有了统一的对设备检测的标准与规矩，有利于双方对设备的明确认知；对CO_2制冷系统的推广应用也起到了积极的作用。

3.《工商业用制冷空调设备维护维修技术》

该书是制冷空调设备维修与运行维护领域工程师必备的专业工具书之一，书中包括了基本制冷原理、制冷剂、制冷设备的结构原理和故障诊断，设备维护维修的操作规程和注意事项等内容，对肉类加工、储存企业制冷系统的安全操作运行和设备维护具有一定的指导意义。

12.2.1 新一代CO_2制冷系统

在现有NH_3/CO_2系统的基础上,针对系统的泄漏、充注量大、系统效率等问题进行优化,开发出新一代CO_2制冷系统(见图12-3)。

新一代高效半封闭式CO_2螺杆制冷压缩,在提升效率的同时,半封闭结构压缩机避免了高压轴封的损坏、泄漏问题,具有以下特点。

◎采用半封闭结构,彻底解决高压压缩机轴封故障。

◎采用特殊间隙设计的新型型线,转子啮合好,传动效率高,噪声低,振动小。

◎新型油冷电机设计,油路简单,经油冷冷却的润滑油直接供入电机腔体油槽,与电机定子接触换热后的润滑油直接供入压缩机。

◎换热器:高效小充注量换热器的采用,在提高换热效率的同时减少系统的充注量。

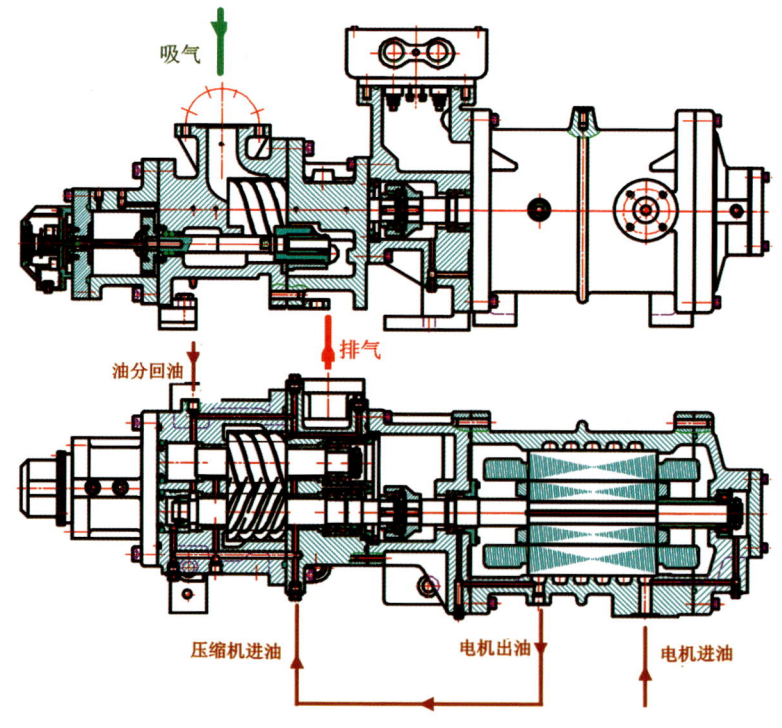

图12-3 新一代CO_2制冷系统示意图

压缩机组控制采用变频调节控制，使压缩机能够长时间保持在高效的运行区间，同时，系统的整体控制可选择接入冰轮智汇云数字化监控云平台（Moon Intelligent Converge Cloud，MICC）数字化监控云平台。通过制冷系统数据化，对设备进行分析、改进、再调优，形成方案包，对新系统智能运行维护与老系统智慧效能升级运维进行覆盖。效能驱动不是简单的能效改善，还包括帮助客户实现制冷系统的数字化、智能化改造，能效改善和管理水平提升是其伴生的必然结果，从而帮助客户融入大的数据业态，包括未来实现智慧加工和智慧仓储物流。

图12-4所示为冰轮智汇云（MICC）数字化监控云平台。

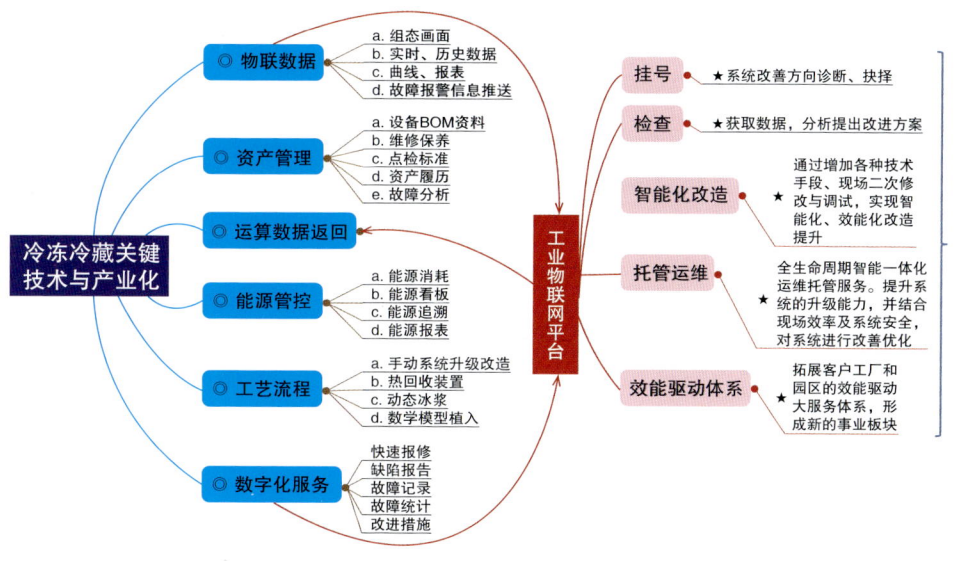

图12-4　冰轮智汇云（MICC）数字化监控云平台

制冷系统的特性复杂且需不断适应外界工况的变化，在控制层中需结合先进控制算法及策略、多目标优化、数据分析等技术手段，来满足对象多牵连、多输入、多输出、大滞后的特点。MICC平台由就地运行控制平台和云端大数据平台构成，两个平台协同工作，以运行数据为驱动不断升级迭代业务模块，实现生产过程的数据集中处理、参数在线优化、性能比对及历史寻优，为系统提供运行指导和维修建议,向市场提供"制造+服务"一体化解决方案。

图12-5所示为冰轮云平台服务中心界面。

图 12-5　冰轮云平台服务中心界面

12.2.2　新一代高效NH_3/CO_2复叠制冷机组

新一代NH_3/CO_2复叠制冷机组采用集约化设计,机组整体置于防护箱体内,可实现无机房就地安装,适用于场地紧张、加工厂改扩建增加产能等,机组满足-25℃~-45℃的系统设计需求(见图12-6)。

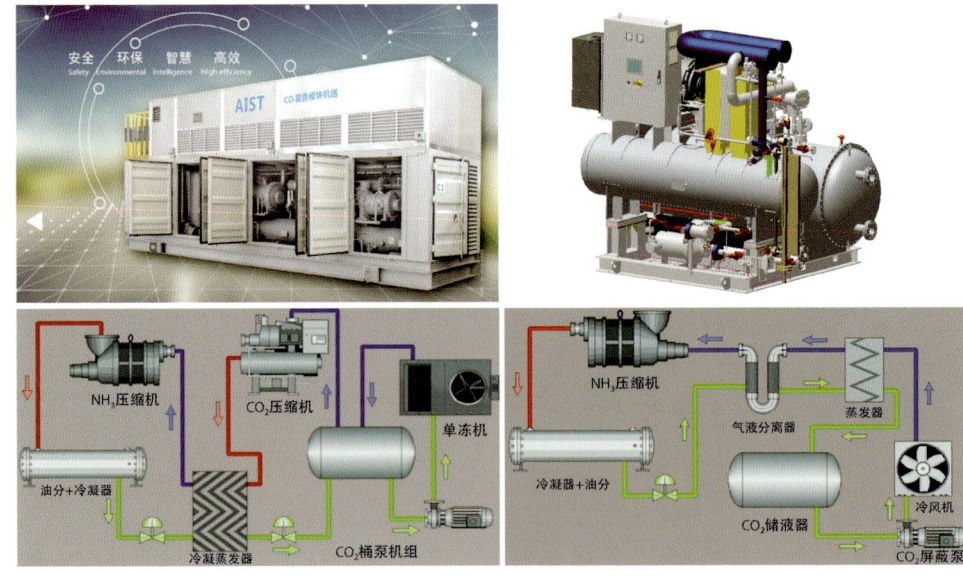

图 12-6　新一代NH_3/CO_2复叠制冷机组

该机组具有以下特点。

◎用户现场只需要进行CO_2侧的供回气连接、水路连接及电气连接即可投入使用。

◎主机采用半封结构设计,杜绝动密封的泄漏问题。

◎机组模块化设计,便于检修和维护保养。

◎高效换热器设计,能最大限度地减少系统NH_3充注量。

◎完善的工质泄漏检测,主动防御系统设计,保证NH_3无对外泄漏。

12.2.3　循环冰水机组

在家禽屠宰预冷处理工艺中,常用的冷却方式有风冷和水冷两种方式,目前国内对家禽预冷处理主要采用水冷。

传统水冷方式采用的是冷却水加冰从而达到低水温来满足使用需求。冷水采用低温水池制取,同时需制冰机制冰,占地面积大、能耗高,而且冰的混合不均匀容易造成冷却效果不理想,出品率低。同时,冰水一次性使用、排放会造成水资源浪费和环境污染。

自动型循环冰水机组同预冷槽直接相连,对预冷槽内冷却水进行循环降温,解决了冷水池占地大的缺陷,在省却制冰机的同时避免了水温的不均匀和水温达不到要求的问题。

自动型循环冰水机组可以根据不同预冷段提供不同的水温设置,提高机组的运行效率,避免了集中降温造成的浪费。循环冰水机组预冷系统具有以下特点。

◎根据用户需求有多种配置,充分满足个性需求。

◎机组结构紧凑,外形占地空间小。

◎系统操作简单,维护方便。

◎换热管采用大规格口径,满足家禽预冷行业水质有油腻易堵塞且用水量大的需求。

◎预冷效率提升，同样的冷却效果，所需运行时间更短。

◎节能效果明显，无须制冰机，分段降温，降低运行费用，节省水电能耗。

◎水温更均匀。冷水循环流动，水温分布更均匀，使得换热效果比静态加冰方式更好。

◎稳定的低温循环水，有利于菌群控制，延长产品保质期。系统提供稳定可靠的低温冷水，优化工艺流程，有助于改善产品加工品质，锁住禽肉内更多的水分，提高产品出品率。

◎投资回报率高，资金回收周期短。更高的出品率，相当于增加了回报利润率。

自动型循环冰水机组（见图12-7）具有以下特点。

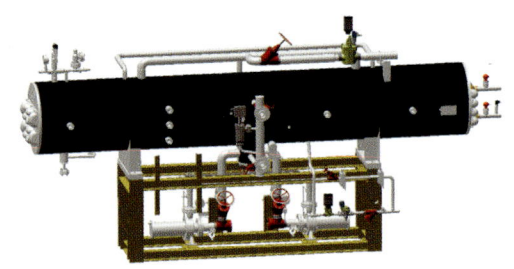

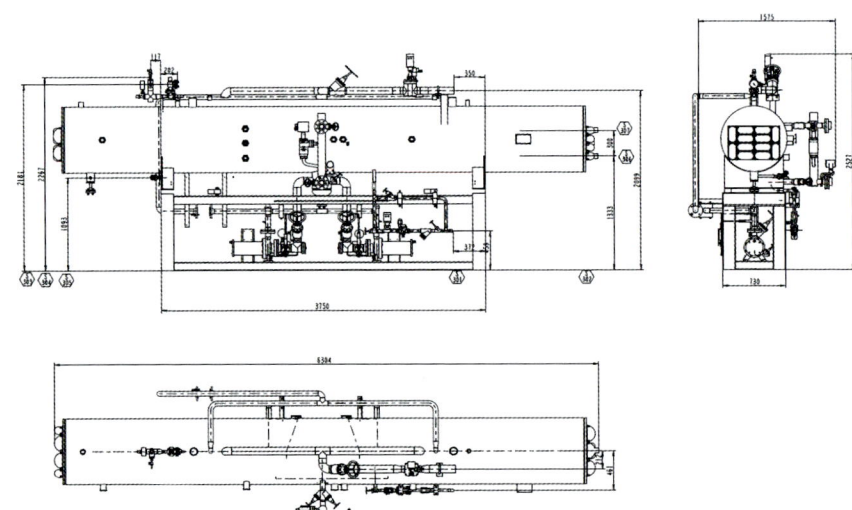

图 12-7　自动型循环冰水机组示意图

◎换热器采用壳管式结构。换热器采用更合理的管程流速配置，自身具有气液分离功能，无须配置气液分离器。

◎水侧的专用封头便于管道检查和清洗。

◎定制的循环泵结构先进，流量范围大，供液量稳定。

◎水侧均采用食品级不锈钢材质，满足用户高品质要求。

◎机组的出水温度与供液阀组的联动控制保证出水温度的稳定控制。

◎对液位精确控制，保证了换热器的换热效果和系统的安全。

◎进出水压力传感装置的设置保证了系统的自动安全运行，有效管控异常运行可能导致的结冰及水泵异常情况。

12.2.4　微充注量冰水机组

在家禽屠宰和畜类屠宰处理工艺中，通常会有2℃左右的冰水需求。冰水的制取方式从原来的盘管冰水池改为现在的板换冰水机组，有单独的板换机组和自带冷源的双板换机组两种型式。板换供液系统采用重力供液系统，在板换上方带有防止回液大型气液分离器，机组体现为庞大、工质充注量大。

针对机组结构不够紧凑、占地大、工质充注量多的问题，冰轮环境采用U-turn高效气液分离技术，即微重力供液技术，使机组整体结构变得更为简洁，占地面积更小、工质充注量低。同采用大型气液分离器相比，占地面积减少20%，工质充注量减少60%，运行重量减少45%以上。

如图12-8所示，U-turn的高效分离原理依托于撞击、重力和离心的三级分离。首先U-turn进气口经特殊布置，气液两相流体撞击到桶壁，由于气液密度不同，通过反向加速度作用，气液两相实现首次分离；其次，在长径比合适的情况下，小液滴靠重力作用逐渐下沉，富集在容器底部，从而达到气液分离效果，重力分离贯穿整个分离过程。在转弯处，液体受离心力影响较大，富集在U弯的外侧；气体受离心力作用较小，富集在U弯内侧，气液再次进行高效分离。

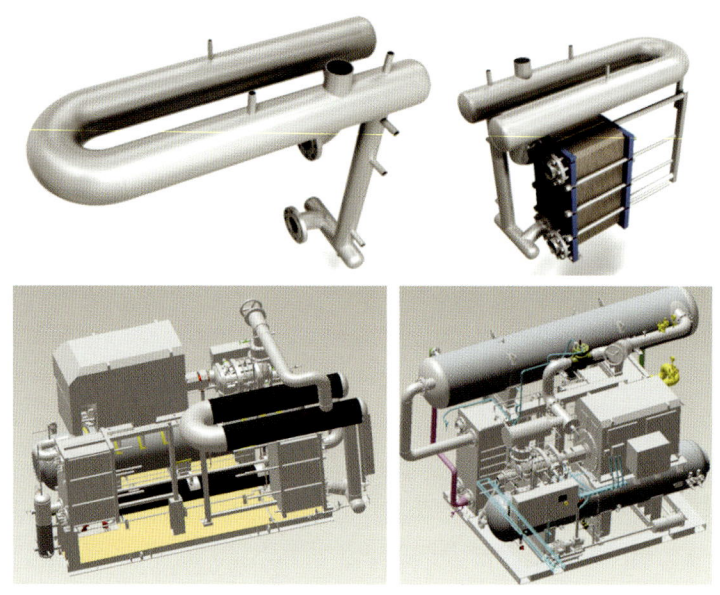

图 12-8　U-turn高效气液分离装置示意图

12.2.5　自动化进出货隧道速冻装置

在家禽屠宰和畜类屠宰处理工艺中，在产品分割完成后会采用速冻间对产品进行冻结，冻结后进入低温库进行保存。

采用速冻库进行产品冻结时存在单体库容小、占地面大；无法实现流水化作业，工作人员需要长时间在低温下操作，环境恶劣，同时因货物摆放问题，易造成货物混放，造成冻结不均匀，易出现冻结时间不足的问题；速冻间内的风场不均匀，为保证所有产品的冻结达标，会造成部分货物过冻，进而造成浪费、冻结功耗增加；库门的频繁开启也会造成冷量损失、结霜加剧、功耗增加。

自动化进出货隧道速冻装置很好地解决了速冻库所面临的问题，采用传送带自动进出货，可以充分利用高度空间，在增加设备单体库容量的同时，操作人员不需要在低温环境下操作；优化的风场设计，使冻品的冻结速度均匀，冻品品相好。图12-9所示为速冻库和自动化速冻隧道各自优势的对比雷达图。

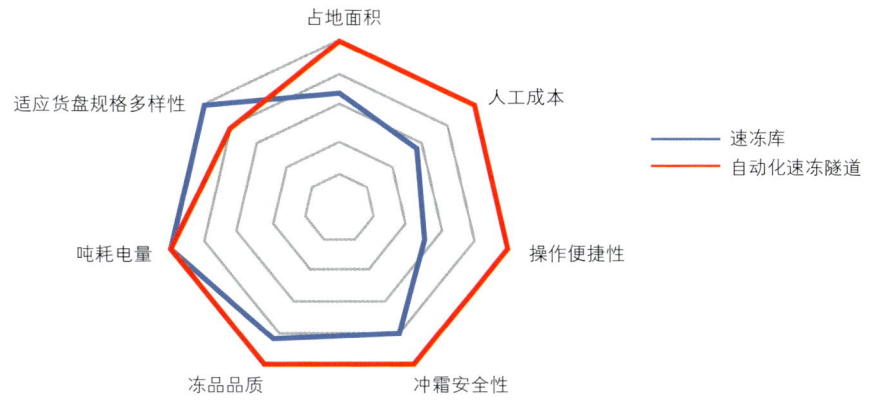

图 12-9 速冻库和自动化速冻隧道各自优势的对比雷达图

自动化进出货隧道速冻装置（见图12-10）由进货传送、进货端提升推送装置、中间货架、出货端提升推送装置、出货传送、蒸发器及风机、库体等主要部件构成。适用于规模化分割肉、禽产品等较大体积食品采用盘（盒）装快速冻结而设计的专用设备，是目前传统速冻库的理想替代品。该产品可根据用户需求选择多种不同的使用模式，操作灵活性高。典型模式有单冻机模式，实现边进边出，连续生产；也可采用速冻库模式，连续进货，集中出货。

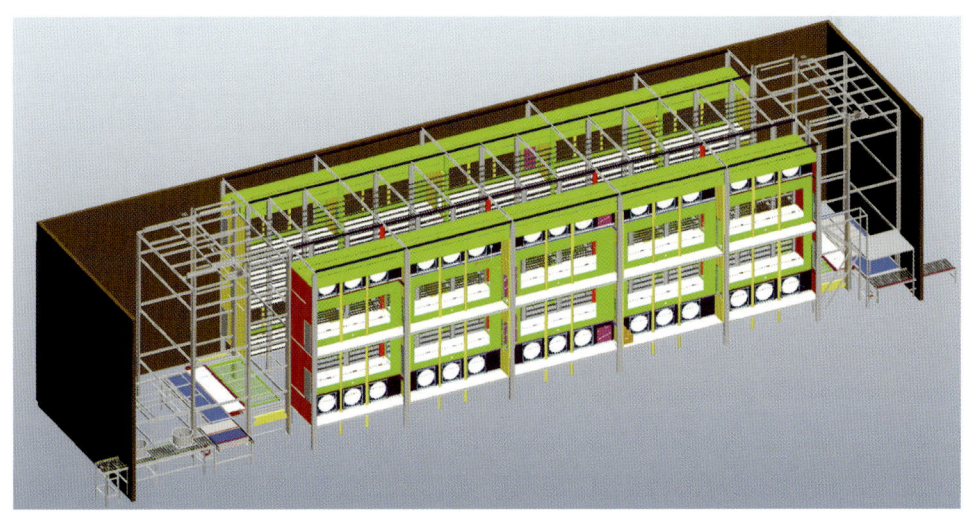

图 12-10 自动化进出货隧道速冻装置结构示意图

冰轮环境的自动化进出货隧道速冻装置采用优化设计的传动提升结构，运行平稳、可靠，同时采用国际知名品牌的动力机构，产品效率高，可靠性好。优化的风场结构设计，可根据用户的需求和场地条件，选用不同形式的送风方式（见图12-11），平衡风场，且分区独立控制，冻结效率高，冻品品相好，设备冲霜时间长。能智能自动跟踪货架位置，实时监控货物冻结时间与冻结状态（见图12-12），并连锁温区控制，使装置处于最佳冻结效率，同时便于用户及时调整不同冻品的入货位置。设备内部还配备耐低温监控系统，同步运行画面，监控具有记忆功能，可实现过程追溯。

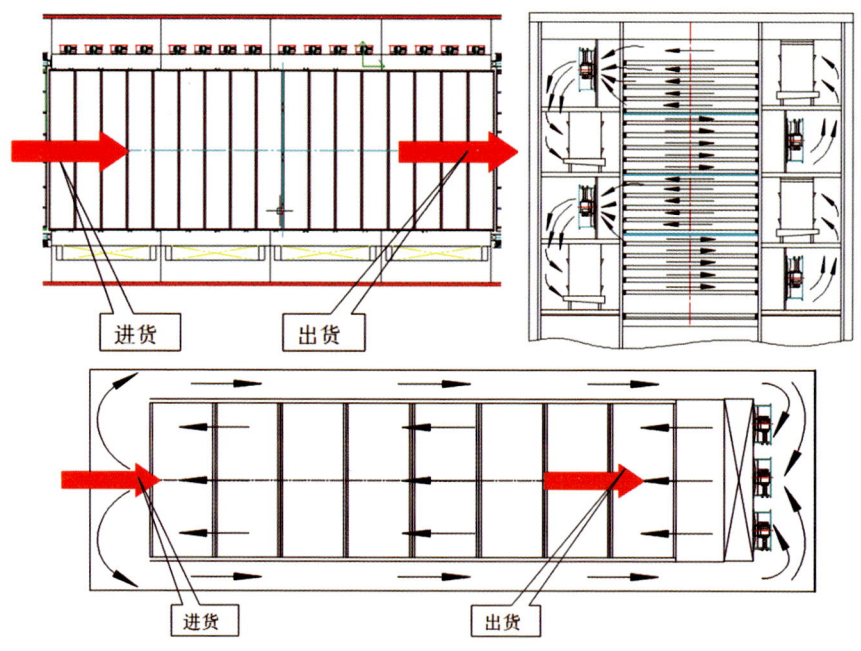

图 12-11　不同的送风布置形式

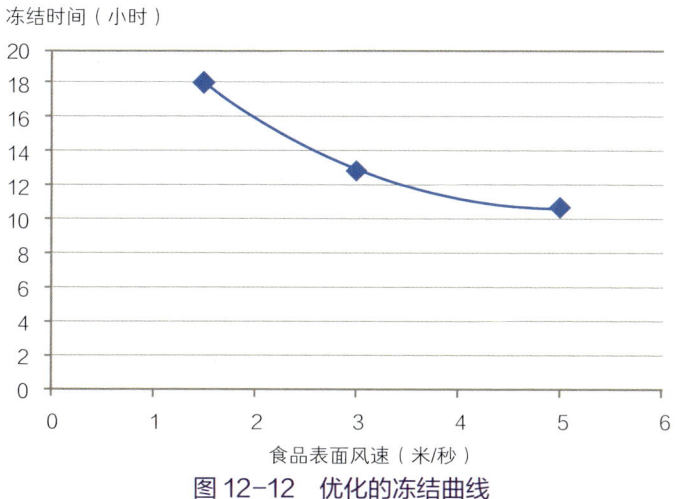

图 12-12　优化的冻结曲线

12.2.6　高温热泵

在家禽屠宰和畜类屠宰处理工艺中，通常会采用60℃～90℃的热水作为工艺用水。工艺用热水的来源一般是锅炉进行热水制取。随着国家环保政策的不断收紧，小型燃煤锅炉不再允许使用。只能采用费用较高的燃气锅炉。同时，工厂的制冷系统中的冷凝热又不断通过冷却塔或蒸发冷将冷凝热排放到大气当中，造成空气的热污染。

针对上述问题，冰轮环境经过多年的调研，对客户的用冷与用热的匹配度并进行充分的论证，开发出能够制取60℃～100℃热水的NH_3全热回收系统，在为客户提供合格的热水的条件下，充分回收制冷系统的冷凝排热，实现在同一系统下的"冷热同制"，不仅解决了热水问题，同时减排了冷凝废热和热水制取时的碳排放。

该系统通过冷热量的匹配，调节负荷需求量不同步；通过时段匹配，采用部分蓄热方式调节冷热需求时段不同步；通过热水、蒸汽匹配实现对热水、蒸汽用量调节，匹配系统配置；通过效率匹配，实现冷热需求最佳系统效率。具体参见图12-13。

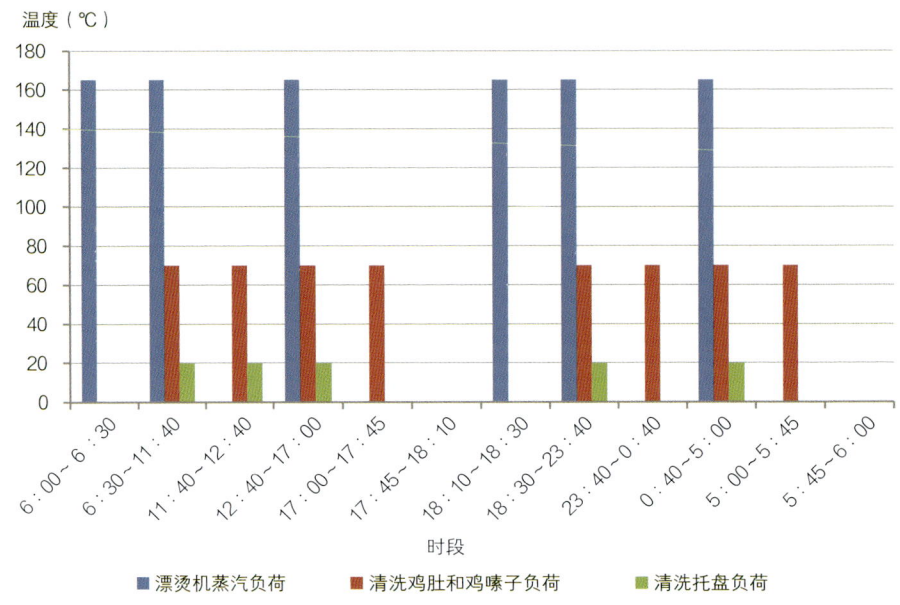

图 12-13　严格的冷热匹配

该机组（见图12-14）选用专用的高压螺杆压缩机，满足NH_3高温热泵高出水温度对机组的承压、可靠性要求，同时，经过不断验证，采用专用的润滑油及润滑油系统，满足系统润滑油的处理需求。

图 12-14　高温热泵机组

12.3 工程案例

12.3.1 牧原内乡NH_3制冷系统生猪屠宰项目

1. 项目概况

【项目地点】河南省内乡县。

【项目背景】牧原集团始建于1992年,总部位于河南省南阳市,主营业务为生猪养殖,兼有饲料加工、生猪育种、生猪屠宰等业务协同主业发展。本项目规模为年200万头生猪屠宰,冰轮环境承建了本项目的制冷及低温空调系统。

【项目时间】2020年1月。

2. 项目特点及优势

◆ 智能隧道(自动化进出货隧道速冻装置)

(1)可充分利用高度空间,相同库容量条件下节约占地面积。

(2)风场布置均匀,冻结速度快,冻品品质高,经济效益高。

(3)避免库门反复开关及人员、机械进入库内操作带来的额外能耗;大大增加设备冲霜间隔时间,降低库温反复升降带来的额外能耗。

◆ 红水机组

红水机组的水路系统采用浸入式预冷,解决了传统风冷存在冷却时间长、产品干耗大、产品色泽差等。

(1)现场安装简单,使用方便;机组具有断水、压力超低等多种保护。

(2)集成系统使得结构更紧凑,尤其适用高度受限的空间需求;工质充注量小,提高环境安全度;内部特制的落液结构实现降膜蒸发,使得换热系数数倍的提高。

(3)换热器水侧材质采用不锈钢,清洗方式为常温自来水CIP清洗及热水清洗。

（4）机组采用高度集中和高效率的PLC控制系统。控制箱带西门子S7-200smartPLC控制器，并可实现基于物联网技术的远程监控与故障分析等功能。

◆ 全热回收

冷热互联系统，在满足项目用冷的同时，解决了生活用水、办公区取暖等用热问题，冷热互联系统是综合了冷热两部分能量，从不同的角度提升了能源利用率，内乡项目获得了实实在在的节能、节费效益。

◆ U-turn结构NH_3分板换冰水机组

（1）U-turn是专门为板换蒸发器（NH_3制冷剂）设计的一种气液分离器形式，工质为NH_3，属于环保工质；具有重量轻、体积小、结构紧凑、便于安装等优势。

（2）板换换热效率高，与冷却介质温差小，蒸发温度相应较高，压缩机的效能可最大发挥；同时也减少了冷媒结冰的可能性。

（3）微重力供液：作为重力供液的一种形式，采用低压液位控制方式进行供液。

（4）高运行效率：蒸发器较低的供液高度保证了较高的回气干度，从而降低回气压降；节流后液体直接供给到回气管路，增加回气管路向上的驱动力，从而提高蒸发温度。综上两点，可获得较高运行效率。

（5）三点支撑：仅由U-turn分离器进液、回气法兰及转弯处三点支撑，增加操作空间，同时提高维护、检修等工作效率。

（6）降低NH_3充注量：相对于圆筒型气分，U-turn分离器可减少低压侧NH_3工质充注容积，减少NH_3充注量。

3. 项目图片

图12-15所示为该项目的相关图片。

第十二章 冰轮环境

图 12-15　牧原项目相关图片

12.3.2　蓝润龙大肉类调理品深加工项目——NH_3/CO_2制冷系统

1. 项目概况

【项目地点】山东省莱阳市。

【项目背景】龙大食品集团有限公司是以安全食品加工为主业的国家级农业产业化龙头企业。公司经营范围涉及蔬菜种植、种猪繁殖、食品加工、包装生产等诸多领域。本项目为山东龙大肉食品股份有限公司莱阳调理食品和低

203

温肉制品深加工项目；本工程属车间、冷库建筑，主要功能为调理食品车间、低温肉制品车间、高架库及其配套制冷机房。冰轮环境承建了本项目的制冷及低温空调系统。

【项目时间】2020年12月。

2. 项目特点及优势

CO_2压缩机采用变频控制半封闭螺杆制冷压缩机组，设计压力达到了5.0MPa，半封闭结构无泄漏，变频+滑阀控制高效节能，自用油冷却不影响压缩机吸气，效率高，可兼做CO_2热气融霜机组；稳定成熟实现自动热气融霜技术。

CO_2压缩机采用半封闭结构的优势：压缩机将电机包含在压缩机壳体内部，由于整机无对外轴伸，故取消了轴封，消除了开启式螺杆压缩机唯一的一个主要易损件，使其更加安全可靠。电机采用了油冷却的独特方式，该技术为冰轮环境的专利技术。传统的半封闭压缩机通常采用吸气冷却，由于吸气通过电机时会吸收电机大量散热，不仅产生额外过热，还会增加吸气压损，导致压缩机的制冷量和能效下降。另外，低温工况由于吸气压力低、密度小，冷却能力差，会导致电机温升高，寿命和可靠性降低。冰轮环境专利技术的油冷电机技术解决了上述问题，与之相比可靠性和效率更高。总而言之，它与开启式CO_2螺杆压缩机组相比更具优势。

（1）电机同压缩机被完全封装在壳体内部，与外界环境完全隔离，故整机的噪声更低。

（2）电机与压缩机同轴度由高精度加工装备保证，不必像开启螺杆机组一样定期检查和维护，使用更方便。

（3）电机专用设计，效率高，且耐油、耐工质能力强。

（4）采用径向滑动、轴向滚动的轴承配置，油泵强制供油，其供油压力高于压缩腔工作压力，避免了气体沿轴伸的泄漏，同时压缩过程供入充足的润滑油，更好发挥油的密封和冷却作用，减少泄漏，并使压缩过程更接近等温过程，效率更高。

（5）从维修上来看，由于半封闭式螺杆压缩机的唯一易损件轴封被取消，无开启式的日常维修维护工作，转子等核心部件在润滑良好、润滑油油品良好的情况下，设计使用年限有20年，无须维护维修。电机有过载及电流过高保护等措施，也无须维修维保。唯一值得注意的是电制须相对稳定，避免频繁的电制严重不稳定，带来主机电机的突发损坏。

冰轮CO_2半封闭螺杆压缩机是一款免维修的优秀机型，可以做到零维修运行，仅定期更换冷冻油即可。

12.3.3 凤祥实业禽类调理品加工项目——NH_3/CO_2复叠制冷系统

1. 项目概况

【项目地点】山东省阳谷县。

【项目背景】山东凤祥股份有限公司是中国最大的肉鸡生产加工出口企业之一，是农业产业化国家重点龙头企业、全国食品安全十强企业。主要从事饲料加工、种禽繁育、肉鸡饲养、屠宰分割及禽肉熟制品的生产加工。本项目为两个车间禽类不同类型熟制品的深加工，冰轮环境承建了本项目的制冷及低温空调系统。

【项目时间】2017年10月。

2. 项目特点及优势

本项目大量单冻机采用NH_3/CO_2复叠制冷系统，4℃冷间采用中温带负荷的NH_3/CO_2载冷系统。冰轮环境承建的NH_3/CO_2制冷系统，具有安全、环保、可靠、节能、智能的显著特点，对比其他制冷系统有以下优势。

（1）NH_3/CO_2系统的NH_3工质仅限于制冷机房内使用，本项目高温侧NH_3工质总充注量约9吨，不纳入重大危险源。

（2）NH_3设置在非人员密集区及食品储藏空间，可避免造成重大人员伤亡和财产损失。

（3）CO_2在车间、冷库内使用，遇到火灾，CO_2可起到灭火阻燃的作用，且直接接触食品无危害。既使是超大型项目，采用一个制冷机房即可，大幅降低管理及操作监管人员成本。

（4）采用的冰轮智能控制系统，自动化程度高，可实现无人值守，配置少量的巡检人员即可。

（5）维护成本低，年修CO_2补充的费用低、润滑油充注量少、系统腐蚀低、设备维修量低（系统自控程度高）；CO_2系统运行压力高于大气压，不会产生水分和空气渗入系统，无须担心正常运行时水分或空气对系统产生影响；由于CO_2具有良好的热传导性和流动性，所以对于相同的末端配置，蒸发温度比NH_3可提高2℃～3℃。

（6）供液和回气管径接近，管路可降低屋面80%的荷载。

（7）同为自动化系统，CO_2系统投资比NH_3系统略高，具有很高性价比；在投资增加较少的情况下解决了其他制冷系统存在的安全、环保、节能、维保等问题。

3. 项目图片

图12-16所示为该项目相关图片。

图12-16　凤祥项目相关图片

12.3.4 荣华项目（禽类屠宰加工项目）——NH_3/CO_2复合制冷系统

1. 项目概况

【项目地点】山东烟台牟平。

【项目背景】山东荣华食品集团有限公司始建于1987年，集种鸡培育、雏鸡孵化、饲料加工、商品鸡养殖、屠宰加工、熟制调理食品制造、产品国内外销售为一体的全产业链大型生产企业集团。本项目为多年前达产的每小时13500只屠宰线配套制冷系统，单冻机增加为3.5T/h两台，原采用片冰+冰水的冷却系统改为红水机组冷却。冰轮环境承建了本项目制冷系统的改造升级系统。

【项目时间】2020年3月。

2. 项目特点及优势

◆ 智汇云控制系统

冰轮智汇云数字化监控云平台（MICC）通过大数据建模和分析，深入研究了冷冻冷藏系统工作特性，以特定人工智能模型为基础建立了冷冻冷藏系统优化控制体系，根据运行工况及冻品种类，给出了定制化最优的控制方案，实现了冻品品质提升和能源高效利用的目标。基于大量系统稳态运行的数据，建立了冷冻冷藏系统预防预警机制，针对监控数据的奇异点及异常趋势，给出了精确的处理方案，实现了将部分故障提前遏制的目的。构建了故障体系与故障库，针对不同故障进行多维度判断与权重分析，给出了差异化解决方案，并将有效方案存储至故障库。建立了冷冻冷藏系统设计修正体系，针对低效、低寿设备给予了设计上的优化及修正，提高了设备的寿命，降低了系统的维护成本，实现了系统高效、节能运行的目的。多台压缩机的运行根据系统负荷的变化和均衡磨损原则实现群控联动，使多台压缩机均能运行在效率最高的状态。冷库制冷降温通过系统设定的冷间温度的上下限和峰谷电时间进行自动控制。系统采用自动化智能控制，并可实现互联网远程访问，管理人员可以通过手机、电脑等终端设备实时动态监控本项目制冷系统的运行。所有自动控制系统可切换至手动运行。基于冷冻冷藏系统优化控制体系、预防预警机制、故障体系和系统设备修正体系搭建了数据平台并配套建设了业务平台、工业物联网与基础设施，构建了"云—边—网—端"全栈式一体化架构的工业互联网平台，达到了多源异构设备的物联接入及边缘控制的目的，实现了成套关键技术的革新。

◆ 红水机组

红水机组用于本项目屠宰后的肉鸡胴体冷却。对比同类产品，冰轮红水机组主要优势有以下几点。

（1）采用工质泵供液，比引射供液的压缩机效率高，泵多倍循环使换热效率更高。

（2）自带气液分离功能，无须单独设置汽分或桶泵机组。

（3）配置高端，所有手动、自动阀门均为知名品牌。

（4）机组集成全智能控制，并实现基于物联网技术的远程监控。

（5）一键指令进行水路反冲洗，清除油污、杂质等异物，使水路系统始终保持较高换热效率。

3. 项目图片

图12-17所示为该项目相关图片。

图 12-17　荣华项目相关图片

第十三章
比泽尔

13.1 山东众月集团速冻及低温冷藏CO_2复叠制冷系统

13.1.1 项目概况

【项目地点】山东省莘县。

【项目背景】项目机组供应商及项目施工方为济南大森制冷工程有限公司。

【项目配置】

主机配置：1台低温螺杆DLBBL-70/3（3台比泽尔70匹低温螺杆压缩机）；

1台高温螺杆DLBBM-110/4（4台比泽尔110匹高温螺杆压缩机）；

1台高温螺杆DLBBM-100/3（1台比泽尔100匹高温螺杆压缩机）；

1台CO_2活塞DHBBC-30/8（8台比泽尔30匹亚临界CO_2活塞机）；

1台风冷机组DHFBM-40。

蒸发冷：1台820KW；1台1935KW；1台1690KW。

桶泵机组：1台DTB-8/2。

虹吸储液器：2台1.5m³。

末端蒸发器：吊顶式冷风机+顶排管+单冻机。

13.1.2 项目特点及优势

（1）多机头并联，能量调节比大型螺杆调节准确，压缩机运行与系统负荷匹配程度较好。

（2）速冻工况：机组制冷效率较高，CO_2压缩机为活塞压缩机，运行效率比CO_2螺杆机效率高。在低温下COP特别高：单位容积制冷量是其他普通制冷剂的约9~10倍，本项目CO_2机组COP值为3.78，氟利昂机组COP值为2.94。

（3）CO_2自然工质，环保工质：ODP为零，GWP低，环保无毒，不可燃。

（4）CO_2流动性较好，系统换热系数较高。

（5）CO_2与冷冻油互溶性较好，取油简单，回油效果好。

（6）大型系统，初投资低。管道管径小，CO_2制冷剂容易制取，价格便宜。

13.1.3　项目图片

图13-1所示为该项目相关图片。

图13-1　众月项目相关图片

13.2 山东得利斯食品CO_2复叠机组项目

13.2.1 项目概况

【项目地点】山东潍坊市诸城市。

【项目背景】山东得利斯食品股份有限公司30万头/年牛肉加工及贸易物流项目制冷与空调系统安装工程。山东宾得利食品有限公司是得利斯集团于2017年9月投资3亿元建造的现代化生产工厂,配备5000吨高位立体仓库,采用氟利昂与CO_2复叠式制冷模式,从牛肉生鲜分割到熟制的三条现代化生产线,可达年加工30万头肉牛规模。主营产品有牛肉、羊肉、火锅制品、牛排等。制冷机组及项目施工方均为山东神舟制冷设备有限公司。

【项目时间】2018年。

【项目配置】
10台比泽尔4NSL-30K的30匹亚临界CO_2活塞压缩机;
10台CSH6563-60Y的60匹高温螺杆压缩机;
3台HSN7461-70的70匹低温螺杆压缩机。

13.2.2 项目特点及优势

◆ 项目难点
工期紧,现场施工条件艰难。

◆ 项目亮点
速冻系统采用神舟自主研发的CO_2/R507复叠制冷机组,整体制冷工程利用BIM数字化建模,将现场安装的工作工厂里完成,实现工厂预制化施工。该项目助力稳步构建冷鲜肉类销售网络,完善冷鲜肉供给体系。推动了肉类行业

"集中屠宰、冷链配送、冰鲜上市"经营模式的加快发展。

◆ 解决方案

针对项目施工工期紧张，模块化生产、工厂化生产要求严格等问题，为进一步提升工程质量、加快工程建设进度、降低施工成本、缩短工期，在开展标准化设计的基础上，深入推进工厂化预制和模块化施工，制订专业成熟的针对性解决方案。结合项目的开工时间、模块化预制情况和材料进场情况，详细规划工厂化预制方案，深度挖掘，灵活应用"后线标准化工厂预制和前线流动化预制车间+现场简易平台预制"工作模式，既可以保证安装精度，又可以大大降低安全风险，同时施工现场部分工艺模块化安装，进一步简化施工过程，使现场安装和高空交叉作业的工作量大幅减少，缩短工期的同时又提升施工过程的安全性。采用集成式系统概念，全新的系统设计理念基于"即插即用"的原则，以5D建筑数字化为基础，通过工厂预制，机组把制冷系统的关键部件——压缩机、油分、油冷、储液器、冷凝蒸发器、节流装置、CO_2循环泵、启动与控制系统，全部在工厂组装成一个整体撬块。通过工厂化预制，革新传统现场作业模式，现场省去众多的烦琐管路施工，机组仅需要4个接管口与项目机房外管道连接即可，电气安装时只需要少量的接管和布线，机房内施工周期减80%以上。

◆ 项目成果

节能：CO_2作为一种在蒸发器中可相变的制冷剂，CO_2通过泵作用在换热器和循环泵之间循环，使得循环泵内的CO_2温度得到很好的控制，只要在选择冷凝器与蒸发器时控制好传热温差，便可以得到与直接制冷同样的效率，并且内侧没有冷冻油形成的油膜，可以获得稳定的高效换热。

环保：采用环保制冷剂CO_2，减少了冷媒对臭氧层的危害。

成本：CO_2代替了传统氟利昂冷媒，减少了库内及管道的氟利昂充注量，通过BIM数字化建模和整体撬块机组工厂化施工的应用，降低了制冷剂使用成本和项目施工成本。

13.2.3 项目图片

图 13-2 所示为该项目的相关图片。

图 13-2　得利斯项目相关图片

13.3　武汉万吨·华中冷链港智慧型冷链物流项目

13.3.1　项目概况

【项目地点】湖北武汉市葛店开发区。

【项目背景】总占地面积520亩，建筑面积近70万平方米，冷库总容量50万吨，一期建设20万吨低温冷藏库及万吨商城。万吨商城共7层，包括冻品展示区、餐饮区、酒店公寓及办公区域，其中冻品展示区共设计3743台冻品展示柜。建成后，将成为全国最大、现代化程度最高的开放型智慧型冷链物流平台。其中央储备肉项目的一部分有3万吨储量。此项目由武汉万吨集团投资，中粮华商国际工程有限公司承建，济南大森制冷工程有限公司实施安装，黑龙江爱科德科技有限公司提供CO_2复叠式机组冷源设备和中央控制智控系统，郑州凯雪冷链股份有限公司提供冷柜。核心部件CO_2压缩机和螺杆压缩机均由德国比泽尔提供。

【项目时间】2019年。

13.3.2　项目特点及优势

◆ 项目特点

环保：零ODS和GWP为1的CO_2纯自然工质的使用，大幅降低了项目的GWP值。

节能：蓄热技术的应用，满足整个万吨商城的冬季采暖需求；采用总热量达40兆瓦的夜间蓄热，充分利用峰谷电费差，达到最佳节能效果。

高效：中央冷源式冷柜群的设计和应用，大大提高系统的整体能效（COP），比使用独立式冷柜可节省耗能达50%以上，也开创了行业的先河。

产热回收：系统满负荷运转，每小时还可提供85℃食品级免费热水15吨。

智能：采用云端监控和运算、优化控制，并向用户开放通信端口，可实现智能管理，有效减少管理成本。

◆ 项目亮点

系统采用了跨临界CO_2压缩机，还可以满足整个万吨商城的冬季采暖需求。这样，整个系统的冷量和热量都被完全利用起来，整体系统综合能效非常高。

这种中央冷源式冷柜群的设计和应用，也开创了行业的先河。所有柜子都通过云端监控和计算，优化控制，大幅减少了商场内设备的热负荷，并为全热回收提供了可能。

13.3.3　项目图片

图13-3所示为该项目的相关图片。

第十三章
比泽尔

图 13-3　万吨项目相关图片

第十四章
松下冷机

14.1 中澳达博

14.1.1 项目概况

【项目地点】江苏省连云港市。

【项目背景】本项目为年10万头进境肉牛加工项目的工程建设。该项目的冷间总面积约3465平方米。其冷间主要有：分割冻结间，库温为-35℃，共5间；低温冷藏间，库温为-23℃，共3间；骨头冷藏间，库温为-23℃，共1间；副产品冻结间，库温为-23℃，共2间；副产品冷藏间，库温为-23℃，共1间；冷却间，库温为0℃~4℃，共6间；四分体进出货暂存间、保鲜库、疑病胴体间各1间，库温0℃~4℃。该项目屠宰量为150头/天；分割冻结间最大速冻能力为35吨/天；冷却间为75头/间，冷却时间为48小时（要求24小时内冷却完成，剩余24小时在0℃~4℃库温下缓慢平衡）；副产品冻结间为24小时，冻结量20吨/天。

【项目时间】2016年。

14.1.2 项目特点及优势

本项目采用环保制冷剂，桶泵供液和直接膨胀两种供液方式，冷风机采用水冲霜，同时负责加工间的新风。所采用的桶泵系统具有以下特点：首先，对蒸发器具有较高的换热效率，冷却效果好。制冷剂循环量数倍与蒸发器的蒸发量，使蒸发器有着充分的润湿表面，可以发挥蒸发器全部蒸发面积的传热效能；制冷剂在蒸发器内呈环流流动状态，气体在中心部位流动，从而强化了制冷剂和管壁面的换热条件。而且，由于大量制冷剂的冲刷，蒸发器管壁不易形成油膜，其底部也不易留存油污，从而使管壁传热系数得以提高。同样蒸发面积的蒸发器，桶泵供液比直接膨胀供液冷却效果提高25%~30%，比重力供液提高10%左右。其次，能够保证长距离供液。利用泵的机械作用，可以克服系统中的机械作用，可以克服系统中的部分阻力损失，实现长距离供液。

主要应用技术：桶泵供液、加工间空气处理技术、冷风机水冲霜技术。

14.1.3 项目图片

图14-1所示为该项目的相关图片。

图 14-1 中澳达博项目相关图片

14.2 河南龙大肉食加工项目

14.2.1 项目概况

【项目地点】河南省内乡县。
【项目背景】包含5000吨冻结物冷藏库、60吨速冻库及预冷库和分选间。
【项目时间】2019年。

14.2.2 项目特点及优势

制冷系统冻结物冷藏库,设计温度为-20℃,共4个冷间,高度为8米;速冻库,设计温度为-35℃,共3个冷间,高度为4.5米;预冷库1间,设计温度为0℃~4℃,高度为4.5米;分选间1间,设计温度为10℃~12℃,高度为4.5米。按蒸发温度划分为4个系统,冻结物冷藏库采用大型铝排管自动热氟融霜,速冻库选用双级变频低温螺杆机组,采用水冲霜。

主要应用技术:R507A自膨系统,双级变频低温螺杆机组,排管自动热氟融霜。

14.2.3 项目图片

图14-2所示为该项目的相关图片。

第十四章 松下冷机

图 14-2 龙大项目相关图片

14.3 淮安苏食氨改氟项目

14.5.1 项目概况

【项目地点】江苏省淮安市。

【项目背景】本项目由江苏淮安苏食肉品有限公司投资建设，主要内容是将原有部分氨系统冷库改造为氟利昂系统冷库；涉及范围包括速冻库、快速冷却间及冷藏库系统，其中，速冻系统单日速冻总量可达约240吨，快速冷却系统单日冷却总量可达约100吨，冷藏库库容量约1250吨。

【项目时间】2020年。

14.3.2　项目特点及优势

◆ **施工难度大**

本项目为氨改氟改造项目，为最大限度地满足生产使用需求，同时在保证安全生产的前提下，需逐步将氨系统替换为氟利昂系统，由此导致安装空间非常紧张，给现场施工造成极大困难，但在各方的默契配合及共同努力下，克服了种种困难，最终顺利、安全地完成施工。

◆ **系统节能性**

本项目在方案设计过程中，综合考虑了该类型项目冷库能耗高的情况。在设计方案时，速冻制冷机组采用了双级变频螺杆机组可实现50~200 Hz的变频范围，依托于制冷机组可靠和强大的变频能量调节，使压缩机能力更好地贴近实际需求负荷，从而保证压缩机的高效运转；加之采用的双级压缩技术和过冷技术，在降低了压缩机压比的同时，提高了供液过冷度，从而更进一步地提高了机组的COP，降低了能耗；此外，冷凝器采用蒸发式冷凝器，并配有变频控制，从而使冷凝压力的控制更为精确，进而进一步提高系统整体的COP，以达到在实际使用过程中最大幅度降低制冷系统能耗的目的。

◆ **智能化IOT平台**

计算机和手机App通过互联网可随时随地地对系统的运行状态进行整体的监测、控制、分析、归纳，可以形成实时和历史数据的汇总、报告和存储，并且具有故障信息手机App推送功能。在所有这些控制子系统的基础上还将通过系统通信的方式，在机房通过监控主机进行统一管理，并且通过网络连接，进一步实现监控，对制冷系统现场的温度、能耗、报警信息等运行情况进行总体监控，从而有效降低冷库后期运营使用成本，保证冷库系统安全运行。

14.3.3 项目图片

图 14-3 位该项目的相关图片。

图 14-3　苏食项目相关图片

第十五章
四方科技

15.1 辽宁安井食品冷库工程

15.1.1 项目概况

【项目地点】辽宁省鞍山市台安县。

【项目背景】该项目包括一个大冷库、一个小冷库（暂存间）以及配套机房。其中大冷库是混合结构成品立体全自动冷库，目标温度-20℃，设计蒸发温度-28℃，560千瓦；冷库尺寸为47米×41米×20米；储藏货物以鱼糜制品为主，进货中心温度≤-12℃。小冷库（暂存间）也是混合结构成品立体全自动冷库，目标温度-20℃，设计蒸发温度-28℃，25千瓦；冷间尺寸为12米×18米×4.8米；储藏货物以鱼糜制品为主，进货中心温度≤-12℃。施工单位为青岛三金冰山制冷工程有限公司。

【项目时间】2017年。

15.1.2 项目特点及优势

该项目为混合结构成品立体全自动冷库，货品通过自动输送线进出冷库，由自动码货机把货品摆放在货架上，整个过程由程序自动控制，实现对货品储藏过程的精确控制，同时节约了大量的人力，提高了冷库的卫生水平［见图15-1（a）、（b）］。

自动冷库为了提高码货效率和容积利用率，采取了高位设计，冷库净高达到20.7米。该设计中的冷风机设置在20米高位，针对这种的布置，选择了高扬程的冷风机，并优化了流场，提高了库内温度的均一性［见图15-1（c）］。在这个项目中，解决了高落差制冷管道的设计安装［见图15-1（d）］、高位冷风机和货架的吊装［见图15-1（e）、（f）］等工程技术难题。

自动冷库是快速发展的冷链物流体系中的重要组成部分，与传统冷库相比，自动冷库可以在冷链物流的冷库储藏环节大幅提高效率、提供可追溯数据、降低人工成本、减少卫生安全风险。

15.1.3　项目图片

图15-1为该项目的相关图片。

图 15-1　安井项目相关图片

15.2 无锡华顺与河北亿食特南极光NH_3-CO_2载冷式制冷机组

15.2.1 项目概况

【项目地点】江苏省无锡市。

【项目背景】无锡华顺民生食品有限公司是安井集团全国布局的重点单位之一,其工厂建于江苏无锡。四方科技承建了万吨智能冷库配套的制冷系统,并提供了多台(套)速冻设备配套CO_2新型环保冷源。四方科技在本次速冻设备冷源中,运用了新型的南极光NH_3-CO_2载冷式制冷机组,使用自然冷媒NH_3作为制冷剂、CO_2作为载冷剂,实现了环保、安全和节能的统一。新型南极光制冷机组还被河北亿食特食品有限公司用于速冻设备的配套。

15.2.2 项目特点及优势

四方科技集团和日本前川制作所共同开发,贯彻"环保、安全、高效、节能"的设计理念,采用国际领先的设计标准和品质管理,打造的具有国际先进水平的制冷机组。

◆ 环保

(1)采用自然环保冷媒——NH_3为制冷剂,CO_2作为载冷剂。

(2)NH_3冷凝器和NH_3蒸发器(CO_2冷凝器)组装在同一个机组撬块上,体积小且紧凑。

(3)NH_3填充量为最低限。

◆ 安全安心

(1)NH_3充填量最小化(350千克),NH_3仅在机组内循环,安全性高。

（2）传统的冷冻设备或复叠系统中，在冷却器之间须有冷冻油循环，长期运转会导致换热性能下降，与此相对，本系统冷却器中仅有纯净无油的CO_2循环，无须担心长期运转换热效果下降的问题。

（3）水冷壳管式冷凝器比蒸发式冷凝器更适用多种水质，安装地点不受限制。水冷壳管式冷凝器的换热管采用不锈钢材质，耐腐蚀。

（4）CO_2储液罐采用耐高压的不锈钢材质。

◆ 高效率·节省能源

（1）将无冷冻机油混入纯CO_2供给到速冻机，提高CO_2的换热效果，最大限度地发挥冷却器的性能。

（2）使用变频器将压缩机转速控制在1800～3550转/分钟范围内以应对冷却负载的变动，实现高效节能效果。

（3）NH_3蒸发器（CO_2冷凝器）采用欧洲Vahterus公司的板壳式热交换器，使NH_3蒸发温度和CO_2冷凝温度的温差小，提高冷冻机的效率。

（4）中间冷却器采用了冷媒闪发方式，降低中间温度，提高压缩机的效率。

（5）NH_3蒸发器中沉淀的冷冻油通过热气进行自动回油。

（6）油冷却器采用水冷壳管式热交换器，在油管上设置了油温三通阀，稳定供油温度。

◆ 项目意义

由于HCFC类制冷剂中的氯对臭氧层的破坏及HFC（氢氟碳化合物）类制冷剂温室效应，这些制冷剂都已经或者将要在国际国内的广大范围内被明令禁用。NH_3作为一种天然冷媒，具有低价、高效和环保的特点，但是由于有毒、易燃、易爆，NH3制冷系统一直是安监工作的重点管制对象。而CO_2作为另一种天然制冷剂，无毒稳定，可以在-40℃以下的制冷系统中使用。所以采用低充注量的NH_3作为制冷剂，采用CO_2作为在冷冻设备中循环的载冷剂，可以实现两种天然制冷剂的优势互补，达到"环保、安全和节能"的统一，是制冷系统的发展方向。

15.2.3 项目图片

图 15-2 所示为该项目的相关图片。

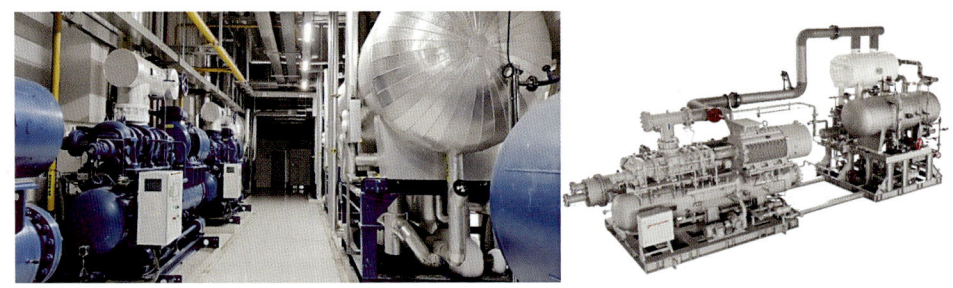

图 15-2　华顺项目相关图片

15.3　圣农集团、正大、金锣螺旋式速冻机

15.3.1　项目概况

【项目地点】福建省南平市。

【项目背景】福建圣农集团是国内先进的白羽肉鸡生产加工企业，先后装备了四方科技集团生产的螺旋式速冻机20多台（套），用于鸡肉及各种深加工制品的速冻生产。该设备在禽肉加工企业得到广泛应用，正大集团各工厂（含泰国工厂）累计装备上百台，金锣集团、双汇集团、雨润集团都有批量装备。

15.3.2 项目特点及优势

螺旋式速冻机适用范围广，可以用于各种肉类和深加工产品的冻结，冻结产能为每小时200~10000千克，配置灵活，操作简单，维护方便，性价比高。

四方科技集团是国标《食品速冻装置螺旋式速冻装置》（GB/T 22733—2008）的制定单位，二十多年来累计生产螺旋式速冻机2000多台（套），是全球规模领先的螺旋式速冻机制造企业。

近年推出的新型自堆积式螺旋速冻机，采用了独特的传动设计实现了输送网带的自我堆垛和传动，结构更加简单、紧凑；优化的垂直逆向气流提高了换热效率，缩短了冻结时间降低能耗；卫生设计配合自动清洗系统，大幅提升了设备的卫生水平。

随着社会的发展，生猪屠宰将远离人口聚居区域，市场对冰鲜、速冻的分割肉以及肉类深加工产品的需求有扩大的趋势，肉类生产企业从初步的屠宰分割加工向各种深加工产品的方向延伸发展。原有的"速冻间+冷库"的模式已经不再适用，需要各种速冻装备满足产品线的延伸。螺旋式速冻机作为一种性价比高、适用性广的速冻设备是企业的首选。随着大众对食品安全、食品卫生的关注，卫生水平将成为食品加工企业的重要指标，新型的自堆积式螺旋速冻机将是高标准肉类加工企业的优选。

15.3.3 项目图片

图15-3所示为该项目相关图片。

图 15-3 圣农项目相关图片

第十六章
双汇物流

16.1 安全协同系统

16.1.1 项目概况

【项目地点】河南省漯河市。

【项目背景】如今,国家对安全生产管理的标准越来越严,安全生产责任的底线越来越高,责任事故追责更为严厉,物流要做大做强,安全是第一位的。而目前因运输业务的时效要求,运输过程中受车况、路况、天气条件等因素的影响,加上驾驶员安全意识淡薄、驾驶技能存在缺陷、动态监管的限制,造成疲劳驾驶、超速驾驶等潜在隐患多,安全管理难度大。

为落实国家安全管理"防风险、除隐患、遏事故"的要求,提升安全管理水平,双汇物流通过利用ADAS(智能驾驶辅助系统)、人脸识别等技术,建立"双汇物流安全协同系统",全程监控驾驶员的驾驶行为,从风险预估、预警处理、事故反应、科学分析等方法,实现风险"事前预防+事中干预+事后追溯"三位一体的全面管控,改被动安全为主动安全,保护生命财产安全。项目主要解决以下存在的问题。

(1)司机驾驶行为无法管控,疲劳驾驶、分神驾驶、超速驾驶等行为引发事故多。

(2)车辆实时风险无法管控和制止。

(3)信息传递延时,发生事故后才反向调查问题。

【项目时间】2020年。

16.1.2　项目特点及优势

◆ 项目要求

利用智能人脸识别、ADAS辅助驾驶系统，由第三方监控服务团队利用管理平台，7×24小时不间断实时监控，对疲劳驾驶、车道偏离、超速驾驶等多项不安全行为实时监测，及时提醒，减少事故发生。依据安全事件大数据，对司机安全行车行为进行综合分析，找到并解决引发危险的主要因素，打造司机管理智能化实施方案，实现管住车、管住司机的目的。

双汇物流通过"智能管车系统"的建设，在车辆上安装安全协同设备，把驾驶过程中超速、疲劳、压线、车距过近、抽烟、打哈欠等信息进行动态识别，建立驾驶员不良行为大数据分析模型，实现对每一个不良行为的精准预判和智能提醒，起到提醒和告知驾驶员安全风险的目的，对车辆在途监控力度的增加必然会保障车辆的安全行驶，降低交通事故发生概率。

◆ 项目意义

双汇物流安全协同系统，以"语音报警提醒+数据备案约束"的方式有效监管司机的不良驾驶行为，有效提升双汇物流在途车辆安全的管控水平；以"主动防御+应急处理"的手段，让风险得到提前处置，降低事故发生概率，保障公司人员财产安全，有效减少事故的发生。

通过安全协同系统，双汇物流做出了以下改进。

（1）通过驾驶安全车载智能终端及其附属设备，采集驾驶员的驾驶行为数据，该终端与北斗互联，采集基础信息并传递到服务器，车载终端可以自动分析计算是否存在风险，并自动报警提示。

（2）利用终端采集的数据，7×24小时监控团队并查看车辆实时风险，根据风险级别，自动提示驾驶员或人工干预。

第十六章 双汇物流

16.1.3 项目图片

图 16-1 和图 16-2 所示为该项目相关图片。

图 16-1　实时视频监控

图 16-2　安全事件报警

16.2 智能管车系统

16.2.1 项目概况

【项目地点】河南省漯河市。

【项目背景】随着中国物联网、云计算技术的快速应用，物流行业迎来了一个新的发展机遇。车辆管控、司机管理、温度控制、质量管控是提升冷链物流服务水平的关键所在。双汇物流采用物联网、GIS技术建设了"智能管车系统"项目，主要解决以下存在的问题。

（1）车辆管理方法原始，通过调度电话联系司机，无法实时、有效地监控车辆状态、司机状态。

（2）车厢温度事后读取，数据不能实时上传，温度不能实时报警，无法保证产品质量。

（3）车辆运行质量人工统计分析，工作量大，分析不系统、易出错，不能有效解决运行质量问题。

【项目时间】2018年。

16.2.2 项目特点及优势

◆ 项目特点

为双汇物流提供一套完整的冷链物流信息化解决方案，实时采集车辆行驶信息、车厢温度信息、车辆位置等数据并同步上传至数据中心，实现对车辆位置、车厢温度实时监控，实现管住车、管住司机、管住质量的目的。通过将智能管车系统与ERP对接，实现从工厂到客户供应链全程信息化管理，全面提升供应链管理水平。

第十六章 双汇物流

◆ 项目优势

双汇物流通过智能管车系统的建设,在内外部车辆上全面安装移动温控仪,有效提升双汇物流对车辆、司机、质量的管控水平;通过车厢温度的监控,加强运行质量管控能力,保障了食品运输安全,降低了运输成本。

双汇物流智能管车系统实现了运输车辆在途监管工作的可视化与透明化,为运输环节的产品质量提供了保障,确保了运输环节的产品质量;对车辆运输的在途时效、在途动态进行系统信息化管理,提高业务管控和运营能力。带动了国内冷链物流行业的快速发展以及物流行业其他领域的发展,扩大了国内移动温控仪监控市场的发展规模,增快国内冷链物流行业的信息化发展。

通过智能管车系统,双汇物流做出了以下改进。

(1)车辆数字化管理:通过移动温控定位仪,实时监控车辆位置、温度,异常情况实时报警。

(2)任务全程追溯:通过与ERP对接,实现任务实时监控,运输过程动态可控,客户对产品实时跟踪。

(3)数据分析:自动生成报表,进行多维度统计分析,解放手工统计报表。

16.2.3 项目图片

图 16-3 和图 16-4 为该项目的相关图片。

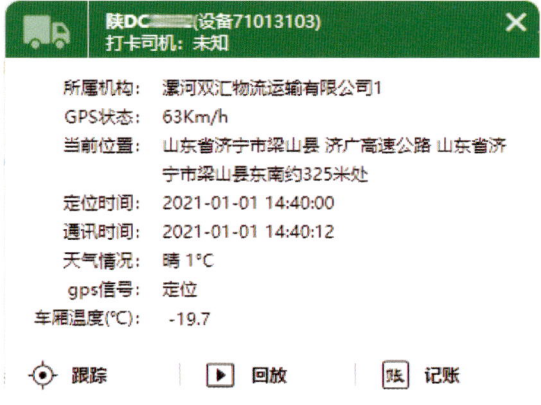

图 16-3 车辆在途监控

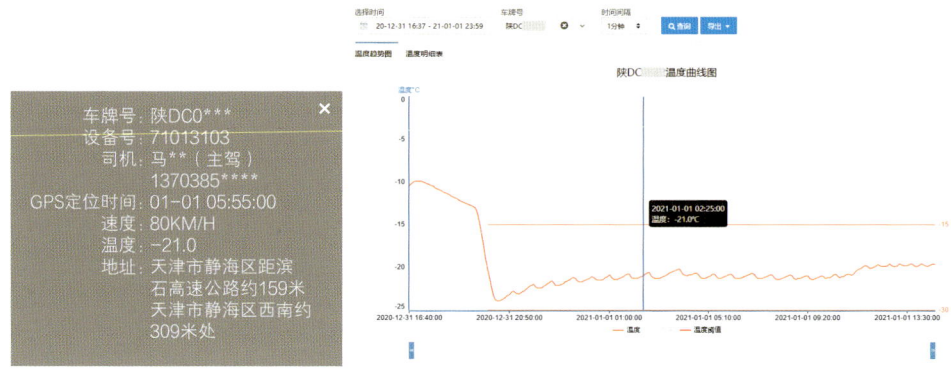

图 16-4　历史轨迹查看及历史温度查询

16.3　智能调度系统

16.3.1　项目概况

【项目地点】河南省漯河市。

【项目背景】受国内外经济形势影响，我国的物流业面临着严峻的挑战，下行压力有所加大。同时，物流成本高、效率低的问题依然突出。由于各种运输方式衔接不畅，中间环节多、损耗大，造成降低运费成本难度大。

双汇物流建立了智能调度系统，实现物流调度全面数字化、智能化改造，加入智慧物流生态体系的建设，形成"数字驱动、协同共享"的物流生态，全国物流"一盘棋"，调度和决策自动化、智能化，达到降本增效的目的。该系统主要解决以下存在的问题。

（1）订单小、配送点多，人工排布线路不能够精确计算配送成本，不能科学选择自有车或外部车承运，实现利益最大化。

（2）订单信息和车辆资源信息不能完全共享，运输环节人工派车不能有效达到配载联运最优化，造成首点装载率高、途中装载率低，运输成本有优化空间，影响双汇物流整体业务运作质量和运营成本的控制。

（3）调度目前靠经验、司机反馈信息来排布线路，调度时效性差、工作量大，对调度的业务技能、业务水平、调度经验依赖性强。

【项目时间】2020年。

16.3.2 项目特点及优势

◆ 项目特点

通过智能算法输出，引入货物地图，实现调度过程可视化、订单全流程自动化，配载、派车、路径规划等关键环节智能决策。依托信息化、数字化、智能化工具，提升调度效率及效果，建设数字化调度能力，从高效运营和数字开放两个方面推动企业社会化转型。

◆ 项目成果

通过建设智能调度系统，一是围绕客户个性化需求，根据系统沉淀的客户需求信息，为客户提供最佳服务方案，提升客户体验；二是通过智能调度，综合考虑路况、限行、费用、时效、交货等各种因素，自动匹配最合适的车辆和路线；三是根据内外部业务订单和物流系统资源，通过智能算法，进行智能配载和多点联运，提高装载率，降低配送成本；四是提供司机配送过程中的辅助决策，包括路径推荐、货车导航、语音提醒等智能服务。

◆ 项目优势

双汇物流智能调度系统利用大数据规划合理线路、快速匹配车辆，取代人工的排线与靠调度经验的操作，实现调度工作量的减轻、车辆效率的提升，有效降低企业物流管理成本。

通过智能调度系统，双汇物流做出了以下改进。

（1）依托货车地图，按照不同客户需求，考虑各种路线及目的地设置，提供差异化解决方案（时间最优、成本最优等）。

（2）订单统一归集到一个订单池，统一派车和调度。

（3）智能算法模型输出运单路线、车型的优化配置方案，调度辅助进行决策。

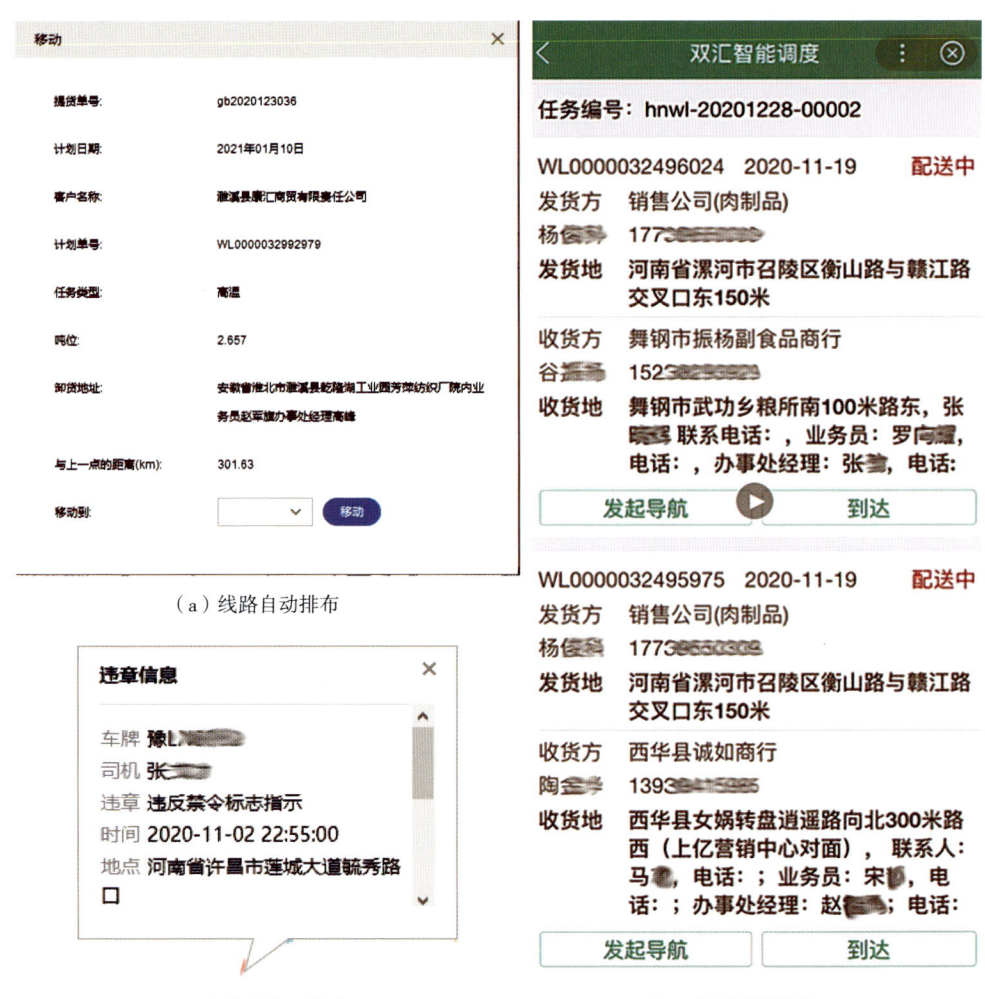

图16-5 智能调度系统相关图片

第十七章
维尔康

17.1 维尔康品牌介绍

17.1.1 维尔康冷链物流园区介绍

维尔康冷链物流园区主要由批发市场、冷库群、物流车队等组成。维尔康肉类水产批发市场是维尔康物流园区的核心，是由维尔康集团投资建设，于1997年开业，营业面积20余万平方米。市场现有11座低温万吨冷库，冷藏总储存27万吨，位居全国同行业首位；有3座交易大厅，占地8万多平方米；市场商户1200余家，经营从业人员2万余人。该批发市场经销全球猪牛羊禽肉类、各种水产品、农产品等几万种商品。

维尔康肉类水产批发市场是商务部生活必需品重点监测市场。市场肉类水产冻品年交易量、交易额连续多年在全国同行业排名首位，现已成为全国重要的肉类水产农产品冻品集散地、全国肉类水产冻品价格指数风向标。该批发市场是全国农产品综合批发十强市场、全国水产品批发十强市场、全国肉禽蛋批发十强市场、全国冷链物流园区优秀示范基地。

17.1.2 维尔康冷链物流园区的升级改造情况

维尔康冷链物流园区是从1997年开办维尔康肉类水产批发市场开始起步；到2004年，生猪屠宰加工产业整体迁出物流园区，转移到山东生猪主产区聊城地区；随后几年先后将肉制品深加工、出口食品加工、生化制药等产业整体迁往外地，并对园区硬件设施进行了全面升级改造，实现了物流园土地的增值；同时提高了园区冷藏储存能力，扩大了园区交易规模。

目前，维尔康集团以食品商贸流通现代服务业为核心，实现了由食品加工向商贸流通现代服务业的转型，基本完成了企业新旧动能转换以及企业自身的产业升级。

17.2　维尔康冷链物流园区及配套服务经验介绍

维尔康集团从事冷链物流产业二十多年来，一直按照"依托冷库建园区、发展园区促冷链"的发展思路；坚持"以园区商户需求为中心，建立完善园区配套服务功能"的原则。为把维尔康冷链物流园区建成国内一流园区，在园区配套服务功能设施上，投入巨资精心培育。

1. 成立维尔康冷链物流有限公司

集团组建了专业化、规模化的冷链物流车队，开展第三方冷链物流配送业务，对园区内冷链配送起到主导作用，确保园区冷链物流的良性发展。园区开通了全国各地冷链配送线路1000多条，建立冷链物流配送网点500多个。目前集团拥有大中小冷藏车600多辆，整合挂靠社会车辆1000多辆。

2. 投巨资对基础硬件设施升级改造，完善配套服务功能

近几年园区新建3座交易大厅，占地8万多平方米，均配备了中央冷暖空调。其中一层为商户商品展示交易厅；二层配备有商务洽谈写字间、商户健身房、美容室；还有代办商户营业执照、食品经营许可证等证照，办理商标注册、车辆保险、购买车票、订酒店等一站式服务的商务中心。

3. 实行冷库出入货统一搬运

组建规范的搬运队伍，对所有冷库进出货物实行统一搬运。对商户食品入库前，索证索票，检查相关文件，同时检测商品温度，温度不达标的不得入库。确保了入库食品的质量，稳定了市场装卸价格，减少了广大商户的经营成本。

4. 新建水产品加工间，延伸服务产业链，提高商户满意度

集团投资新建几十个水产肉类加工车间，安装了速冻制冷等相关设备。解决了商户深加工困难、成本高的问题，提高了商户的满意度，使园区服务功能更加完善。

5. 帮助解决园区商户融资难、贷款风险高的问题

集团成立维尔康园区商户信贷评审委员会。评审委员会由集团财务部、冷藏部、市场部等组成。每月对申报贷款商户的经营规模、具备的资质及商户的信誉等情况进行评审，再由银行依据评审委员会出具的评审意见给予审批贷款。这一举措大大缓解了商户的经营压力，又降低了银行的信贷风险，得到广大商户、银行的一致好评。

6. 解决园区停车难问题，保持园区物流通畅

停车难不仅是维尔康园区，也是全国各冷藏市场、冷链园区存在的"老大难"问题，经常出现"进不来、停不下、出不去"的现象。为有效布局园区空间格局，合理控制园区车位配比例，确保园区车流畅通，集团将交易厅三、四层改建成园区商户停车场，设有近1000个车位，满足商户及采购商停车的需求，又对园区交通线路进行有序调整，统一规划园区各区域的使用功能，使人流物流各安其道、忙而有序。

7. 延伸配套服务功能，保持市场健康持续发展

为确保园区所经营食品的安全，配套完善市场服务功能，提高市场专业服务能力和服务水平，集团注册成立具有第三方食品检测机构资质的山东康维食品检测有限公司（以下简称康维公司），投资5000多万元，购置了具有先进水平的各种仪器设备。同时，组建专业的食品检测队伍，负责市场业户商品的入库查验；建立了严格的质量安全检测体系，将市场1000多家业户纳入供应商体系管理；对所有入库商品实行统一查验索证索票制度，对入库商品的名称、产地、规格、型号、数量进行登记，严把入库商品质量关，手续完备后方可入库。

目前，康维公司是国内同行业首家为市场商家和冷链物流配套服务的第

三方食品检测机构。

康维公司为方便自营国际贸易业务和维尔康园区200多家从事国际贸易进口商品快速通关的需求，在济南市政府的支持下和济南海关的指导下，集团投资1.2亿元承建了由海关总署监管内陆口岸——维尔康进口肉类指定监管口岸，2019年4月通过国家海关总署验收并具备了运营条件。口岸运营后，每年在维尔康口岸通关进口肉类水产品2万余条柜，提高了进口商品通关效率，降低了通关费用，同时每年可为地方政府增加100亿元的进口贸易额和社会商品零售总额，创造极大的社会效益和经济效益。

17.3　维尔康冷链物流园区运营经验及冷鲜肉的全冷链

17.3.1　确保园区稳定保持两个结构的均衡

◆ 保持园区经营产品结构

这些年来园区注意保持并调整园区商品的经营结构，尤其严格控制水产类的比例，基本保持5∶3∶2的比例结构，即45%左右的水产品、35%左右的肉类产品、20%左右的调理和速冻食品，实现水产类、肉类、调理和速冻食品等经营产品结构的合理优化互补，避免市场出现恶性竞争。

◆ 保持园区商户规模结构

对园区商户经营规模基本保持：25%的经营大户、50%的经营中户、25%的经营小户的比例结构。因为这种比例结构对于市场的稳定更加合理，既保持了市场商品交易的规模，又保持了市场的人气氛围，利于市场的长期稳定。

17.3.2　维尔康肉类全冷链运输

目前维尔康冷鲜肉已经实现了从肉类冷藏加工、冷藏储存、到冷藏运输、冷藏销售均保持在0℃~4℃的全程冷链。

第十七章
维尔康

1. 肉类冷链关键四环

（1）冷藏加工。目前维尔康冷鲜肉从分割到产品包装过程，实现了在4℃以下低温环境加工生产，使肉类原料在源头就实现冷链作业过程，既有效抑制了肉类及环境中微生物的繁殖，又保持了新鲜营养的成分。

（2）冷藏储存。分割后的新鲜肉，储存在0℃～4℃的鲜品冷却库内，确保了冷鲜肉的质量安全。

（3）冷藏运输。目前维尔康冷藏配送车安装了车辆GPS定位系统及能保持连续传输冷藏温度的监控装置。冷藏车厢在运输过程中温度保持在0℃～4℃范围内。

（4）冷藏销售。集团在山东省内地市现有维尔康冷鲜肉专卖店和加盟店500多家，加上大中型超市等销售专柜共计网点1000多个。产品销售均使用冷藏展示柜，安装了温度保持在0℃～4℃范围内，能连续传输冷藏温度的监控装置，确保了产品的全程冷链。

2. 肉类冷链"四注意"

公司严格按高标准、高质量、高时效，将维尔康牌冷鲜肉及熟肉制品等产品全程温控、准时高效、新鲜安全地送抵全省范围内的各个销售网点，实现"0投诉、0异常、0风险"运营。

（1）注意冷链物流的便利性、时效性，选择更快的冷链配送方式和车辆，降低产品在中转途中的时间，最大化保持产品的原有特性。

（2）注意冷链物流的车厢内车辆卫生情况、消毒情况、新冠疫情期间的核酸检测项等，防止产品因厢体异味、污染、未消毒导致的产品二次污染，保证产品品质。

（3）注意严格要求车辆制冷系统，按照产品保存温度制冷，防止产品运输途中质变。

（4）注意要求产品在冷链途中的运输安全性，到货数量清点的准确性，货物交接手续齐全。

3. 维尔康疫情防范工作经验

2020年12月2日，国家市场监督管理总局发布规定，进口冷链食品没有检验检疫证明、没有核酸检测报告、没有消毒证明、没有追溯信息的，不得上市销售。其背景是进口冷链食品"物传人"成为了中国局部疫情反弹的主要原因之一。上观数据根据公开资料梳理了自2020年7月起的中国进口冷链货物新冠病毒检测阳性事件，截至2020年底共46起，11月单月就有28例，超过半数。一方面是因为11月《冷链食品生产经营过程新冠病毒防控消毒技术指南》出台后，检测加强，阳性数量激增；另一方面也是因为，步入秋冬时节多国疫情再次深陷困境。为切实筑牢外防输入防线，最大限度地阻断疫情传播风险，保障人民群众生命健康安全，维尔康集团高度重视疫情防范工作，通过集中闭环管理、监管全程溯源，竭尽全力为冷链食品安全供应保驾护航。

◆ 严格加强冷链食品从业人员的双周核酸检测

对从业人员实施网格化管理、日常的健康监管、行程报备和双测温两报告制度。根据省、市最新要求，对直接接触进口冷链食品的搬运工实行每5天一次核酸检测，接触冷链食品的从业人员必须戴手套、口罩，做好自我防护，每个经营冷链食品的摊位都配备了手套和口罩。根据区疾控中心和区市场监管局的安排，维尔康集团增加核酸检测密度，环境核酸检测每周一次，环境样本检测1300余个。截至2020年底，从业人员检测已第六轮6000余人次，检测结果均为阴性。

◆ 严格进口冷链食品出入库双核酸检测

实行提前24小时报备制度，批批检测，凭报关单、入境检验检疫、双核酸检测合格后准予入库或出库销售，资料规范存档完整齐全。自市场经营进口冷链食品的商户出入库做核酸检测以来，从2020年8月18日开始至11月3日（共计78天），市场商户累计4962人次出库报备，出库数量约524万件+8381吨；2195人次入库报备，入库数量约190万件+10926吨；商品核酸抽检结果全部阴性。

◆ 建立完善商户档案

要求商户全面建立购销台账,详细记录购销各环节信息,及时录入山东冷链食品疫情防控管理系统,实现可追溯管理,截至目前,冷链食品经营业户已全部完成注册630户,正督促业户实时更新数据。市场建立了完善的食品安全管理制度,并与每一名商户签订食品安全责任书,对经营商户进行食品安全方面的培训,强化商户的经营主体责任意识,杜绝食品安全事故的发生。

◆ 日常监管工作

(1)建立了市场入市商品查验制度,成立查验室,配备专业人员负责市场商户进货审核查验和索证索票工作,实行统一搬运,资质不全的商品禁止入库。

(2)维尔康集团第三方食品检测机构山东康维食品检测公司,取得法定CMA资质,是国内农产品批发市场行业首家专为市场配套服务的第三方食品检测机构,对食品进行各种理化、微生物、药残和瘦肉精、重金属等指标检测,并对检测结果进行及时的公示。将入场1000余家商户纳入供应商管理体系,保证市场经营食品的安全。

(3)积极开展食用农产品全覆盖快检工作。根据济南市市场监管局关于《食用农产品市场监管提升工作实施意见》的通知精神,与第三方检测机构签订了委托快检协议,每天按检测任务完成检测,将数据及时上传市市场监管局信息平台,并在市场电子大屏及时公示。据统计,2018年共检测28806批次,2019年共检测32497批次,2020年共检测5405批次,检测项目包括瘦肉精三项、呋喃代谢物四项、孔雀石绿、氯霉素、磺胺类、喹诺酮类、重金属污染物及其他食品添加剂等,到目前为止,所有检测项目全部合格。

17.4 我国肉制品冷链需求趋势

2018年,为防止非洲猪瘟疫情进步蔓延,国务院办公厅印发了《国务院关于做好非洲猪瘟等动物疫病防控工作的通知》,要求关于生猪及产品的调运分为四类情况:一是不能调运生猪的疫情省;二是不能调运生猪产品的疫情省；三是不能调运生猪但可以调运检疫合格产品的疫情省相邻省份；四是其他省份的生猪及其产品凭检疫证明可以正常调运。2020年11月16日，《关于印发中南区生猪调运管理办法、动物及动物产品指定通道检查站规范化建设指引和指定通道检查站名单的通知》发布，规定将自2020年11月30日起，全面禁止非中南区的生猪（种猪、仔猪除外）调入中南区，中南区内原则上不进行生猪（种猪、仔猪除外）跨省（区）调运。

如此看来，未来中国生猪养殖及市场供应的格局，将会因此重新洗牌、调整和布局。未来的猪肉供应，将有可能会从现在的"调猪"为主，调整为"调肉"为主。一旦"调肉"为主供应的格局形成，将有三个重要环节确保非洲猪瘟等疫情的有效监测防控及市场供应，随之相关的产业发展将迎来拐点。

第一是集中屠宰、集中检疫防扩散，屠宰加工业将会迎来扩容提升的机会。生猪是活体，是携带非洲猪瘟感染源的最直接的媒介。只要活猪不乱运，即便有非洲猪瘟病源，其传播速度也将会大大降低。因此，屠宰的生猪量将大大增加，调运到外地的猪肉比以往更多，而猪肉的检疫也将更加严格。这些都需要屠宰加工企业扩大加工产能，同时提升自身检疫防疫手段及水平。

第二是冷链物流业将会迎来运输的巨大市场。国家已明确，运输生猪等活畜禽的车辆不能再享受鲜活农产品运输绿色通道政策，但鲜冻畜禽肉等动物产品可继续享受。这一调整，将推动生猪调运向冷链运输转变，冷链运输成为大势所趋。"调猪"改为"调肉"，为了保证猪肉最大限度的新鲜，必须全程实行冰鲜运输。冷链运输企业同样会迎来新一轮的扩能提速。

第三是冰鲜上市，对接市场直供到点，未来的猪肉市场供应，将遵循"集中屠宰、冷链运输、冰鲜上市"路子。这一变化，将为猪肉供应终端市场带来新的机遇与挑战，而储肉冷库与市场冷柜随着"调肉"格局的形成将成为猪肉市场供应链条上的新的发展动力，前景广阔。

双汇冷易通（郑州）冷链物流园

项目概述

冷易通（郑州）冷链物流园区项目是双汇物流打造的集仓储配送、分拣加工包装、商贸金融、商务办公为一体的智慧冷链物流园区，项目坐落于郑州市经济技术开发区航海东路与第二十三大街交叉口东南角，占地面积215亩，总投资10亿元。分期建设分期使用，库房拟采用"421"模式进行标准化配置，即4个-18℃冷冻储存库、2个多温层城配库、1个商品交易中心。本项目主要服务于冷链仓储、区域分拨、电商中转仓、前置仓、分拣加工、城市配送、干线物流等，可满足多种营运模式。

冷易通项目未来将在全国布局十大物流中心（RDC），致力于打造成为"干、仓、配、贸、融"五位一体的现代产业集群，重点围绕"肉、蛋、奶、菜、粮、果"等家庭日常消费产品，提供多温区仓储分拨、分拣加工包装、区域配送、商品交易、供应链金融等一体化供应链服务，打造中国一流的食品供应链服务企业。

冷库概况

- 温控库容量：150000板
- 可提供温区：冷藏、冷冻、常温
- 分拣区域面积：18000㎡
- 装卸道口：92个

该园区是多温带、高标准全自动立体化智慧冷链物流园区，区位交通优越，毗邻107国道、310国道、京港澳高速、华夏大道、南三环等多条交通要道，致力于为广大客户提供多元化的综合冷链物流服务。

项目坐落于中原城市群核心城市、国家中心城市郑州，紧邻中国（河南）自由贸易试验区郑州片区核心区，距郑州市中心15公里，距离京港澳高速航海路站出口1公里，距离京港澳高速南三环站和圃田站出口2公里，距离三号线营岗地铁口3公里，距离新郑国际机场25公里。便捷的高速交通网可快速辐射开封、许昌、新乡、焦作、洛阳等多个城市。

服务内容

仓储服务

- 订单管理/SOP操作
- 进出库及库存管理
- 货物分拣/包装服务
- 库内控温、人脸识别
- 安消一体/PDA扫描

自动分拣

- 效期自动分拣
- 订单自动分配
- 门店集中处理
- 温层自动识别
- 整箱、拆零分拣

共仓共配
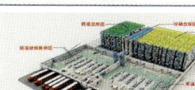
- 多温区仓库
- 一站式存储
- 网络化站点
- 灵活组合配送

运输服务

- 市内配送和干线运输
- 整车运输和零担运输
- 智能算法，路径优化
- 大宗货物或托盘运输

增值服务

- 贴标换箱质检
- 逆向物流/退货管理
- 溯源、包装加工
- 供应链金融、贸易

无纸订单

- 信息自动交互
- OTWB信息化服务
- 订单智能化处理
- 交易凭证电子化

冰轮环境 MOON-TECH

智慧·绿能·生态
INTELLIGENT · GREEN ENERGY · ECOLOGY

低温冷冻　中央空调　环保制热　能源化工装备　精密铸件　数智服务　氢能装备

冰轮环境技术股份有限公司，以冷热同步发展、积极拓展节能环保产业为发展战略，持续打造和提升在低温冷冻、中央空调、冷链装备、工业余热回收利用、能源综合利用、智能物联网服务等领域的竞争优势，以持续的技术创新不断提升在人工环境领域为用户提供冷热一体化系统解决方案的服务能力。

冰轮环境积极倡导"安全制冷、绿色制冷、低碳制冷"的行业可持续发展模式，冰轮的营销服务、系统技术及工程管理团队为肉类产业冷冻冷藏提供完善的系统集成服务，有效推动二氧化碳复合制冷系统、冷凝余热回收系统等一系列创新型技术的规模化应用，力争为用户创造良好的经济效益和环保效益。

 集团总部　 济南工业园　 莱山工业园　 保定工业园　 古现工业园　 美国工业园　 马来西亚工业园　 英国工业园　 越南工业园

冰轮环境技术股份有限公司　Moon Environment Technology Co., Ltd.

官方网站　官方公众号

冰轮环境
MOON-TECH

智慧·绿能·生态
INTELLIGENT · GREEN ENERGY · ECOLOGY

构建互联互通的冷热世界

宽温区高能效
制冷供热 耦合集成系统
The Efficient Integrated System for Cooling and Heating with Wide Temperature

- 车间空调(10°C~15°C)
- 预冷排酸(0°C~4°C)
- 快冷排酸(−20°C~−25°C)
- 快速冻结(−30°C~−45°C)
- 冷藏保鲜(0°C)
- 低温储藏(−18°C~−25°C)
- 化工、医药、环境模拟等

- 器具消毒（80°C）
- 车间地面冲洗（40°C）
- 洗手、淋浴（35°C）
- 禽类脱羽(60°C~65°C)
- 高温高压蒸汽（＞200°C）
- 锅炉水预热
- 局域供暖
- 蔬菜漂烫
- 果蔬催熟
- 化工、造纸、冶金等

二氧化碳复合制冷系统
✓ 安全、环保、高效，保护臭氧层

热能综合利用系统
✓ 应用范围广、提供生产、生活热水和高温蒸汽

智能化立体冻结流水线

✓ 智能冻结，安全便捷
✓ 均匀风场，冻结效率高
✓ 识别峰谷电，节能显著
✓ 适用于多种禽畜肉类、调理食品等产品冻结工艺

冰轮环境技术股份有限公司　Moon Environment Technology Co., Ltd.

官方网站　官方公众号

冰轮环境 MOON-TECH

智慧·绿能·生态
INTELLIGENT · GREEN ENERGY · ECOLOGY

真空冷冻干燥机

- 快速降温，性能稳定
- 全面保留产品特征
- 可规模生产，精准可靠
- 机组模块化，紧凑方便
- 适用于肉类、海鲜、方便速食、宠物食品等生产加工领域

循环冰水装置

- 适用于禽类加工浸入式冷却环节
- 隔膜式蒸发换热，节水、省电、降费
- 恒温（0.25°C）供水，不冰堵
- 智能设计，操作简单

冰浆水生成机组DISU

- 高效制冰
- 急速冷却
- 超强蓄冷
- 0度冰鲜

与常规制冰技术相比
每年能节省 **43.1** 吨标准煤
减少 **29.3** 吨二氧化碳排放

*按平均每小时生产一顿冰计算

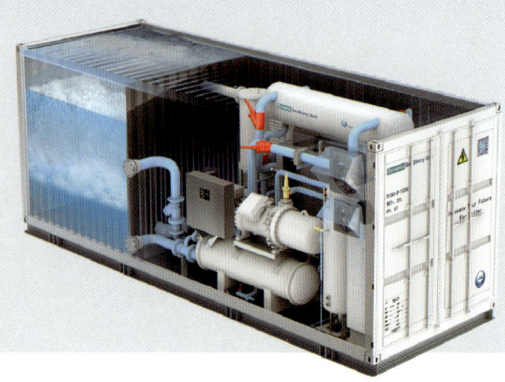

冰轮环境技术股份有限公司　Moon Environment Technology Co., Ltd.

冰轮环境 MOON-TECH

智慧·绿能·生态
INTELLIGENT · GREEN ENERGY · ECOLOGY

智慧冷热系统解决方案服务商
INTELLIGENT COLD AND HEAT SYSTEM SOLUTION SERVICE PROVIDER

- ✓ 制冷及制热成套设备
- ✓ 冷热系统集成服务
- ✓ 系统优化与合同能源管理
- ✓ 冰轮智汇云服务平台

智能—安全—节能 现代化制冷机房

控制中心

园区设计规划

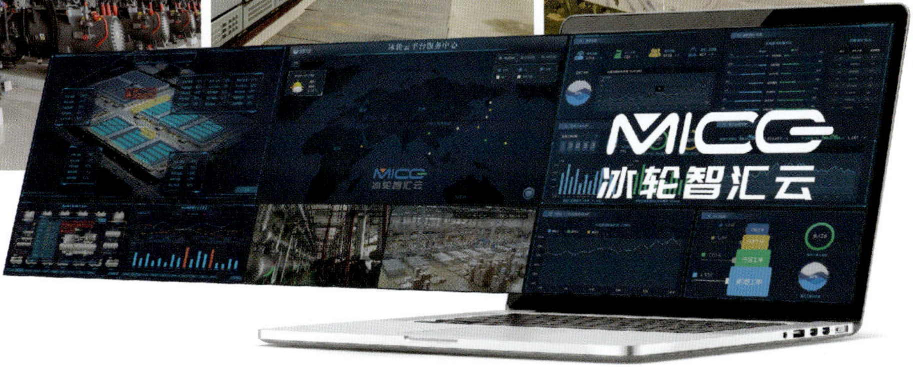

冰轮环境技术股份有限公司　Moon Environment Technology Co., Ltd.

松下冷机系统（大连）有限公司是集冷冻机制造商和冷冻工程集成商于一体的综合性制造企业，公司以节能、环保为使命，努力打造为绿色智能冷热综合解决方案的领航者！

绿色智能冷热
综合解决方案的领航者

该牧业屠宰项目由松下冷机系统（大连）有限公司设计并建造。集隔离、屠宰、加工、冷链运输于一体，配套建设的隔离场可一次性容纳肉牛12500头。为屠宰厂排酸、速冻、加工工艺提供冷源，屠宰厂设计日屠宰能力1000头。

Panasonic　松下冷机系统（大连）有限公司

松下冷机系统（大连）有限公司是集冷冻机制造商和冷冻工程集成商于一体的综合性制造企业，公司以节能、环保为使命，努力打造为绿色智能冷热综合解决方案的领航者！

智造冷暖世界

节能
松下机组采用多台机头并联，配管集中化设计、精简系统、智能化控制，最大可节能35%。

智能
松下机组可实现自动化无人值守运行，可实现自动开停、负荷调节、数据记录、数据分析、远程控制、故障诊断等功能。

低噪
采用松下多项降噪专利设计，对噪音进行严格控制，保证松下机组的噪声低于业界标准。

可靠
每个产品保证出厂前进行严格的噪声检测、耐久实验、震动运转、性能检测，保证机组设计寿命15年以上。

Panasonic 松下冷机系统（大连）有限公司

华商国际工程有限公司
Hua Shang International Engineering Co.,Ltd

创建一流企业
缔造百年品牌

华商国际工程有限公司

华商国际工程有限公司（前身为商业部设计院）创建于1954年，是国家工程建设行业的核心骨干企业，隶属于中粮集团有限公司，是中粮工程科技股份有限公司的全资子公司。华商国际是具有工程咨询、工程设计、城市规划、工程总承包、建设监理和造价咨询资质的综合性工程公司。

全生命周期解决方案

深耕食品冷链行业七十年，依托优质平台，可高效地整合行业资源，一站式挖掘全生命周期冷链每个节点的提升潜力及潜在价值。

咨询　　设计　　设备制造与集成　　工程　　升级改造　　运营

公司部分案例展示

云南温氏年屠宰生猪100万头及年深加工肉制品5000吨项目

成都银犁农产品冷链物流中心项目

阜阳天邦一体化基地生猪屠宰与深加工项目

天邦屠宰厂项目

扫码关注公司公众号

链接产业生态 助力工业制造
Link Industrial Ecology Assist Industrial Manufacturing

产业在线（智信道870647）成立于2008年7月，是一家专注于中国制造领域的产业链研究与数据信息服务提供商。公司旗下拥有互联网平台、专业期刊、官方微信、官方微博等新媒体平台。

产业在线制冷事业部专注于制冷全产业链研究，自2008年起积累了十余年的基础数据，主要针对家用制冷、商用制冷、工业制冷等多个领域，产品涉及冷库、制冰机、冷（盐）水机组、制冰机、速冻设备、冷藏车等多个品类，从行业研究、产品细分、区域细分、供给格局、预测研究等多方面对制冷产业链进行深入的研究，帮助用户及时监测并掌握制冷产业相关动态，迅速、准确地把握上下游产业格局及趋势，为企业的发展规划及商业决策提供客观、有利的参考依据。

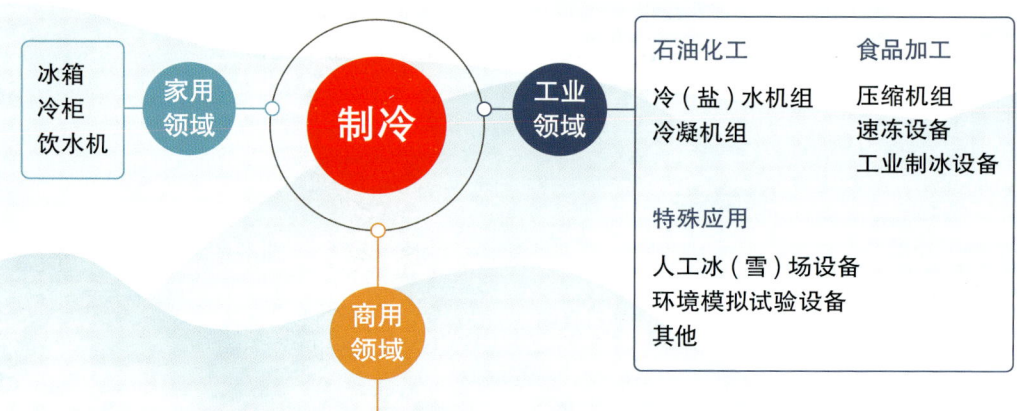

冷链产业圈

产业在线

冰山冷热科技股份有限公司
Bingshan Refrigeration & Heat Transfer Technologies Co., Ltd.

专注冷热 倾心自然
Better Refrigeration & Heat Tech for a Green Nature

91年 1930—2021

-272℃　-200℃　-160℃　-120℃　-80℃　-45℃　-30℃　0℃　7℃　20℃　65℃　110℃　230℃　430℃

始建于1930年的冰山冷热科技股份有限公司（原大连冷冻机股份有限公司）是大连冰山集团的核心企业。公司于1993年在深圳证券交易所上市，是我国制冷工业第一股。公司现拥有大连和武汉两个工业园区，出资设立了23个冷热相关企业，是我国高端装备标准化制造示范企业、国家冷热服务标准化示范企业、国家科技创新示范企业。公司承担了金枪鱼围网渔船等863项目，完成了结冰风洞制冷系统等首台套产品的开发。

公司围绕-272℃~430℃温度区间，坚持冷热平衡、数字赋能，在工业制冷制热、商用冷冻冷藏、空调与环境、工程与服务、新能源等事业领域，提供创新的冷热产品、工程和全程全生命周期服务，用冰山深焓能源系统解决方案满足客户对冷热的个性化、专业化、定制化需求。

股票简称：冰山冷热
股票代码：000530；200530

中国肉类协会

中国肉类协会（简称中肉协）是经中华人民共和国民政部登记注册批准的全国性肉类生产流通行业社团组织。

英文译名为CHINA MEAT ASSOCIATION，缩写为CMA。

中国肉类协会成立于1992年5月，是由中华人民共和国境内与肉类生产经营相关的企事业单位、社会团体和个人自愿结成的全国性、行业性社会团体，是非营利性社会组织。协会会员涵盖全国畜牧养殖、畜禽屠宰、肉类加工、肉类食品冷链物流、肉类进出口贸易、肉类机械装备、肉类食品配料、肉类食品包装、天然肠衣、科研院校及地方肉类协会等产业链各个环节。

中国肉类协会是世界肉类组织副主席单位。

中国肉类协会的宗旨：为行业发展服务，为全体会员服务，为满足人民群众肉食消费需求服务。

中国肉类协会的业务范围：

参与行业治理	反映行业诉求	加强行业建设	组织行业交流	提供行业服务
协调行业关系	促进行业发展	维护会员权益	建设行业文明	保障肉食安全

中国肉类协会总部及常设机构秘书处设在北京，协会下设13个分会；6个工作委员会。

合作全球肉类行业　搭建世界交流平台

 猪业分会　 牛羊业分会　 禽（蛋）业分会　 天然肠衣分会　 进出口商分会

 机械装备分会　 包装分会　 肉类食品配料分会　 冷链物流分会　 休闲肉制品分会

 发酵火腿分会　 牛人俱乐部分会　 批发零售商分会　

 投诉调处工作委员会　 行业信用体系建设工作委员会　 食品安全与肉类产业健康发展工作委员会　 标准化工作委员会　 科学技术工作委员会　 兽医卫生检验工作委员会